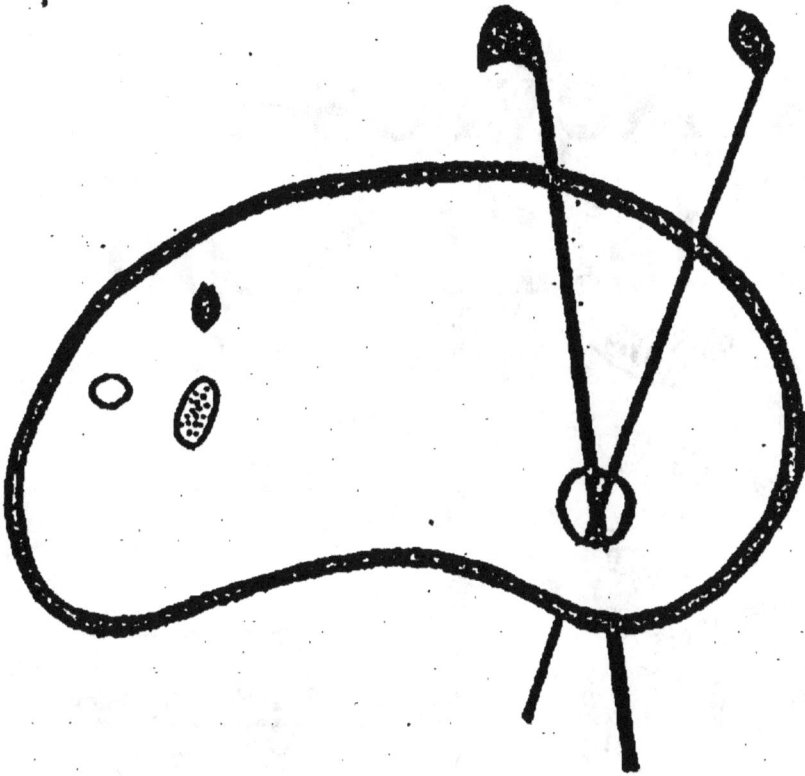

COUVERTURE SUPERIEURE ET INFERIEURE
EN COULEUR

# Dr Lucien NASS

(Couverture la Couverture)

2 alp

# es Névrosés
# de l'Histoire

La Névrose
des races royales

Les Faux Messies

Les Névroses Sociales
Religieuses
Coloniales

LIBRAIRIE
UNIVERSELLE
PARIS

Dessin original de Rabelais.
(Gargantua — François I<sup>er</sup>)

# LIBRAIRIE UNIVERSELLE, 33, rue de Provence, PARIS, 9ᵉ

## Collection de volumes à 3 fr. 50

❖ ❖ ❖

Ch.-Henry HIRSCH
*Le Tigre et Coquelicot.*

Jean LORRAI...
*La Maison Philibert.*

Charles-Louis PHILIPPE
*Bubu de Montparnasse.*

Léon FRAPI...
*La Maternelle.*

Paul SEGONZAC
*La Bataille.*

FERRI-PISAN
*Les Pervertis.*

Auguste GERMAIN
*Les Hystériques de Paris.*

Dʳ TRÉSMIN-TRÉMOLIÈRE
*La Cité d'amour au Japon.*

Lieutenant BILSE
*Petite Garnison.*

A. MÉVIL
*Guillaume II inconnu.*

TUROT
*Le Prolétariat de l'Amour.*

* * *
*Roman vécu d'une Princesse royale.*

Sainte SUZANNE
*Confession.*

WETTERHOFF-ASP.
*Nicolas II tel qu'il est.*

Paul DIFFLOTH
*La Fin de l'Énigme.*

A. VILLETTE
*Du Trottoir à St-Lazare.*

Ernest BLUM
*Le Jeu de l'Amour et de la Roulette.*

Xavier BAYR
*Sœur Violette.*

Xavier DE RICARD
*Idylle d'une Révoltée.*

POINSOT et NORMANDY
*Mâles.*

Imp. de Vaugirard. — Paris.

# LES

# NÉVROSÉS

## DE

## L'HISTOIRE

# DU MÊME AUTEUR

---

---

*En collaboration avec le Dr CABANÈS*

---

# Dr LUCIEN NASS

## LES

# NÉVROSÉS

## DE

# L'HISTOIRE

PARIS

LIBRAIRIE UNIVERSELLE

33, RUE DE PROVENCE, 33

—

1908

# LES
# NÉVROSÉS DE L'HISTOIRE

## INTRODUCTION

### LA NÉVROSE DANS L'HISTOIRE

On a usé et abusé du mot névrose. Les médecins groupent sous ce vocable diverses affections nerveuses dont ils ne peuvent présentement définir la lésion causale. Le public, qui emploie à plaisir le jargon médical, classe sous l'étiquette de névrosés des individus qui ne sont point fous à proprement parler, mais qui ne présentent point un équilibre mental parfait. Cette appellation générique a cela de bon qu'elle peut réunir des cas en apparence fort dissemblables, car on sait que le déséquilibre mental peut affecter des formes bien différentes.

Nous ne nous proposons point dans cette étude d'envisager le rôle que les névrosés ont joué dans l'histoire. Il faudrait reviser l'histoire universelle pour établir leur bilan complet. But qui dépasse nos moyens. Toutefois, des exemples nous permettront

1

de définir les cas principaux ; l'histoire, a-t-on dit, étant un perpétuel recommencement, il suffit de préciser des observations types pour qu'on puisse en calquer d'autres sur le même modèle.

Cette façon d'envisager les études historiques, si elle n'est point tout à fait nouvelle, date d'hier. Les hommes qui sont attirés vers les choses du passé s'aperçoivent enfin qu'elles ressortissent à une multiplicité de causes dont la principale est l'état mental de l'individu et l'influence de son état physique sur cet état mental. Nous irons même jusqu'au bout de cette conception, et nous dirons hardiment : pour comprendre l'histoire, il ne suffit pas d'être un habile chercheur et un philosophe avisé, il faut être... médecin.

Assurément une telle assertion paraît paradoxale et téméraire. A bien y réfléchir, elle est strictement vraie. Comment ! On admet aujourd'hui que la mentalité d'un homme est sous la dépendance de facteurs échappant entièrement à son libre arbitre : tares morbides, tares héréditaires, milieu ambiant, auto-suggestion, hétéro-suggestion, passions, instincts, puissance intellectuelle, etc.; on admet que, suivant l'importance de ce bagage, ses actes sont plus ou moins volontaires, sa responsabilité plus ou moins atténuée, en un mot, on pose en loi le déterminisme individuel, — et quand on envisagera les hommes qui appartiennent à l'histoire, on les considérera comme s'étant mus librement, comme ayant échappé à l'action de tous ces facteurs ! En vérité, c'est fou : du moment

qu'on admet le déterminisme individuel, on doit
admettre le déterminisme historique.

Conséquence curieuse de l'immense vanité des
hommes : se croyant, — après Dieu qu'ils ne respec-
tent guère, — les maîtres de l'univers, ils se figurent
commander à tous les événements qui ne sont point
surnaturels. Notamment, dans la direction des affaires politiques, ils se croient entièrement libres, n'ayant
à rendre de comptes qu'à leur conscience. Immense
erreur ; en réalité les hommes ne dirigent point les
événements, ils sont dirigés par eux, ils en sont les
jouets, les hochets.

Il y a cent ans que Mallet du Pan l'a nettement dit,
en constatant comment la Révolution entraînait ses
chefs à la dérive, alors qu'ils se croyaient à la tête de
ce formidable raz de marée social : il faut aujourd'hui
ramener l'histoire sous son jour véritable et montrer
non seulement la part que les hommes y ont prise,
mais aussi la part qui revient à tous les facteurs
déterminant de leur mentalité.

Alors on s'aperçoit du rôle immense que la névrose
a joué depuis six mille ans qu'il y a des hommes,
et qui pensent, — comme dit La Bruyère. On décou-
vre, avec quelque étonnement, que les pasteurs de
peuples furent en grande partie des déséquilibrés.
Même les plus intelligents, les plus prodigieusement
doués présentent un ensemble de tares symptomati-
ques de leur dégénérescence. On sait que la clinique
mentale a décrit un type de *dégénéré supérieur* ; c'est
à ce type que ceux-là appartiennent. Quant aux

autres, ils offrent rarement ce mélange de vertus et de vices, de qualités et de défauts par lequel s'établit l'équilibre normal de l'esprit : modération des passions, compression des instincts, netteté du jugement, volonté réfléchie qui constituent les attributs de l'homme supérieur digne de conduire le troupeau, ces caractères psychologiques sont altérés, déformés chez ceux auxquels il fut échu de gouverner leurs semblables.

Cette *constante* dans la mentalité des monarques disparus peut nous permettre de lui attribuer une cause primordiale : l'exercice du pouvoir, et de définir la symptomatologie de la maladie des trônes : la *césarite.* Par trois exemples typiques, — la fin des Valois, la dégénérescence des Habsbourg d'Espagne, la mégalomanie de Louis XIV, — nous bâtirons le cadre de cette névrose spéciale qui a tenu une place considérable dans l'Histoire.

Les rois n'ont point été seuls à écrire l'Histoire : les peuples, les sociétés, peuvent revendiquer leur part dans ce bilan général. Eux non plus, n'ont point échappé aux facteurs du déterminisme. Une société est un corps aux têtes multiples, mais à l'âme unique. Et l'âme du corps social possède les mêmes attributs que celle de l'individu, à cette différence près que les instincts, les passions, les sentiments affectifs y sont plus développés et les facultés psychiques proprement dites amoindries. Conditions excellentes pour le développement de la névrose, maladie de la sensibilité morale.

Cette névrose sociale sévit à l'état permanent. Elle reflète fidèlement le milieu ambiant. La peur, le fanatisme la transforment en névrose religieuse, en démonopathie, en sorcellerie ; l'explosion de ses instincts trop longtemps comprimés (comme ce fut le fait de la société sous la Renaissance italienne) l'aiguille vers la débauche, vers le sadisme. L'hypertrophie de l'imagination dans les masses populaires leur fait accorder crédit à des imposteurs, autres névrosés qualifiés aujourd'hui de mythomanes.

A l'époque actuelle où les démocraties conquièrent peu à peu leur souveraineté, leur « self government », la césarite disparaît, mais la névrose sociale augmente. Est-il besoin de rappeler ici dans quelles conditions spéciales, au milieu de quelles fièvres, de quelle agitation, de quelle surexcitation, le peuple se prépare au scrutin qui désignera ses chefs ? La névrose électorale est assurément un chapitre de l'histoire contemporaine. Sous d'autres climats, d'autres lois, c'est la névrose coloniale qui sévit, avec quelle intensité, nous le savons par les récits étranges qui nous viennent des zones équatoriales.

En définitive, pas plus les monarques absolus que les sociétés affranchies ne peuvent prétendre au libre arbitre. Tous et toutes courent à la remorque de leurs tares multiples : la névrose les domine, les événements les dirigent : ainsi s'établit la loi du déterminisme historique, succédané du déterminisme universel auquel obéit la nature entière.

Dr L. N.

# LA NÉVROSE DES RACES ROYALES

## La fin des Valois.

### LA CÉSARITE

Certains esprits, atteints de la douce manie de la classification, ont vu dans le xvi<sup>e</sup> siècle français une époque bien autrement importante pour l'essor de l'esprit humain que celui de Molière, et même que celui de Voltaire et de Diderot. D'autres estiment le contraire. Pour nous, qui ne nous attachons point à ces subtiles distinctions, reconnaissons que la période qui s'étend de François I<sup>er</sup> à Henri IV présente un mélange très hétéroclite de noblesse et de bassesse, d'héroïsme et de stupre, de vertus et de vices.

Tout y fut exagéré ; on n'y connut pas cette sage mesure, cette modération qui fait les peuples heureux, mais qui ne les achemine guère vers l'émancipation. De la violence des conflits passionnels, de leur exaspération naît un travail plus actif de l'intelligence. Le

xvi⁰ siècle est, pour ainsi dire, labouré par les guerres
de religion ; on se bat pour une idée : si la société pro-
gresse, elle le fait par secousses, par heurts brutaux et
sanglants, vers ce qu'elle croit l'idéal.

Ceci, pour dire que, si dans ce chapitre nous sommes
appelés à remuer beaucoup de boue, à nous pencher
sur des lits de malades fébrilement agités, nous ne
perdons pas de vue que ces tares pathologiques furent
compensées par le plus prodigieux effort artistique
que la France ait jusque-là produit. Notre pays,
endormi dans la philosophie contemplative du moyen
âge, enfin se réveille. Au sortir de ce long hiver de
plusieurs siècles, il sent bouillonner une sève géné-
reuse : celle-ci fait éclater les bourgeons nouveaux.
Au milieu d'une admirable floraison apparaissent sur
l'écorce des crevasses, des gommes, des ulcères. N'importe, la fleur devient fruit, et l'immortelle récolte
que le xvi⁰ siècle a cueillie témoigne que l'humanité
doit sa gratitude aux hommes de la Renaissance française.

Mais ce n'est pas en artiste que nous allons entre-
prendre cette étude : c'est en médecin habitué aux
sanies physiques et morales. C'est donc le procès des
mœurs que nous allons mener.

On pourra objecter que la besogne est inutile et
maladroite, qu'on doit retenir les seules vertus d'une
époque et en oublier les vices et les stupres. Nous ne
le croyons pas.

Nous pensons, en effet, que chaque période de l'histoire humaine forme, suivant le mot à la mode, un

bloc, qu'il est impossible d'en distraire un fait isolé pour en tirer la conclusion morale. Il est à remarquer, au reste, que les temps héroïques sont précisément ceux où les passions sont le plus exaspérées, où voisinent les fleurs les plus parfumées et les humus les plus corrompus. Qui peut dire que ces humus ne sont pas nécessaires à l'éclosion de ces fleurs et que la terre serait féconde sans le fumier où germent les bonnes graines ? En toutes choses, les extrêmes se touchent.

Ce que fut la Renaissance française, le trésor d'art dont le pays fut doté par les poètes, les peintres, les sculpteurs, les architectes de génie, — d'autres l'ont déjà dit. Ce que fut cette société, secouée des grands frissons de la guerre civile, ennoblie par la chevalerie, abaissée par l'intrigue, les historiens l'ont souvent répété. Comment elle aima, avec quelle fougue, quelle intempérance, quel sentimentalisme ou quelle bestialité, quelles débauches ou quelle poésie, les François Villon et les Brantôme nous l'ont transmis. Mais quelles furent ses erreurs, ses aberrations, aussi bien en amour que dans tout ordre passionnel, quelle part revient à la névrose dans cet élan formidable d'une race pressée de jouir, parce qu'elle sentait sa fin prochaine, voilà ce qu'il est nécessaire d'établir pour posséder les éléments d'une critique véritablement historique.

Car, si les sociétés ont leurs maladies qu'il est plus ou moins malaisé de diagnostiquer à distance, les individus ont aussi leurs tares morbides, plus faciles à étiqueter. Or, sous le régime monarchique, il existe un individu en qui se reflète la mentalité de la société contemporaine, c'est le roi. Est-ce lui qui s'adapte à l'habitude morale de ses sujets, sont-ce ceux-ci qui, par mode et par engouement, s'appliquent à imiter leur souverain ? Les deux hypothèses sont possibles et probables. D'une part, le roi est un homme de son temps et de son pays, il en présente tous les caractères, lesquels sont exagérés, amplifiés chez lui par l'effet d'une maladie spéciale que nous allons étudier plus loin. D'autre part, la loi du mimétisme, — la *mode* n'est, en somme, qu'une sorte de mimétisme — doublée de l'esprit de courtisanerie et de servilité porte les hommes à imiter leur chef, c'est-à-dire le monarque.

Quoi qu'il en soit, un fait se dégage en toute certitude : c'est qu'on ne peut mieux étudier une société, fût-elle en progression ou à l'agonie, que dans ceux qui la dirigent. La fin des Valois correspond à la fin de la société du XVIᵉ siècle. Avec Henri IV naîtra une dynastie et une société nouvelles.

Nous ne séparerons donc pas ces deux études parallèles, — rois et sociétés, — et nous établirons les tares morbides qui provoquèrent la ruine des Valois et celle des hommes de la Renaissance.

\*
\* \*

L'histoire dramatique des trois derniers Valois, François II, Charles IX et Henri III, leur fin lamen-

table, les événements tragiques ou révoltants qui
marquèrent leur règne,— tous ces épisodes ont fourni
aux historiens, aux romanciers, aux dramaturges,
matière à dissertation. Il en est peu, toutefois, qui
semblent avoir conçu d'une façon exacte l'enchaînement logique et fatal de ces épisodes. Chacun, suivant
son sentiment, suivant aussi le parti politique ou religieux dont il se réclame, juge, condamne ou absout,
comme s'il était appelé à rendre un verdict solennel,
devant le tribunal de la postérité.

En vérité, c'est là un effet de cette tendance atavique
que nous présentons, d'envisager l'histoire comme
ayant été écrite, — en lettres de sang ou de gloire, —
par des hommes doués d'un libre arbitre absolu,
échappant par conséquent au déterminisme ambiant,
à l'évolution sociale, aux lois éternelles de l'hérédité,
de la contagion, du mimétisme, etc.

Rien n'est plus faux. Les hommes ne dirigent pas
les événements; ils ne les ont jamais dirigés. Tout au
plus, quelques-uns, véritables conducteurs de peuples,
ont-ils pu aiguiller la vie sociale de leur temps vers
une voie nouvelle. Mais la plupart des souverains
ont subi l'influence des tares physiques et psychologiques qui les caractérisaient; ils croyaient commander
à leurs sujets; ce n'étaient que leurs passions, leurs
vices et parfois leurs vertus, placées elles-mêmes sous
la vassalité étroite de leur hérédité, de leur santé
physique, qu'ils érigeaient en système de gouvernement.

L'étude de la fin des Valois nous confirmera dans

cette conception médico-psychique de l'histoire. Nulle leçon de psychologie politique n'est, en effet, plus claire ni plus précise, à la condition d'envisager l'ensemble de cette évolution d'une dynastie. De même qu'en clinique on ne peut établir l'observation d'un malade sans se référer à ses antécédents héréditaires et collatéraux, de même, en pathologie historique on ne peut esquisser le portrait d'un seul personnage sans avoir sous les yeux celui de ses ascendants.

La vérité historique s'éclaire alors d'un jour tout particulier. En poursuivant minutieusement cette étude générale, on comprend pourquoi tel roi fut un débauché, tel autre un impulsif, tel autre un faible d'esprit. On considère enfin quels sont les effets de cette maladie familiale, essentiellement dissolvante, que le professeur Lacassagne a baptisée du nom si pittoresque de *césarite*.

La césarite, autrement dit la maladie du pouvoir. C'est la rançon obligatoire à laquelle échappent bien peu de souverains. C'est aussi le plus sûr héritage qu'ils laissent à leurs enfants. Par elle se démontre, implacable et inexorable, la loi de l'hérédité. Quelles sont donc ses causes, ses manifestations, ses conséquences ?

Sa cause principale peut se définir aisément : l'exercice du pouvoir, surtout du pouvoir absolu, n'est pas sans danger pour la mentalité d'un homme. C'est un fardeau trop lourd pour un seul ; il déforme les caractères en exagérant leurs points faibles. Le monarque a-t-il tendance à la vanité ? il devient un mégalomane

obsédé de grandeurs. Est-il sensuel ? il profitera des
multiples occasions qui sont offertes à ses appétits et se
souillera de débauches. Manifeste-t-il quelque penchant
à la cruauté ? il sera sadique et se couvrira de sang.
Est-il volontiers timide, irrésolu ? devant les difficultés de sa tâche sa volonté sombre, il est le jouet
des événements et des hommes qu'il devrait diriger ;
c'est un aboulique, sans aucun ressort. Mystique ? il
devient fanatique. En un mot, l'équilibre est rompu
entre ses diverses facultés mentales. La césarite agit en
frappant le point faible, le point de moindre résistance : *locus minoris resistentiæ.*

La raison de cette déformation psychique réside
dans l'absence de responsabilité humaine, dans l'omnipotence dont est investi un monarque absolu.
Reste, à la vérité, la responsabilité morale. Faible con-
trepoids à l'action dissolvante du pouvoir, et qui ne
semble avoir retenu aucun roi sur la pente fatale qui
l'entraîne. Si l'on en juge par l'histoire de tous les
temps et de tous les pays, la plupart des monarques
n'ont pas entendu cette voix intérieure qui est comme
l'écho de la responsabilité morale, puisque la plupart
ont donné un exemple fâcheux de passions mal réfrénées, contrebalancées souvent par de nobles vertus.
Il faut avoir la franchise de l'avouer. Pourquoi sourire aux vices d'un roi, alors qu'on les condamnerait
chez un simple particulier ?

Une leçon de philosophie pessimiste, plus haute
encore, se dégage de cette observation : lorsqu'un
homme n'a d'autre frein à ses passions que sa propre

conscience, celles-ci dominent bientôt son caractère. Cette conscience est incapable de le détourner de la mauvaise voie. Et c'est le cas du monarque absolu qui ne rend compte de ses actes qu'à Dieu, dont il se dit le représentant. La peur du gendarme, tel est au fond le mobile qui fait agir les autres hommes, modère leurs passions, calme leurs appétits. Supprimez le gendarme, l'individu reste livré à sa conscience, à bien peu de chose.

On peut d'autant mieux disserter sur les conséquences funestes du pouvoir absolu (nous ne parlons point ici au point de vue politique, mais au point de vue particulier) qu'aujourd'hui il est à peu près disparu du monde civilisé. Il vient de déserter ses deux forteresses, la Russie et la Perse, et bientôt sans doute, il abandonnera la Turquie. L'Extrême-Orient même y a renoncé, de sorte qu'en définitive l'historien et le sociologue n'éprouvent plus aucune gêne à dénoncer ses méfaits. La crainte du gendarme pénètre peu à peu jusque dans les cours les plus autocrates, et le gendarme, en l'espèce, c'est le Parlement, c'est la volonté du pays, auquel le souverain doit à présent quelque compte. Cette responsabilité qui pèse d'un poids très lourd sur la conscience des rois modernes, c'est le meilleur traitement préventif de la césarite.

La césarite est donc une maladie du passé. Elle a frappé fatalement toutes les dynasties, car elle ne se contentait point de viser à l'individu, elle s'attaquait surtout à la famille. Mérovingiens, Carolingiens,

Capétiens, Valois, Bourbons, aucune n'y a échappé ; suivant la résistance offerte à cette dégénérescence, il a fallu à la maladie héréditaire plus ou moins de temps pour parfaire son œuvre de ruine. Parfois, elle semblait sauter une génération, parfois plusieurs, mais « retombait d'aplomb » sur l'arrière-ligne. Les fondateurs de dynastie furent, la plupart du temps, les héros de la famille, et les derniers en nom, indignes de leurs ancêtres. La suprématie des Mérovingiens fut établie par Clovis. On sait comment périclita sa descendance. Celle des Carolingiens par Pépin le Bref et Charlemagne ; quelle décadence rapide, sitôt mort le grand empereur ! La famille capétienne met, à la vérité, plus d'un siècle et demi pour produire Philippe-Auguste et saint Louis, mais la décadence commence bientôt : les trois frères Louis le Hutin, Philippe V, Charles IV l'achèvent entièrement. Après quatre cents ans de règne, soit en ligne directe, soit en ligne collatérale, les Valois s'effondrent à leur tour : et quelle lamentable fin dynastique ! Les Bourbons eux-mêmes qui offrirent leur plus grande résistance à la dégénérescence familiale n'en sont pas moins la victime : quelle chute de Henri IV à Louis XV et à Louis XVI !

Et ceci n'est point spécial à notre pays. Partout ailleurs, mêmes causes, mêmes effets. La maison des Habsbourgs d'Espagne offre à son tour un exemple typique de césarité dégénérative, — de Charles-Quint à Charles II en passant par le fanatique Philippe II et le fou don Carlos.

Dans les dynasties anglaises, allemandes, russes, la césarite a frappé avec autant d'intensité, avec une constance remarquable.

Pour tout dire, c'est un lourd héritage qu'une couronne. Plus encore que les simples citoyens, les rois peuvent s'écrier : « Notre destin, nous le recevons de nos pères... »

Les conséquences de cette tare pathologique sont considérables au point de vue politique. Les autocrates gouvernant suivant la loi de leur bon plaisir, leur politique restait vassale de leur mentalité, de leur caractère. Or la césarite, si elle se manifestait parfois par des signes de dégénérescence physique, influait surtout sur les facultés psychiques de celui qui en était atteint. Nous avons vu qu'elle attaquait surtout le point faible. Ce point faible du caractère deviendra donc également celui de la politique du monarque : mégalomane, il lancera son pays dans des aventures inutiles, pour une vaine gloriole ; sadique, il instituera un régime de cruautés et de violences et déchaînera les instincts sanguinaires de la populace ; fanatique, il allumera des bûchers sur toute l'étendue de son royaume ; débauché, inverti, il entraînera à sa suite la société dans la voie du libertinage ou de la perversion.

En sonnant le glas des monarchies absolues, la Révolution a donc fait œuvre de prophylaxie sociale, car l'autocratie est un fardeau trop lourd pour les épaules d'un seul homme. Ce n'est pas qu'en émancipant les démocraties elle ait mis les sociétés à l'abri

de toute tare pathologique. Les collectivités ont leurs
maladies, leurs névroses, comme les individus. Mais,
connaissant le mal, on peut y remédier, au moins
partiellement, tandis que la césarite des despotes est
rebelle à toute thérapeutique.

En étudiant les circonstances et les événements qui
marquèrent la disparition des trois derniers Valois,
nous établirons une observation médico-psychique de
césarite, telle qu'on n'en trouve peut-être pas dans
l'histoire.

# LES ANTÉCÉDENTS HÉRÉDITAIRES

FRANÇOIS I<sup>er</sup>. — HENRI II. — CATHERINE DE MÉDICIS.

Michelet, qui a parfaitement compris les rapports étroits unissant le physique et le moral des hommes, n'a pas hésité à attribuer la dégénérescence des trois derniers Valois à la syphilis dont leur aïeul François I<sup>er</sup> les aurait dotés. Ce mal napolitain exerçait au XVI<sup>e</sup> siècle de terribles ravages, et la garde qui veillait aux barrières du Louvre n'en défendait point les rois. La syphilis de François I<sup>er</sup> a fait l'objet de maintes épigrammes. Et cependant, elle n'est point absolument prouvée; en tout cas, il semble bien établi que le royal amant de la belle Ferronnière n'est point mort, comme on l'a dit longtemps, des suites de l'avarie [1].

Le point le plus important est de savoir si véritablement il a transmis la maladie à ses enfants, ou si, au contraire, ceux-ci étaient déjà nés avant que leur père reçut au bon endroit ce coup de pied de Vénus; or aucun d'eux ne manifesta de symptômes de syphilis héréditaire.

[1] Cf. CABANÈS. *Le Cabinet secret de l'Histoire*, 1<sup>re</sup> série. Édit. Alb. Michel.

Il faudrait donc supposer, pour admettre l'hypothèse de Michelet, que la syphilis du grand-père a sauté une génération pour frapper plus durement ses petits-fils François II, Charles IX et Henri III. Conception plus romanesque que médicale, car, ainsi que l'observe le Dᵣ Potiquet, la syphilis héréditaire ne peut atteindre le petit-fils qu'à la condition d'avoir entaché son père ou sa mère, — ce qui, en l'espèce, ne fut point le cas. Quelque ingénieuse que soit donc la version de Michelet, il faut la rejeter et chercher ailleurs la cause de la dégénérescence familiale de cette dynastie.

Il est utile toutefois de déterminer la diathèse héréditaire de la descendance de François Iᵉʳ. A notre avis, on doit abandonner l'hypothèse syphilis, mais on peut admettre l'hypothèse tuberculose. François Iᵉʳ meurt de fistule tuberculeuse, son fils aîné, le dauphin François, de tuberculose (pleuro-pneumonie), ses petits-fils François II et Charles IX succomberont l'un à une otite suppurée greffée sur un terrain tuberculeux (végétations adénoïdes), l'autre à une broncho-pneumonie tuberculeuse. A vrai dire, les deux autres rois de la famille, Henri II et Henri III périssent de mort violente et, au surplus, ne semblent pas avoir présenté aucun signe de la terrible maladie, mais on sait que la tuberculose n'agit point comme la syphilis qu'elle peut sauter un échelon, ou tout au moins guérir assez vite pour ne point laisser de trace. On est donc en droit de poser, sans témérité, ce diagnostic familial : Les Valois-Angoulême, de François I<sup>er</sup> à Henri III, furent une race de tuberculeux,

Syphilis ou tuberculose pourraient expliquer la décadence physique, mais non la dégénérescence mentale. C'est à la césarite qu'il faut attribuer cette dernière ; elle seule permet de concevoir l'enchaînement logique et la progression fatale de cette déchéance.

\*\*\*

Etablissons d'abord les antécédents héréditaires des trois frères qui se succédèrent sur le trône et qui clôturèrent la dynastie des Valois.

Le grand-père, François I<sup>er</sup>, offre déjà un certain déséquilibre de ses facultés psychiques. C'est un imaginatif; il envisage les choses de la politique et ses affaires privées à travers le prisme diapré de son imagination toujours en éveil. Son jugement est soumis aux caprices de la folle du logis qui règne en maîtresse. A cette hyperimagination, développée dès son enfance par les lectures des romans de la Table Ronde, il faut rapporter l'amour des aventures et de la gloire, ainsi que cette chevaleresque conception de l'honneur qui lui a valu tant d'éloges; c'est à elle également que François I<sup>er</sup> est redevable de son goût si vif pour les beaux-arts et les lettres ; ne composa-t-il pas lui-même de nombreuses pièces de vers, plus mauvaises du reste les unes que les autres? Enfin, sa sensualité n'a pas d'autre origine. François I<sup>er</sup> fut ce qu'on pourrait appeler un débauché supérieur : il recherchait la femme moins pour la satisfaction matérielle de ses appétits que pour l'ivresse de la possession amoureuse. Sous ce rapport il fut bien un embrasé tuberculeux, l'amant infatigable qui semble poussé par un instinct irrésistible, comme s'il voulait semer dans tous les sillons la graine morbide et féconde[1].

Au reste cette mentalité imaginative concorde parfaitement avec sa tare physique : ce n'est pas seulement en amour que les tuberculeux sont embrasés; beaucoup d'entre eux (nous parlons bien entendu de ceux qui présentent une culture intellectuelle supérieure) sont épris de gloriole, de panache, mais ne font pas preuve d'esprit de suite, de logique indiscutable, de jugement solidement assis. François Ier est le prototype de ces caractères heureux, mais parfois néfastes. L'ambassadeur Marino Cavelli a fort intelligemment déchiffré la psychologie de l'illustre monarque lorsqu'il écrit : « Vraiment, lorsqu'on voit que, malgré son savoir et ses beaux discours, tous ses exploits de guerre lui ont mal réussi, on dit que toute

---

[1] Au moment où M. Michel Corday fit paraître son roman *les Embrasés*, une enquête fut ouverte parmi les médecins les plus autorisés : la théorie du tuberculeux embrasé répondait-elle à la réalité des faits? La plupart conclurent par la négative. Toutefois, il nous faut remarquer qu'ils n'envisagèrent que les cas de phtisie pulmonaire avancés, soignés soit au sanatorium, soit à l'hôpital. Or il faut élargir la question; il est bien évident que le phtisique dont la maladie suit une marche rapide ne pense guère aux bagatelles de l'amour. Mais les tuberculeux, dont l'affection est stationnaire ou suit une marche très lente, de même que les candidats à la tuberculose, sont le plus souvent des êtres affectifs, sentimentaux, imaginatifs, et deviennent aisément ces embrasés d'amour chantés par le poète. François Ier fut de ceux-là. (Cf. au sujet de l'enquête précitée. *Chronique médicale*, 1er nov. 1902.)

sa sagesse est sur les lèvres et non pas dans l'esprit...
Quant à lui, il ne veut jamais prendre part à l'exécution (de ses desseins), ni même la surveiller aucunement ; il lui semble que c'est bien assez de savoir son
rôle qui est celui de commander et de donner des
plans... Ainsi, ce qu'on pourrait désirer en lui, c'est
un peu plus de soin et de patience, et non pas plus
d'expérience ni de savoir...[1] .»

Ce goût du panache, nous le retrouvons dans la
prodigalité dont il fit preuve toute sa vie, sans souci
des défaillances du trésor. Mais, ici, il convient de distinguer : ce n'est point par orgueil, par mégalomanie
que François Ier entretint une cour somptueuse, qu'il
fit bâtir de merveilleux palais, qu'il consacra annuel-
lement cent cinquante mille écus pour la chasse, cinquante mille pour les mascarades et autres ébattements,
autant pour l'habillement et les menues dépenses,
trois cent mille pour les présents aux dames, — mais
bien par amour du beau, pour éprouver les réelles
jouissances d'art réservées aux seuls imaginatifs.

Donc, développement exagéré des facultés imagina-
tives ; par contre, incertitude de jugement, telles
furent les dominantes du caractère de François Ier.
Sa politique, souvent impulsive, mal raisonnée, s'en
ressentit.

Son fils Henri II qui lui succéda en différa totalement. Tandis que son père aimait la joyeuse vie, les
franches lippées et les amours faciles, lui, fut un mé-

[1] Relat. des ambas. vénitiens. Collect. des Documents inédits
de l'Hist. de France, t. Ier.

lancolique, d'esprit lourd et lent. Voici le portrait qu'en trace Marino Cavelli : « Il est d'une constitution robuste, il est fort adroit aux exercices des armes, il n'est pas beau diseur dans ses réparties, mais il est très net et très ferme dans ses opinions ; ce qu'il a dit une fois il y tient mordicus. Son intelligence n'est pas des plus promptes, mais ce sont ces hommes-là qui réussissent le mieux, c'est comme les fruits de l'automne qui mûrissent les derniers, mais qui par cela même sont meilleurs et plus durables que ceux de l'été ou du printemps. » Euphémisme flatteur pour présenter la paresse d'esprit de Henri II.

Michel Suriano le traite plus crûment d'homme de peu d'esprit. Régnier de la Planche le qualifie « homme de doux esprit, mais de fort petit sens, et du tout propre à se laisser mener en lesse ». Aucun de ses contemporains ne lui reconnaît la spirituelle malice, ni la belle humeur de son père. A tout prendre, celui-ci valait mieux, en dépit de sa mentalité mal équilibrée.

On a également dépeint Henri II sous les traits d'un piètre amoureux. « Il n'est guère adonné aux femmes, disait Marino Cavelli : la sienne lui suffit. Pour la conversation il s'en tient à celle de M<sup>me</sup> la sénéchale de Normandie... Il a pour elle une tendresse véritable, mais on pense qu'il n'y a là rien de lascif qui est comme entre mère et fils. » On ne saurait trouver d'expression plus exacte : la vénérable sénéchale de Normandie, autrement dite Diane de Poitiers, avait vingt ans de plus que Henri II. Ce qui ne l'empêchait pas d'être sa maîtresse en pied, la concubine officielle qu'il entretenait aux côtés de sa femme Catherine de Médicis, laquelle s'accommodait fort bien de ce ménage à trois, au point de rendre à Diane des services d'une nature particulièrement intime. Il est vrai que la dame était fort belle, si l'on en croit Brantôme : « Je vis cette dame six mois avant qu'elle mourust (elle avait alors soixante-dix ans) si belle encor que je ne sçache cœur de rocher qui ne s'en fust esmeu... allant et se tenant à cheval aussi dextrement et dispotement comme elle avoit fait jamais !... Et surtout elle avoit une très grande blancheur, et sans se farder aucunement ; mais on dit bien que tous les matins elle usoit de quelques bouillons composez d'or potable et autres drogues que je ne sçay pas comme les bons médecins et subtils apothicaires. »

C'est cette aguichante veuve que Henri II préférait à sa femme. Ce en quoi il eut tort, car Catherine n'était point une beauté méprisable, ayant « la charnure belle, le cuir net » et la jambe fort bien tournée, toujours au dire de Brantôme. La malheureuse reine délaissée, alors dans l'épanouissement de sa fraîcheur, se creusait vainement la tête pour percer à jour cette énigme : quels étaient donc les charmes secrets de Diane pour que Henri s'y laissât engluer, en dépit de l'imposante différence d'âge des deux amants ? Un jour, voulant déchiffrer cette énigme cruelle, elle perce un trou dans le plancher de sa chambre, — celle de Diane était située juste au-dessous, — attend que le roi pénètre chez sa maîtresse et, s'affalant à plat ventre sur le parquet, assiste au sacrifice amoureux; puis, elle se relève, « se met à plorer, gémir, soupirer et attrister, luy semblant et aussy le disant que son mary ne luy rendoit le semblable, et ne faisoit les folies qu'elle lui avoit veu faire avec l'autre[1] ».

Voilà, en tout cas, qui montre bien un Henri II porté sur la bagatelle, et non point austère et frigide. Au surplus, nous ne pouvons plus en douter quand nous apprenons que le roi « fort subject à l'amour » avait l'habitude chaque fois qu'il honorait une dame d'une visite nocturne, de placer au chevet du lit son épieu et son épée : la confiance régnait...

Ce qui a pu donner naissance à la légende d'un Henri II très chaste, c'est que pendant longtemps on l'a cru impuissant. Il lui fallut dix ans de mariage pour donner un héritier au trône. Naturellement les langues, les mauvaises langues, surtout, commentaient malicieusement ce retard inconcevable. Qui, des deux époux royaux en était responsable ? Catherine ou Henri ?

On savait le roi atteint d'hypospadias, infirmité bénigne, et qui n'entrave guère la fonction procréatrice. Fort irrévérencieusement, on le baptisait : *M. de Saint-Victor*. Il est inutile d'insister.

Quant à la reine, elle ne semblait point très bien conformée : réglée fort tard, elle présentait probablement une rétroversion de l'utérus, condition défavorable à la maternité, mais à laquelle on peut obvier par un traitement des plus simples : c'est ce traitement qu'institua

---

[1] Cité par BOUCHOT. *Les Femmes de Brantôme.*

le médecin Fernel : il indiqua au couple royal la bonne manière d'avoir des enfants, et il y réussit, puisque Catherine en mit dix au monde[1].

Donc, pour en revenir à la psychologie de Henri II, nous pouvons le définir ; d'esprit lent et paresseux, d'autant plus entêté qu'il a mis de temps à se faire une opinion, dominé par son entourage, notamment par sa maîtresse Diane de Poitiers, laissant déjà échapper en d'autres mains les rênes d'un pouvoir qui devenait de plus en plus difficile à diriger.

*⁎ ⁎*

Voilà pour le grand-père et le père. Reste maintenant, pour en terminer avec les antécédents héréditaires, la mère, Catherine de Médicis.

Rarement personnage historique n'a soulevé plus de polémiques que Catherine de Médicis. Mauvaise élève de Machiavel qu'elle n'a point compris, elle a assurément une lourde part de responsabilité dans les événements qui désolèrent la France du xvie siècle. Mais ce n'est point ici le lieu de faire de la critique historique pure. Bornons-nous à établir l'observation médico-psychologique de la reine-mère sans nous laisser influencer par ses défenseurs intéressés et les venimeux pamphlétaires.

Et d'abord d'où venait-elle ? Qu'était cette famille de Médicis, qui avait donné à l'Italie, ou plutôt à Florence,

---

[1] CABANÈS. Op. cit. *La Stérilité de Catherine de Médicis.*

de glorieux enfants ? Une famille de dégénérés, frappée déjà de césarite. Les uns, dégénérés supérieurs, esprits brillants mais superficiels, les autres, mous, faibles, abouliques.

Qu'on suive en effet la lignée : Cosme de Médicis, dictateur de Florence, réalise une fortune colossale en alliant la haute banque à la politique. Son fils, Pierre, est un chétif, un malade, sans énergie ni intelligence, indigne d'un tel père. Mais voici le petit-fils, Laurent le Magnifique, dont le nom est inséparable de la Renaissance italienne. Et cependant, en lui, point de cette méthode sûre, point de cet esprit de suite logique et immuable qui fait les grands politiciens; mais, tout comme chez François I$^{er}$, l'amour du panache, du faste somptueux, de la munificence. Artiste jusqu'au bout des ongles, il s'institue le Mécène de son temps et rivalise avec Pétrarque pour les sonnets et les canzoni. Rarement surnom fut mieux mérité : s'il ne fallait pour gouverner que la finesse de l'esprit et le goût du beau, Laurent eût été le premier diplomate de l'Italie : malheureusement le gouvernement des hommes exige d'autres qualités... ou d'autres défauts.

Sa descendance offre un mélange hétéroclite de rares intelligences et d'esprits bornés : l'un de ses fils est le pape Léon X, dont le nom dispense de tout commentaire. Les deux autres, Pierre et Julien, tenaient de leur grand-père Pierre I$^{er}$ une lamentable faiblesse de caractère et une intelligence étroitement bornée. Julien fut contraint d'abdiquer.

Celui qui leur succéda fut Laurent II (qui épousa

en 1518 Madeleine de la Tour d'Auvergne), véritable
aboulique sans aucun ressort, débauché au surplus ;
il contracta, assure Michelet, une syphilis maligne
qui l'enleva à vingt ans. Sa femme le précéda de cinq
jours dans la tombe, enlevée par une fièvre puerpé-
rale pendant qu'elle accouchait de sa fille Catherine,
la future reine de France. Comme nous l'avons fait
en ce qui concerne la prétendue syphilis héréditaire
des enfants de François I<sup>er</sup>, il nous faut mettre en
doute le diagnostic porté par Michelet sur le père de
Catherine. Michelet abuse réellement de la syphilis,
et, quelle que soit sa remarquable conception de l'histoire pathologique, on ne saurait admettre sans
preuves aucunes un diagnostic aussi téméraire. Si
Laurent avait eu le mal napolitain, Catherine, —
naissant un an après le mariage et cinq jours avant
la mort de son père, — en aurait présenté les stigmates
héréditaires. Or les nombreux portraits que nous
possédons d'elle la montrent absolument indemne de
toute tare syphilitique, de ce « scrofulate de vérole », —
suivant une expression d'argot médical, — par lequel
se manifeste cet héritage peu enviable.

Donc, pour Catherine, point de syphilis, mais par
contre, ce que n'avait pas vu Michelet, une hérédité
fort lourde, au point de vue psychologique. Cette
alternance chez ses ascendants, de talent et d'imbécil-
lité, d'énergie et de faiblesse est décisive aux yeux
du médecin[1]. Elle témoigne d'une dégénérescence

---

[1] CABANÈS. Loc. cit.

progressive de la famille, dégénérescence tantôt supérieure, le plus souvent inférieure, mais toujours reconnaissable par le manque d'équilibre des facultés mentales chez ceux qui en sont atteints. Ici encore, nous devons accuser la césarite qui de l'avare Cosme de Médicis a fait le plus riche banquier de l'Europe; de son petit-fils Laurent, imaginatif, épris d'art, passionné pour le beau et le faste, un prodigue de talent; de Jean de Médicis, volontaire et belliqueux, un pape politicien aux haines vigoureuses, mais à courte vue, incapable de réformer les abus de l'Eglise; des faibles Pierre Ier, Pierre II, Julien II, Laurent II des êtres mous, sans volonté, laissant à des maires du palais le souci des affaires.

Catherine tenait à la fois des uns et des autres. Dévorée d'ambitions, mais recourant à de petits et piètres moyens pour arriver à ses fins, elle présente un extraordinaire mélange de qualités et de défauts, comme si elle voulait réunir en elle-même toutes les qualités et tous les défauts de ses ascendants. On lui a imputé bien des crimes; nous l'avons, pour notre part, lavée de l'accusation d'empoisonnement dont on a méchamment souillé sa mémoire[1]. Mais assurément il reste à son actif bien des pages sanglantes de notre histoire. Sa responsabilité se trouve néanmoins atténuée, lorsqu'on se rappelle que le crime politique et même privé était au xvie siècle un instrument de gouvernement.

[1] CABANÈS ET NASS. *Poisons et Sortilèges*, 2e série.

Au physique, elle n'était ni belle, ni laide, présentant des traits fortement accusés, masculinisés pour ainsi dire, ce qui explique, sans doute, la froideur de Henri II à son égard. Cependant, ses contemporains s'accordaient à vanter la blancheur de sa peau et surtout sa belle jambe. Elle était intrépide : amazone accomplie, chasseresse infatigable, général d'armée à l'occasion, elle possédait une âme virile dans un corps de femme ; signe non équivoque de déséquilibre. On est parti de là pour l'accuser de vices contre nature.

Point fort délicat assurément : Catherine présentait toutes les qualités morales de l'invertie. Mais là s'est, sans doute, arrêtée cette anomalie. Elle avait bien, dira-t-on, institué ce fameux escadron volant de jolies filles, si chères à Brantôme et à tant d'autres ; ce n'était point pour satisfaire un appétit équivoque, mais uniquement pour servir sa politique. Femme, elle entendait régner par les femmes et semer, grâce à elles, une division propice parmi les intrigants et les conspirateurs de la cour.

Sa vie amoureuse, au reste, est fort obscure. Ses ennemis lui imputent les pires abominations. D'autres la déclarent frigide. Elle était froide, dit M. Merki, et les protestants donnent à entendre seulement qu'elle eut une liaison avec le premier cardinal de Lorraine, « comme nièce de deux papes », insinuèrent les plus mauvaises langues ; chez elle, l'amour ne semble qu'un peu de curiosité dissolue, témoin l'anecdote du cadavre de Soubise, tué à la Saint-Barthélemy, et qu'elle alla voir pour connaître comment était fait un homme réputé impuissant[1].

Nous avons vu cependant plus haut combien elle souffrit de l'abandon de son mari. Ce ne fut point seulement sa dignité d'épouse qui fut blessée par l'injurieux concubinage de Henri II et de Diane, mais encore, mais surtout l'amour réel, sincère et très normal qu'elle éprouvait pour le roi son mari. Elle était à la fois outragée, mortifiée et plus encore peinée. De là cette haine sourde, cette rancune lentement amassée contre sa rivale jusqu'au jour où, devenue veuve et souveraine, elle put enfin se venger, faire chasser la vieille maîtresse non sans lui avoir fait rendre gorge ; Diane dut restituer les bijoux que lui avait donnés le roi et notamment les bagues précieuses qui passèrent aux doigts de Marie Stuart.

Il est donc bien difficile de porter un jugement sur le tempérament amoureux de Catherine. Pourtant, il ne serait pas inutile d'être fixé sur ce point, car il est rare qu'un sujet présentant quelque tare dégénérative mentale ne soit pas également atteint d'une tare psycho-sexuelle. Frigide, Catherine ne le fut certes pas, en dépit de l'opinion de M. Merki que nous avons relevée plus haut. Dissolue, rien n'est moins prouvé, malgré les pamphlets qui dépeignent ses débordements monstrueux. Qu'elle eût pour amants quelques-uns des nombreux Italiens qui encombraient sa cour, c'est là un fait normal et qui

---

[1] MERKI. *La reine Margot et la fin des Valois.* Cf. plus loin le chapitre sur la Saint-Barthélemy.

ne permet point de justifier l'accusation de ses ennemis. Cependant, çà et là, quelques épisodes singuliers
émaillent sa vie quotidienne et éclairent d'un jour
particulier sa mentalité.

Elle vivait dans un milieu extraordinairement
débauché où la licence des mœurs atteignait un degré
inconnu jusqu'alors. Outre les libres propos qui faisaient les frais de la conversation entre galants et des
confidences entre femmes, il y avait les actes, encore
plus libres. Brantôme nous édifie suffisamment sur
la frêle consistance de la vertu de ses contemporaines.
Catherine se plaisait infiniment dans ce milieu, se
divertissait aux histoires salées qui se colportaient
sous le manteau. Singulière cour d'amour que présidait la reine-mère : les murailles couvertes de fresques licencieuses, inspirées de l'Arétin (on en devine
le sujet), les statues demi-obscènes, tirant l'œil et
attirant les réflexions des hommes et la réponse des
femmes. Sur sa chaise haute, Catherine, entourée des
belles filles de l'escadron, écoutait les jacasseries.
Nobles dames « plus débordées qu'un cheval de Barbarie »; on les nommait marquises de Belle-Bouche
tant elles poussaient loin le brocart. Parfois même des
plaisanteries et des farces d'un goût fort équivoque
déchaînaient le rire de cette compagnie de jolies filles,
toutes prêtresses du petit dieu Amour[1].

Un tel milieu pervertissait fatalement quiconque y
vivait. Catherine fut sans doute la moins pervertie de

[1] BOUCHOT. *Les Femmes de Brantôme.*

LA PRÉDICTION DE NOSTRADAMUS A CATHERINE DE MÉDICIS.

toutes. Il semble qu'elle fut surtout une « débauchée
d'esprit », mais que, matériellement, elle observa une
modération rare en son époque. Ici encore, déséquilibre. Nombreux sont-ils, d'ailleurs, les psychopathes
qui se complaisent aux récits les plus croustillants,
aux pornographies les plus salaces, et qui sont des
individus continents, peu avides de voluptés sensuelles. C'est à cette catégorie qu'appartenait sans doute
Catherine.

Puis, toujours comme chez ces psychopathes, des
élans subits de curiosité malsaine, même d'aberration
sexuelle : Catherine, de temps à autre, se fait servir
par ses femmes nues ; d'autres fois, — est-ce un réveil
de sadisme latent ? — elle les fouette elle-même de sa
propre main et en éprouve un réel plaisir...

Si donc il est difficile de diagnostiquer d'une façon
ferme quel fut son tempérament amoureux, tout au
moins pouvons-nous affirmer qu'il présente des
marques certaines de déséquilibre, pour ne pas dire
plus. C'en est assez pour justifier la tare dégénérative
de la reine-mère.

Si l'on ajoute à cela sa zoophilie, — on sait la folle
passion dont elle aimait ses petits chiens, — sa superstition grossière, son intempérance, on pourrait
dire sa gloutonnerie, enfin les principes de sa politique ambitieuse, aveugle, se laissant sottement
dominer alors qu'elle croyait dominer tout le monde,
— on conviendra que Catherine n'était point la femme
vigoureuse, saine d'esprit, vierge de toute tare psychologique, qu'il fallait à la famille des Valois pour

la régénérer et lui infuser un sang généreux. Tout au contraire, mariée à Henri II en qui déjà s'accentuait la dégénérescence de la race, elle précipita la ruine de la dynastie : non seulement leurs enfants héritaient de toutes les tares des Valois ; leur mère leur apportait en outre toutes celles des Médicis. Il n'en fallait point tant pour faire basculer leur trône dans la boue sanglante, dans le stupre et dans l'ignominie.

# FRANÇOIS II SANS VICES ET SANS VERTUS

## FRANÇOIS II L'ADÉNOÏDIEN. — UN ROI ININTELLIGENT, ABOULIQUE, IMPUISSANT.

Le premier né de Henri II et de Catherine de Médicis se fit longuement désirer. François ne vint au monde que neuf ans après l'union du dauphin Henri et de la fille des marchands florentins.

Le rejeton royal qui devait régner, à quinze ans, sous le nom de François II était un enfant mal venu. Peu de souverains ont présenté de tares pathologiques aussi nettes et aussi dégénératives. Aussi la littérature médicale s'est-elle emparée de ce cas particulier, et nombreux sont les médecins qui ont commenté son observation[1]. Nous ne referons donc pas ce travail après eux, mais nous résumerons leurs conclusions; puis, — point qui intéressera davantage le lecteur,— nous en déduirons les conséquences psychologiques. C'est qu'en effet, au point de vue où nous nous plaçons, peu importe d'établir le journal de la santé physique d'un roi si l'on n'établit pas de corrélations

---

[1] Signalons notamment : CABANÈS. *Les Morts mystérieuses de l'Histoire* (François II). DESOLIER. *Psychologie des derniers Valois*; et surtout POTIQUET. *La maladie et la mort de François II.*

étroites entre cet état physique et son état moral, ainsi que la répercussion dont sa politique a subi le contre-coup. De cette façon nous établissons la loi du déterminisme historique qui doit être substituée à la loi du libre arbitre ou du hasard providentiel.

\*\
\* \*

Le petit roi François, comme l'appelle Brantôme, était un enfant chétif et malingre qui présentait une infirmité, peu connue à l'époque, bien étudiée aujourd'hui : « Il estoit, dit Agrippa d'Aubigné, de ceux qu'on appelle mal-nez, ne se purgeant ni par le nez, ni par la bouche, laquelle il portoit ouverte pour prendre son vent, dont se forma un abcez à l'oreille. » Dans sa concision, cette observation est typique ; elle autorise le diagnostic qui s'affirmera en comparant les divers témoignages contemporains : François II était atteint de végétations adénoïdes du pharynx.

Au reste son portrait corrobore cette hypothèse : face aplatie, nez camus, bouche ouverte, visage poupin, témoignant d'un arrêt de développement ; rougeurs de la peau, boutons d'acné, haleine puante, voix nasonnée, oreille dure, tous les mémorialistes sont d'accord pour lui accorder ces attributs peu recherchés. Aussi le Dr Potiquet, un spécialiste de rhinologie, peut-il s'écrier : « Somme toute, François II nous apparaît, à travers tous les récits des contemporains, comme un type assez caractérisé d'adénoïdien. »

Il n'est personne, aujourd'hui, qui ignore ce que sont les végétations naso-pharyngées. Elles ont pour effet de mettre un obstacle permanent au jeu de la respiration, et il s'ensuit un arrêt dans la croissance physique et morale de l'enfant atteint de cette infirmité. Son facies est caractéristique ; le nez reste petit parce que l'hypertrophie de l'amygdale pharyngienne entrave le développement de la charpente des os du nez ; le bord de la mâchoire supérieure décrit une courbe rétrécie, et les dents n'y trouvent pas la place nécessaire pour s'y loger régulièrement. Le petit malade ne peut se moucher ; en outre, il présente des poussées d'eczéma, d'entérite, d'angine, d'acné ; signes d'une nutrition viciée. Superposez à ce portrait celui de François II : ils s'adaptent parfaitement.

Mais il y a plus : François II mourut, à seize ans, après dix-huit mois de règne, de son infirmité. Fin peu fréquente chez les adénoïdiens, mais possible toutefois. Le malheureux, qui ne se mouchait pas, avait de temps à autre un écoulement de l'oreille gauche. Un jour cet écoulement chronique fit place à une inflammation suppurée qui occasionna une encéphalite aiguë ; en quarante-huit heures il fut emporté.

Nous en avons assez dit pour montrer quelle fut la tare physique du petit roi François. Tare dégénérative par excellence, non pas seulement par ses conséquences, mais par ses origines. On n'a pas tort de considérer les adénoïdiens comme des avortons, et

d'Aubigné disait le mot juste en appelant François un
*mal né*.

Ainsi s'établissait progressivement la déchéance
des Valois. Henri II était atteint d'un vice de con-
formation génitale ; Catherine de Médicis, réglée fort
tard, n'était point indemne de ce côté : neuf ans de
stérilité, puis vient au monde un pauvre être dégénéré.

Considérons maintenant son état mental. Celui-ci
ne pouvait qu'être sous la dépendance étroite de son
infirmité naso-pharyngée. Les adénoïdiens ont, en effet,
des caractères psychologiques communs : difficulté
d'acquérir et d'assimiler de nouvelles notions, surtout
si elles sont abstraites ; défaut de mémoire ; difficulté
à fixer l'attention, — symptôme connu en médecine
sous le nom d'aprosexie (Suarez de Mendoza), changement d'humeur, paresse intellectuelle, irritabilité
nerveuse, tel est le lot de la plupart des enfants porteurs de végétations adénoïdes.

Tel fut aussi le lot de François II. Assurément, ses
contemporains ne l'ont point représenté comme un
pâle crétin, car ils avaient trop de respect pour la
majesté royale pour la déprécier de la sorte : nous ne
sommes point encore au temps des pamphlets violents qui couvriront Henri III d'une boue immonde.
Cependant, à travers les lignes, on devine que François, encore dauphin, était ce qu'on appelle en terme
médical un *minus habens* : « Il est, disait l'ambassadeur vénitien Capello, très convenablement élevé,
mais il manque de vigueur ; il n'aime guère les lettres, ce qui déplaît fort à Sa Majesté (Henri II). On

lui a donné de très bons précepteurs qui lui apprennent à ne jamais rien refuser de ce qu'on lui demande, afin qu'il puisse acquérir, par une continuelle habitude, tout ce qu'il faut à la libéralité et à la grandeur royales ; et cependant, on n'y réussit pas beaucoup[1]. »
Un autre ambassadeur vénitien, Michel Suriano, parle du roi François en termes plus expressifs : « On le méprisa comme trop jeune et de peu d'esprit (*poco spirito*). » Jean de Serres dit à peu à près la même chose : « François II, jeune d'ans et encore plus d'esprit. » Les autres témoignages concordent avec ceux-ci.

S'il n'était pas intelligent et s'il avait l'assimilation lente et difficile, par contre, François II ne présentait point le caractère cruel, fourbe et volontiers sadique qui devait marquer la mentalité de ses frères. Il n'était point méchant, car il n'avait aucune volonté, pas plus celle de faire le mal que de faire le bien. Morose et bilieux, il menait surtout une vie végétative, s'ennuyant profondément, ne connaissant ni passion, ni désir, cultivant à grand'peine, au fond de son cœur d'enfant, une petite fleur bleue sentimentale. Et cependant, sa mère, volontiers dure et méchante, avait fait son possible pour lui inculquer de bons principes. Elle avait eu soin de l'endurcir contre une mauvaise sensiblerie en le menant, avec ses jeunes frères, aux exécutions de la place de Grève.

---

[1] « Ma di natura è misero e non molto amatore di lettere. Ma con tutto cio pare che malagevolmente l'esseguisca. » (*Relat. de l'ambassadeur Jean Capello*. Doc. in. de l'Hist. de France.)

Pour le récréer, pendant son enfance, elle avait organisé des combats de coqs, de chiens et d'autres animaux. En un mot, elle voulait tremper ce caractère
qu'elle pressentait affaibli et lui donner une rude
autorité par des spectacles violents et sanguinaires.
Le petit roi faisait tout ce qu'on voulait ; il ne témoi-
gnait à cette vue ni joie ni indignation : il semblait
incapable d'aucune réaction psychique. En cela, du
reste, il était d'accord avec son tempérament adénoïdien.

Profondément apathique, indifférent à tout, il semblait vivre en dedans et ne se doutait nullement de
son métier de roi. Il ne fut jamais de son temps ni de
son pays ; sous cette Renaissance française, âprement
tourmentée par la tempête des passions individuelles
et sociales, à l'heure décisive où deux religions se
disputaient la suprématie spirituelle et temporelle, il
abdiqua tout pouvoir, toute responsabilité entre les
mains des Guise.

Voilà quelle fut, sur la politique française, la répercussion de l'infirmité de François II. Comme un roi
fainéant des temps mérovingiens, il laissa les maires
du palais, — duc et cardinal de Guise, — les maîtres
absolus de la situation. On sait ce qui s'ensuivit : la
conjuration d'Amboise, préface sanglante des atrocités
qui se poursuivirent jusqu'à l'avènement de Henri de
Navarre. Pascal a parlé du nez de Cléopâtre, qui,
moins beau, eût pu changer la face du monde romain ;
du grain de sable dans la vessie de Cromwell, faisant
disparaître prématurément le Protecteur ; il eût pu

ajouter que les végétations adénoïdes de François II
ont conduit la France à la Saint-Barthélemy, car, si
l'héritier de François I<sup>er</sup> avait été d'intelligence élevée, de volonté réfléchie (et pour cela il lui fallait
la santé physique), il eût pris parti pour les uns ou
pour les autres, il aurait eu assez d'autorité pour
imposer sa loi, et, en tout cas, il aurait évité à
son pays le règne de Charles IX.

Car, en mourant, François II ne laissait pas d'enfants. On l'avait pourtant marié de bonne heure, de
trop bonne heure, à une jeune princesse qui ne
demandait pas mieux que de perpétuer la lignée des
Valois. Mais si Marie Stuart, à seize ans, était, comme
dit Michelet, une forte rousse charnelle, son royal
mari était un apprenti incapable de gagner un
galon sur le champ de bataille des ébats conjugaux.
Le fait ne manque point d'être piquant : à François I<sup>er</sup>, paillard, trousseur de filles et débauché
impénitent, succède son fils Henri, — M. de Saint-
Victor, — qui mit dix ans à procréer et qui présentait une gênante anomalie ; à Henri II succède
François II qui, à seize ans, manifestait une évidente
bonne volonté, mais ne pouvait la traduire par un
acte décisif.

C'est encore à son tempérament adénoïdien qu'il
faut attribuer ce peu d'ardeur pour le culte de Vénus.
Les porteurs de cette infirmité, — localisée cependant
dans le nez et l'arrière-gorge, — sont des retardataires
en matière d'amour, et leur vie durant ne montrent
guère d'empressement à sacrifier à la femme. Il leur

manque l'appétit sexuel et ils ne présentent pas de
sensualité bien marquée.

> Sobre de vin, de Vénus, et de vice,

disait-on en parlant de François. Régnier de la
Planche s'exprime moins poétiquement : « Il avait les
parties génératives constipées et empeschées, sans
faire aucune action[1]. » Et pourtant Marie Stuart
s'employait de son mieux à faire naître des désirs
amoureux au cœur du jeune François. Ils restèrent
fiancés de longs mois. François avait pour sa femme
une affection très tendre et très sentimentale. Lorsque
celle-ci n'avait encore que treize ans, ils se retiraient
tous deux dans de petits coins, pour des caresses for-
cément innocentes, et là, Marie Stuart, âme d'artiste
déjà vibrante, commençait à épeler l'alphabet de
l'amour sentimental avec un compagnon qui fut plus
tard incapable de tourner le feuillet pour en apprendre la syntaxe.

On a dit très faussement que François II était mort
de Marie Stuart, la jeune et jolie reine l'ayant épuisé
après deux ans de mariage. Ce genre de mort n'est
pas plus poétique que l'abcès à l'oreille qui enleva
François, et, en outre, il est absolument démenti par
ce que nous savons de l'observation médico-psychologique du jeune roi. On ne vide point un réservoir qui
ne contient rien : c'était le cas de François. Peut-être,
sur la fin de ses jours, cet adénoïdien, — le contraire

[1] *Mémoires de l'Estat de France sous François II*, par RÉGNIER
DE LA PLANCHE.

e l'*embrasé*, — parvint-il à remplir ses devoirs con-
ugaux, mais ce n'est point ce suprême effort qui pou-
ait influer sur l'évolution de son infirmité. En définitive, c'est Brantôme qui a raison lorsqu'il dit : « Le roi
François ne fut point sujet à l'amour comme ses prédé-
cesseurs ; aussy eust-il un grand tort, car il avoit pour
épouse la plus belle femme du monde et ne plus aima-
ble. » L'écrivain des *Dames galantes*, qui, lui, était bien
de son époque, comprenait mal qu'on pût rester indifférent devant les charmes de cette belle fille de dix-
sept ans, forcée de se contenter de promesses d'amour.

Un exemple montrera la curiosité un tantinet perverse de la « fée écossaise », au visage délicat, au nez
mince et droit, aux yeux noirs et veloutés. Un jour on
raconte devant elle que les cerfs de la forêt de Saint-
Germain, bramant d'amour pour une biche, se
livraient un combat furieux dont la Chimène à quatre
pattes devait être le prix. Marie Stuart veut aller contempler un si joli spectacle. Elle entraîne à sa suite le
languissant monarque, les seigneurs et les dames de
a cour, ravis de cette amusante équipée, et voilà la
troupe folle partie à travers bois : on assiste à la lutte,
et, qui plus est, au couronnement du vainqueur qui
ne resta point « bouche bée » devant la belle proie
qu'il avait gagnée. Quelqu'un osa bien remarquer
que cela ne « sentoit pas sa femme de bien ny chaste
d'aller voir de telles amours de bestes », mais les glo-
seurs se turent bientôt[1]. Pauvre petite reine contrainte

---

[1] Bouchot. *Les Femmes de Brantôme*, ch. III.

de satisfaire son tempérament amoureux par des spectacles immoraux !

Inintelligent, aboulique, impuissant, tel fut François II. Roi sans vices et sans vertus, nul n'était moins digne de monter sur le trône, le lendemain de la joute fatale où Montgomery creva l'œil de Henri II. Et pourtant, François II ne représente que le premier échelon de la dégénérescence des Valois ; ses deux frères qui vont lui succéder, l'un après l'autre, et faire sombrer la dynastie fondée par François I<sup>er</sup> accuseront des tares dégénératives encore plus marquées : avec eux, le trône de France bascule dans la boue et dans le sang.

# UN SADIQUE CÉRÉBRAL : CHARLES IX

## UNE PAGE DE NÉVROSE RÉVOLUTIONNAIRE : LA SAINT-BARTHÉLEMY

### § I<sup>er</sup>

#### CHARLES IX : FAROUCHE, SANGUINAIRE, TIMIDE, SENTIMENTAL. HISTOIRE DE MARIE TOUCHET

Le premier né de Catherine de Médicis et de Henri II tait un dégénéré physique. Le second, Charles-Maximilien, qui, à la mort de son aîné, accéda au trône ous le nom de Charles IX fut surtout un dégénéré iental. Ainsi la déchéance de la race s'accentue ; nous a verrons plus nette encore dans Henri III, le troi-ième fils de Catherine. D'habitude, cette progression 'établit en suivant la filière héréditaire : ici, elle se anifeste chez les trois frères, plus forte à mesure chez e cadet que chez l'aîné, chez le dernier que chez le second.

Charles IX n'avait que dix ans lorsqu'il recueillit l'héritage de François II. L'enfant promettait plus qu'il ne devait tenir par la suite : « Il montre, écrivait l'ambassadeur Suriano, dans toutes ses actions beaucoup de noblesse, d'esprit, de gravité, de modestie. Sa parole est douce, sa conversation facile, sa figure agréable et gaie : rien ne lui manque de ce qui convient à un roi. On peut beaucoup espérer de lui, s'il vit, pourvu qu'il ne se gâte pas et qu'en attendant tous ses intérêts ne soient pas ruinés par la négligence et la malice des autres... »

Son physique était plaisant : de beaux yeux éclairaient un doux visage, ses mouvements étaient gracieux et élégants. Il grandit rapidement, mais se voûta bientôt[1]. Cependant ce plaisant adolescent était rebelle à l'étude. En dépit de ses précepteurs, de Jacques Amyot notamment, il refusait de mordre aux belles-lettres et manifestait, à l'encontre de son aïeul François Ier, une indifférence parfaite pour les choses de l'art. Par contre, ce gringalet adorait les exercices violents.

Ce fut un *sportsman* enragé, non point familier des tournois où la grâce et l'adresse égalaient la bravoure, mais des randonnées impétueuses à courre le cerf ou le sanglier dans le bois de Vincennes, qu'il affectionnait. La chasse le passionna de bonne heure. Rien d'étonnant à cela : déjà se manifestaient en lui les cruels appétits sanguinaires qui devaient se développer plus tard : il commença par forcer les bêtes au cri de: *Taïaut! taïaut!* Il devait finir par la chasse à l'homme au cri de: *Tue-les! tue-les!*

Tout se tient, en effet, dans la vie d'un homme, et il

_____

[1] « Statura fuit procera, sed incurva », écrit Papire Masson. (*Vita Caroli noni.*)

n'est si petit épisode de sa jeunesse qui ne serve à éclairer d'une lumière spéciale les faits et gestes de sa maturité. La cruauté sauvage de cet intrépide chasseur, ce n'était autre chose qu'une forme atténuée de sadisme. Et quel contraste frappant avec sa mère Catherine! Celle-ci était une zoophile, se passionnant plus pour les chiens que pour ses semblables, poussant jusqu'à l'absurde l'idolâtrie envers les animaux. Mais les extrêmes se rencontrent aux limites de l'équilibre mental.

Cet amour de la chasse lui fut funeste. Charles se rompit un jour un vaisseau en sonnant un hallali furieux. Du moins est-ce Bassompierre qui rapporte le fait. Du reste, la santé du jeune roi était fort délicate. A plusieurs reprises, la reine-mère mande à ses correspondants que son fils s'est blessé en voulant forcer un sanglier, ou qu'une branche d'arbre l'a frappé au visage, ou encore qu'une indisposition contractée à la chasse le force à garder le lit.

Bien entendu, avec un pareil tempérament que ne justifiait pas sa complexion physique, Charles aimait la guerre pour l'ivresse du carnage [1]. Il était poussé

---

[1] Dès son enfance, écrit, de son côté, le Dr Dusolier, il avait assisté au carnage des bêtes féroces, et cette vue, loin de lui déplaire, semblait au contraire avoir pour lui beaucoup d'attraits :

> Pour se faire cruel, sa jeunesse esgarée
> N'avoit rien que le sang et prenoit sa curée
> A tuer, sans pitié, les cerfs qui gémissoient,
> A transpercer les daims et les faons qui naissoient.
> Si qu'aux plus advisés cette sauvagerie
> A fait prévoir de lui massacre et tyrannie.

(AGRIPPA D'AUBIGNÉ, cité par DUSOLIER. *Psychologie des derniers Valois.*)

dans cette voie par son précepteur, Albert Gondi, maréchal de Retz, « Florentin fin, caut et trinquat, corrompu, grand menteur et dissimulateur ». Brantôme, qui avait peine à croire qu'un rejeton du sang royal eût trouvé dans l'héritage paternel un tel lot, mit au compte de ce malheureux maréchal les vices du roi. Il lui apprit, selon lui, à jurer, à feindre, à dissimuler, car de son naturel, ajoute-t-il, « Charles était ouvert, prompt et actif, vigilant, éveillé et peu songeart ».

Effectivement, Charles IX pouvait se réclamer de son aïeul Louis XI. Il n'attachait aucune valeur à la parole donnée, jurait et se parjurait toutes et quantes fois qu'il lui en prenait fantaisie. Nous le retrouverons au moment de la Saint-Barthélemy, faisant preuve de la plus atroce des perfidies. Ajoutons à cela qu'il blasphémait avec une remarquable aisance, malgré qu'il se posât en défenseur suprême de la religion.

Peu de passions, au demeurant. Il était assez sobre, mêlant de l'eau à son vin, buvant même de l'eau à certains moments. Il convient cependant de remarquer que, pendant son enfance, il était au régime du vin pur, ses historiens ne disent point en quelle quantité. — Plus tard, égrotant et sentant déjà les germes de la maladie qui devait l'emporter, il s'astreignit aux infusions sucrées de cannelle, sur l'ordre de ses médecins. En dépit de cette boisson peu excitante, Charles était extrêmement agité, comme le serait un alcoolique invétéré. Ses nuits se passaient sans sommeil. Avant l'aube, il était debout, prêt à monter à cheval et réveillant sa meute.

Sur le chapitre des femmes, cet aliéné couronné fut d'une tempérance rare. Décidément, il s'ingéniait à devenir l'antithèse vivante de son grand-père François Iᵉʳ. Autant celui-ci aimait Vénus et ses plaisirs, autant celui-ci ne goûte que fort tard un plaisir médiocre. L'activité génitale des Valois semblait dans sa personne plus émoussée encore que dans celle de François II qui, contraint au service fatigant de Marie Stuart, s'y épuisa rapidement. Ce n'est pas que Charles IX fût impuissant. Ce n'est pas non plus qu'aucun sentiment affectif n'ait jamais pénétré dans son cœur. Sans être très aimant, Charles sut montrer à sa mère, puis à sa femme et à sa maîtresse des sentiments affectueux. Il fut surtout un sentimental en dedans.

Le fait est à peine croyable, et cependant il est confirmé par tous les mémorialistes du temps. Cette brute superbe, ne se plaisant qu'à l'agonie de ses victimes, animaux forcés ou huguenots traqués, eût dû, pour rester logique avec lui-même, goûter l'ivresse des viols et du sadisme génital. Or son sadisme, indéniable et impérieux, fut toujours purement mental. Jamais il ne se traduisit par un acte sexuel proprement dit. Et tandis que les vrais sadiques éprouvent à torturer une jouissance physique immense, Charles IX ne ressentit jamais devant ses spectacles favoris autre chose qu'une satisfaction morale. De sorte qu'en définitive jamais un corps et une âme ne furent plus mal associés.

Méchant, cruel, fourbe, dévoré d'appétits sangui-

naires, tel est, au moral, le portrait de cet homme, qui
se rapproche de l'animalité. Mais, au service de cette
mentalité farouche, un corps maigre, aux jambes
grêles, courbé et disproportionné. On pourrait le
croire haut en couleur : du tout, il a le visage pâle, les
lèvres pincées, — signe de cruauté inexorable; — la
tête est large sur les côtés, le nez fort et un peu pointu,
les cheveux courts et abondants[1].

Longtemps on le prit pour un sage jeune homme
qui voulait demeurer étranger aux choses de l'amour.
Lorsqu'il fut majeur, toutes les dames de la cour, —
celles de l'escadron volant, — s'empressèrent autour
de lui; c'était à qui d'entre elles ravirait sa fleur d'in-
nocence au berger de ce galant troupeau. La chose en
valait la peine. Celle qui arriverait bonne première
dans cette course à la timbale aurait grande chance
d'exercer une mainmise complète sur le monarque,
attendu qu'il n'était point d'un naturel volage. Et
l'exemple des royales favorites, d'Agnès Sorel, de
Diane de Poitiers surtout, les hantait et les encourageait. Peine perdue : Charles méprisait les vertu-
gadins et préférait aux galanteries plus ou moins
osées les chevauchées endiablées à travers les fourrés
épais du bois de Vincennes.

Jamais on n'avait vu pareil spectacle, d'un roi, d'un
Valois surtout, rebelle à l'amour. Un jour, Mme de
Montpensier qui le harcelait sans cesse, n'y tint
plus et lui reprocha en termes dépités son insensibi-

[1] Corlieu. *La Mort des rois de France depuis François Ier jusqu'à la Révolution*. Paris, 1873.

lité. Charles l'accueillit d'un franc rire et lui jura que, s'il se mettait une fois à caqueter, il donnerait tant d'exercice à toutes ces dames qu'elles se repentiraient d'avoir réveillé le lion qui dormait.

Ce ne fut pas un lion qui se réveilla, mais un tourtereau. De passage à Orléans on lui présenta une jeune fille belle à ravir, de formes élégantes et très racée bien que d'origine bourgeoise. Les uns lui donnent pour père un apothicaire, d'autres un juge au présidial. Peu importe au reste. Ce qu'il y a de plus curieux, à l'origine de la liaison de Charles IX et de Marie Touchet, — ainsi s'appelait la belle, — c'est l'intervention de la reine-mère Catherine de Médicis. D'après Bouchot, celle-ci aurait elle-même choisi la jeune fille et l'aurait poussée dans les bras de son fils. Telle une maman sage et prévoyante qui engage une servante accorte pour retenir son enfant à la maison. Catherine avait tellement souffert du règne des favorites illustres, telles que Diane de Poitiers, qu'elle préférait, en faisant la part du feu, un dérivatif bourgeois comme la jeune Orléanaise. Nous ne savons si telle fut réellement l'action de la reine-mère, mais il est permis de penser qu'elle était complètement inutile. Peine superflue. S'il aima Marie Touchet, c'est librement.

Ces amours ressemblèrent singulièrement à celles qui, cent ans plus tard, charmèrent Louis XIV et Louise de la Vallière. De la part de la maîtresse, nulle cupidité, nulle arrière-pensée, nulle autre ambition que de plaire à son amant, sans s'occuper des affaires de l'Etat. On ne la voit point, arrogante et dominatrice, exercer un pouvoir usurpé ; elle n'affiche point avec hauteur sa royale liaison, elle reste une humble demoiselle d'honneur, perdue dans le nombre des jolies filles de la cour. De la part de l'amant, même réservé; une tendresse profonde les unit étroitement. L'un et l'autre buvaient sans doute pour la première fois à la coupe enivrante de la volupté.

Assurément, il est bien audacieux de se porter garant de la vertu d'une fille, encore plus d'un jeune homme. Néanmoins, Bassompierre écrit avec une brutalité bien militaire que « le roi la dévirgina, et elle lui ». Le fait est probable en ce qui concerne Marie Touchet. Jalousement surveillée par son bourgeois de père, confinée dans Orléans, prude ville de province, la belle n'avait eu aucune occasion propice d'égratigner sa robe aux épines des buissons d'amour. Quant à Charles, qui avait à cette époque une vingtaine d'années, nous avons vu combien peu il aimait la bagatelle. Brantôme raconte cependant qu'une certaine Charlotte (Madeleine de Bourdeilles ?) lui avait tenu rigueur et refusé des faveurs qu'une femme est à l'habitude empressée d'offrir à son roi. D'autre part, le sentimental Charles IX avait fort platoniquement aimé sa belle-sœur Marie Stuart, mais sans plus.

Sous des auspices aussi favorables, la liaison de Charles IX et de Marie Touchet tint tête à tous les orages de la vie. C'est auprès de sa maîtresse toujours prévenante que Charles IX venait oublier son dur métier de roi, — d'autant plus dur que la politique subissait des crises terribles et que les massacres, les tumultes, les guerres civiles se succédaient sans relâche. Une fois aux pieds de Marie, le farouche monarque, qui venait d'entrer chez elle, les yeux encore injectés et la bouche mauvaise, se faisait doux comme un agneau. Il devenait timide et soumis. Qui sait si les destinées de la France n'eussent pas été autres, si Marie Touchet avait été, comme la plupart de ses semblables, piquée de la tarentule politique ? Avec l'ascendant qu'elle exerçait sur son amant, elle eût peut-être fait éviter la Saint-Barthélemy : elle préféra demeurer dans la tour d'ivoire de son amour.

Pourtant, dans cette tour précieuse, Charles IX ne pénétrait pas seul. Pour être maîtresse de roi, on n'en est pas moins femme, c'est-à-dire infidèle et volage. Tout en conservant au roi des trésors de tendresse, Marie crut pouvoir en dispenser quelques-uns à Montluc, frère de l'évêque de Valence. Charles s'en aperçut. On peut croire que ce sauvage, grand amateur de massacres, allait inventer pour l'inconstante amie un supplice digne de l'Orient ? Du tout.

Il commence, comme tout mari ou tout amant trompé, à mesurer l'étendue de son malheur. Prévenu que la dame conservait dans sa bourse, attachée à sa ceinture, une lettre de Montluc, il organisa une fête à laquelle il convia la majeure partie de « l'escadron ». En même temps il fit mander une demi-douzaine de tire-laine habiles, et leur donna l'ordre de couper les bourses des dames, sans oublier celle de Marie. Bientôt en possession de celle-ci, il trouva la lettre incri-

minée qui ne devait laisser aucun doute sur les relations de sa maîtresse avec Montluc.

Une scène inévitable eut lieu entre les deux amants.
Marie, bien entendu, commença par nier. Puis, accu-
lée à la vérité, elle avoua, entre deux sanglots. Apparemment, Charles était de ces individus féroces qui
ne peuvent voir pleurer une femme. Il pardonna sur-
le-champ, et, pour plus de sûreté, il maria son amie à
d'Entragues, bailli d'Orléans. Mari honoraire, bien
entendu.

Légèrement obscurcie par ce nuage passager, la
liaison continua. Marie Touchet eut, du roi, un fils
qui porta le nom de comte d'Auvergne[1]. Lorsque
Charles se maria, à vingt ans, Marie eut quelque
appréhension de le perdre. Mais, comparant le portrait d'Elisabeth d'Autriche, la future reine, à sa
propre image que lui renvoyait son miroir : « L'Allemande ne me fait pas peur! » s'écria-t-elle. Elle eut
raison, car Charles, se mariant par raison d'Etat, ne
la délaissa pas et continua son commerce avec
elle. A son lit de mort, le roi voulut la faire riche.
N'osant la recommander à sa mère, il chargea de ce
soin son ancien gouverneur, resté son familier, Gondi
de Retz, — lequel se garda bien par la suite d'obéir
aux ordres de son maître.

---

[1] Plus tard, après la mort de Charles IX, François d'Entragues, le mari, quitta l'honorariat pour l'activité. Les époux eurent
deux filles : l'une, Henriette d'Entragues, qui, malgré l'opposition
de sa mère, devint maîtresse de Henri IV; l'autre Marie, qui eut
Bassompierre pour amant.

Au sujet de la mort de Charles IX[1], certains historiens ont accrédité la légende que le roi aurait succombé aux transports amoureux dont l'accablait l'ardente Marie Touchet[2]. C'est peu probable. En effet, Charles ne nous apparaît point comme un *embrasé*, mais plutôt comme un sentimental. D'autre part, lui attribuer la syphilis, c'est bien téméraire : il ne l'avait point reçue héréditairement, et rien, dans le journal de sa santé, ne permet de justifier une telle hypothèse. Rappelons donc nos conclusions développées longuement par ailleurs : « Charles IX succomba à une broncho-pneumonie, entée sur des lésions avancées de tuberculose pulmonaire. » Dans une lettre de Catherine de Médicis à M. de Matignon, la reine-mère donne des détails très nets : « La maladie du feu Roy mon fils a esté une grosse fièvre continue causée d'une inflammation de poulmons que l'on estime luy estre procédée de viollens exercices qu'il a faicts, et ayant esté ouvert après sa mort, l'on a trouvé toutes les aultres partyes de son corps aussy saines et entières que se puissent veoir en homme bien compozé; il est à présupposer que, sans les viollens exercices, il estoit pour vivre longuement. » Ces points sont d'ailleurs confirmés par le procès-

---

[1] Nous avons longuement développé ce problème historique dans un chapitre de notre livre *Poisons et Sortilèges*, t. II, en collaboration avec le Dr Cabanès.

[2] Papire Masson écrit : « Sanè Rex ipse inter moras longissimi morbi semel ad eam divertit, suspicioque est auctum morbùm *ex importuno coitu* et acceleratum vitæ finem. » (P. Masson, *Op. cit.*)

verbal d'autopsie qui fut étudié, voici quelques
années, par Brouardel et Gilles de la Tourette.

Ainsi donc Charles IX n'est point mort de Marie
Touchet, comme son frère François de Marie Stuart.

Nous venons de le voir amoureux, tendre, bon, —
mais ce n'est qu'une face de la médaille. Ne l'oublions
pas, cet homme est double, nous allons maintenant
trouver son sadisme effrayant, sa cruauté, sa four-
berie.

## § II

### LE SADISME ÉPIDÉMIQUE DANS LA SOCIÉTÉ DU XVI° SIÈCLE

Toute l'histoire de cette sombre époque est dominée
par un drame terrible : la Saint-Barthélemy. Le roi
Charles IX y prit une part active, en dépit qu'en aient
dit les apologistes à outrance de la politique guisarde.
C'est à travers les péripéties de la Saint-Barthélemy que
nous allons voir un Charles IX tout différent du doux
amant de Marie Touchet, un forcené, ivre de sang
répandu, torturé tour à tour par ses désirs sanguinaires et par la peur, avant-coureuse du remords.

Mais avant d'aborder le récit même des événements
qui ensanglantèrent les noces de Marguerite de Valois
et de Henri de Navarre, il est nécessaire de bien préciser quel était l'état d'esprit de la société, en pleine
guerre religieuse. Nous pouvons le qualifier d'un seul
mot : mentalité révolutionnaire. On a souvent com-

paré, avec juste raison, aux massacres de 1792 et aux
sombres journées de 1793 les épisodes qui précédè-
rent, marquèrent et suivirent la Saint-Barthélemy. La
foule qui, dans l'une comme dans l'autre période,
participa au mouvement, présentait le même caractère mental qui anime les foules révolutionnaires :
réveil et exaspération des instincts d'animalité, notamment du sadisme latent couvant au cœur de chaque
individualité et explosant sous l'influence du déséquilibre mental provoqué par l'état révolutionnaire.

On sait que la foule arrive à commettre avec une
rapidité étonnante les actes de férocité et de cruauté
les plus atroces [1]. Sighele pense qu'elle est poussée à
ces excès par les bas-fonds sociaux qui, se mêlant aux
citoyens honnêtes, les pervertissent rapidement : en
effet, la foule est éminemment suggestionnable et,
par un phénomène singulier de contagion mentale,
de mimétisme psychique, elle est portée à imiter le mal
beaucoup plus que le bien. Il suffit donc d'un violent,
dans une foule, pour l'entraîner, à la violence. Mais,
somme toute, la violence n'est-elle pas une forme
fruste et primitive de la défense? Les premiers hommes
étaient fort cruels, parce que la cruauté constituait
leur meilleure arme défensive. Si les foules révolutionnaires sont féroces, c'est que, d'un seul bond,
elles retournent en arrière, vers le passé, vers l'animalité primitive, dont elles présentent tous les caractères mentaux.

[1] SIGHELE. *La Foule criminelle*, trad. P. VIGNY.

Toutefois, en ce qui concerne les événements de
1572, il ne s'agit point d'une déflagration inopinée
dans une collectivité jusqu'alors pacifique et calme.
A dire vrai, la société était préparée depuis longtemps,
elle se préparait elle-même, s'entraînait à la férocité.
Toute cette seconde moitié du xvi° siècle est caracté-
risée par des actes de sauvagerie inouïs soit isolés,
soit collectifs. La Saint-Barthélemy n'est donc qu'un
épisode plus dramatique que les autres dans cette
horrible et sanglante tragédie.

Faut-il rappeler les massacres de Beaugency, de
Vassy, de Sens, de tant d'autres villes encore ? Massacres dictés par la fureur religieuse, obnubilant le
clair jugement de tous, huguenots et catholiques ;
massacres dictés aussi par le désir de vengeance, et
surtout par la contagion du crime, — contagion
inévitable lorsque le paroxysme de la haine est exalté
au maximum. Seuls, peut-être, les promoteurs qui
armaient le peuple, — *la grande levrière*, suivant le
mot pittoresque du temps, — avaient quelque conscience de leurs actes, et encore...

Quand le tocsin sonnait dans une ville, la populace
courait aux armes et boutait sus aux protestants : on
les massacrait dans l'intérieur des murs. Parvenaient-
ils à fuir en rase campagne ? Ils étaient traqués par
les paysans, plus féroces encore que les citadins.
Puis, tout comme plus tard en 1793, on voulut consacrer la violence par la justice, tournée en dérision par
des juges iniques : des arrêts de mort faisaient pendre
ou rouer ceux qui avaient échappé à la boucherie.

L'émotion populaire se calmait après cette sai-
née. Mais elle reprenait plus loin, dans une autre
province, comme un brasier mal éteint qui se rallume
par endroits.

Des scènes de sauvagerie invraisemblable illustrèrent ces drames de province : là, des paysans ivres,
non contents de tuer, mordaient à pleines dents les
cadavres ennemis et mangeaient le cœur des enfants.

Ailleurs, le gascon Montluc, qui se vantait d'avoir
branché des huguenots à tous les arbres de la route,
livrait deux cents femmes aux soldats espagnols,
qui les éventrèrent toutes, même les grosses, pour
tuer les petits luthériens [1].

Déjà, en 1560, à la conjuration d'Amboise, des
scènes d'horreur se passèrent sous les yeux du roi, de
ses jeunes frères, de toute la cour, des dames même
qui se mettaient aux fenêtres du château pour voir
pendre, noyer et décapiter les conjurés « comme s'il
eust été question de voir jouer quelque momerie,
sans être aucunement émeus de pitié ou de compassion ». Ainsi se faisait l'éducation sadique des courtisans et des femmes, qui s'aguerrissaient à la vue des
supplices.

Quant au peuple, il fit rapidement son apprentis-
sage ; la même année, le seigneur Antoine de Mou-
vans, ayant été capturé à Draguignan, fut tué, ses
entrailles furent arrachées du ventre, traînées par la

---

[1] MICHELET, *Hist. de France*, t. III, ch. XVI.

ville, jetées dans les fossés, au lieu le plus infect. Son
cœur et son foie, emmanchés à un bâton, furent por-
tés en triomphe ; on en offrit un morceau à un chien qui
le refusa. Puis, le corps fut salé et conduit jusqu'aux
prisons d'Aix par les assassins eux-mêmes, sous l'œil
bienveillant des conseillers envoyés pour faire justice
du crime[1].

De leur côté, les protestants ne se laissaient point
égorger sans rendre œil pour œil, dent pour dent. Si
l'armée de Coligny conservait, par l'ordre de son chef,
une rare dignité, par contre, les bandes huguenotes,
comme les bandes catholiques, tuaient, pillaient,
violaient. Dans une salle du château de la Chapelle-
Faucher, où deux cent soixante paysans et soldats
avaient été faits prisonniers, on tua, de sang-froid,
le lendemain, jusqu'à ce qu'il n'y eût plus un seul
survivant.

D'autre part, les armées commettaient les plus terribles atrocités. Un seul exemple suffira à se faire
une idée de la mentalité des chefs et de leurs troupes.
Un jour, Strozzi s'aperçut que huit cents femmes de
mauvaise vie suivaient ses soldats, qui, dans leurs
bras, oubliaient Mars pour Vénus. Froidement, le
général, en traversant les Ponts-de-Cé, fit jeter les
huit cents femmes dans la Loire.

Ainsi la guerre était fertile en cruautés inimaginables. Montaigne, qui en fut le témoin oculaire, —
et attristé, — en a rapporté quelques-unes qui ne

---

[1] *Mém. de l'Estat de France sous François II.*

sont pas sans faire frémir : « Je sçais, dit-il, qu'il
s'est trouvé des simples païsans s'estre laissé griller
la plante des pieds, écraser le bout des doigts à tout le
chien d'une pistole [pistolet], poulser les yeux sanglans
hors de la teste, à force d'avoir le front serré d'une
chorde, avant que de s'estre seulement voulu rendre
à rençon. » Il cite le cas d'un pauvre diable, laissé
tout nu, pour mort, dans un fossé, le cou meurtri
par un licol au moyen duquel on l'avait traîné toute
la nuit à la queue d'un cheval, le corps percé de
cent coups de dague très superficiels, car on n'avait
pas voulu le tuer, mais « seulement lui faire de la
douleur et de la crainte[3] ».

Voilà bien des actes de sadisme très caractérisés.
Montaigne, qui ignorait cette aberration mentale des
hommes aveuglés par la fureur sanguinaire, avait
bien remarqué toutefois le plaisir qu'ils prenaient à
prolonger les souffrances des victimes, auxquelles il
fallait éviter une mort trop brève. Et dans sa sage
philosophie, si éloignée de tous ces excès, il ajoutait :
« Combien en a-t-on vu se laisser patiemment brus-
ler et rostir pour des opinions empruntées d'aultruy,
ignorées ou incogneues ? » Combien, en effet, bourreaux ou victimes, aussi obstinés dans leurs violences que dans leur résignation, eussent été embar-
rassés de définir les principes fondamentaux de la
religion qu'ils défendaient ? Mais n'est-ce pas le fait
des exaltés, et surtout des foules ameutées, d'ignorer

[1] MONTAIGNE. *Essais* II.

le mobile de leurs actes et d'obéir aux impulsions résultant de la contagion mentale[1] ?

C'est par ces actes répétés de cruauté féroce que, peu à peu, la société, sous François II, puis sous Charles IX, s'accoutuma au sadisme et prit l'appétit du sang, appétit terrible, qui, comme une soif inextinguible, s'accroît à mesure qu'il se satisfait. Quand dans la nuit du 24 août 1572 va sonner à Saint-Germain-l'Auxerrois le tocsin de la Saint-Barthélemy, c'est une tempête de folie sadique qui va secouer la ville ameutée et faire sombrer dans la fureur sanguinaire ses placides bourgeois.

## § III

### LA SAINT-BARTHÉLEMY

Nous n'avons point à refaire, après tant d'autres, le récit de cette nuit tragique, auprès de laquelle la

---

[1] « Les premières cruautez, dit Montaigne, s'exercent pour elles-mesmes : de là s'engendre la crainte d'une juste revenche qui produict aprez une enfileure de nouvelles cruautez pour les estouffer les unes par les aultres.

» Quant à moy, en la justice mesure, tout ce qui est au delà de la mort simple me semble pure cruauté, et notamment à nous qui debvrions avoir respect d'envoyer les asmes en bon estat : ce qui ne se peult, les ayant agitées et désespérées par torments insupportables. »

Sages paroles, qui constituent comme un anachronisme pour l'époque où elles ont été écrites ; du reste n'a-t-il pas fallu attendre deux siècles encore pour que fussent abolis la torture et les supplices autres que la mort simple au delà de laquelle tout est « pure cruauté » ?

9

LA SAINT-BARTHÉLEMY.

Défenestration de Prague, les Vêpres Siciliennes et
même les Massacres de Septembre sont jeux d'enfants. La plupart des historiens, bien peu avec im-
partialité, beaucoup avec parti pris, ont rapporté la
genèse du drame, comment, par qui et par quoi il fut
provoqué et la part qu'y prirent les principaux
acteurs. Nous bornant à notre thèse de pathologie
sociale, nous nous contenterons, pour notre part, de
mettre en lumière les événements qui éclairent la
psychologie de cette tragédie.

On sait que la Saint-Barthélemy débuta par l'assassinat de l'amiral Coligny, dont la maison fut envahie
par une bande d'assommeurs que conduisait l'Alle-
mand Bœhm. Il est inutile de rappeler l'attitude
héroïque et résignée du vieillard, son mot à l'assom-
meur qui l'éventrait d'un épieu : « Si c'était un
homme, du moins!... C'est un goujat! » Mais ce ne
fut là que le commencement du martyre : heureusement pour Coligny, ce martyre infamant ne devait
s'exercer que sur son cadavre, car il expira aussitôt
sous les coups redoublés de Bœhm.

Le duc de Guise attendait dans la cour de la maison avec M. d'Angoulême (le bâtard de Henri II) et le
duc d'Aumale, que « l'affaire fût finie ». De l'intérieur, Bœhm les avertit du succès de l'entreprise.

— « M. d'Angoulême ne le croira pas s'il ne le voit
à ses pieds. »

Aussitôt, les assassins jetèrent le cadavre par la
fenêtre ; il vint s'aplatir sur le pavé. Le bâtard, esti-
mant sans doute qu'on a toujours plaisir à considérer

son ennemi mort, lui essuya le visage avec un linge pour en enlever toute trace sanglante[1].

Aussitôt commencèrent les mutilations et les profanations. Un Italien de la garde du duc de Nevers coupa la tête de Coligny; celle-ci fut portée au roi, puis à la reine-mère; on l'embauma et on l'expédia au pape et au cardinal de Lorraine, — et chacun d'eux reçut ce présent précieux, au nom de la religion de paix et d'amour, — ce qui prouve que l'aberration mentale, née du fanatisme religieux, quel qu'il soit, peut gagner, au loin, même ceux qu'on serait tenté de croire à l'abri de la contagion.

Le lendemain matin, le cadavre fut livré à la populace, qui, pendant la nuit, s'était fait la main à la chasse aux parpaillots. On mutila tout ce qu'on put mutiler; on coupa les mains de l'amiral, ces mains qui avaient tenu si ferme une loyale épée; on coupa les parties sexuelles, comme si ce cadavre pouvait encore procréer.

Il est à noter, du reste, que la mutilation sexuelle est de règle dans les débordements sadiques de la foule. Zola, en écrivant le fameux passage de la Mouquette, qui châtra le cadavre de l'ingénieur tombé sous les coups des grévistes, n'a fait que rapporter un fait d'observation fréquente dans ces moments de folie collective. La princesse de Lamballe, en 1792, ne fut-elle pas, elle aussi, odieusement profanée, un

---

[1] Le bâtard d'Angoulême reçut le lendemain, des mains du roi, un présent de cinq cent cinquante livres (environ 7.700 francs de notre monnaie actuelle).

monstre lui ayant coupé les grandes lèvres pour s'en
faire des moustaches [1]?

Pendant toute la journée du 24 août, le cadavre de
l'amiral fut traîné sur le pavé de Paris. On pourra
comparer, en se référant à notre *Névrose révolutionnaire* combien cette horrible profanation ressemble à
celle que, deux siècles plus tard, la foule hurlante
devait faire subir à la compagne de Marie-Antoinette.
Même sauvagerie, même joie délirante, mêmes farces
puériles et monstrueuses. A deux cents ans de distance, l'Histoire se répète mot pour mot, ce qui
prouve bien qu'il s'agit là d'une crise effroyable de
vésanie collective provoquée par le même facteur : la
névrose des révolutions.

On attacha le corps de Coligny à la queue d'un
cheval, et la promenade commença à travers les rues
jonchées de cadavres. On décida de lui infliger le
supplice posthume des trois éléments : on le jeta à
l'eau, puis on le repêcha, on l'installa sur un bûcher
qu'on alluma, mais on le retira aussitôt ; enfin on
le conduisit à Montfaucon pour l'attacher au gibet.
Mais la tête manquait. Comment le pendre ? Un ingénieux bourreau proposa de lui introduire une queue
de veau dans le fondement, mais le procédé fut infidèle. On le pendit alors par les cuisses avec des
chaînes de fer.

C'est dans cette posture que, quelques jours plus
tard, il reçut la visite de celui qui l'appelait « mon

---

[1] Cf. à ce sujet : CABANÈS et NASS. *La Névrose révolutionnaire.*

père », de Charles IX, lequel, morigénant ceux qui se
bouchaient le nez à cause de la puanteur du gibet,
eut un mot délicieux : « Je ne le bousche comme vous
aultres, car l'odeur de son ennemy est très bonne. »

* *

Le meurtre de l'amiral préluda au massacre général des huguenots venus en foule à Paris pour assister aux noces — *noces vermeilles* — de Henri de
Navarre avec Margot, la sœur du roi. Le mariage
avait eu lieu quelques jours auparavant, le 18 août.
Sitôt l'ordre arraché au roi de commencer la boucherie (nous verrons plus loin la part de responsabilité
qui lui échoit dans ce drame), les bandes d'assassins
se mirent en mouvement. A une heure de la nuit les
cloches de Saint-Germain sonnèrent les matines pari-
siennes qui, pour beaucoup, devaient être le glas
funèbre de l'agonie.

Tout d'abord, ce ne furent que les assassins à
gages, vils stipendiés des bandes guisardes, qui opé-
rèrent. Mais bientôt la populace, et même le bon
peuple de Paris, excités par l'exemple, se joignirent à
eux. On ne saurait mieux faire pour expliquer la
psycho-pathologie d'une foule révolutionnée, que
de rappeler l'anecdote suivante, qui, sous sa plaisante affabulation, s'applique si bien au cas qui nous
occupe : Un pigeon et un chat avaient été élevés ensemble et s'aimaient d'une affection réciproque; ils
couchaient ensemble dans le panier que leur prépa-

rait leur commune maîtresse et se prodiguaient de multiples marques d'amitié. Un jour, le pigeon revint blessé à la maison : le matou compatissant, se mit en mesure de le soigner de son mieux et lécha le sang de la blessure; mais peu à peu, à cet exercice innocent, l'instinct atavique se réveilla en lui ; sa férocité native à l'égard des pigeons et autres oiseaux fut mise en mouvement, et brusquement le bon et tendre chat, mis en appétit, se jeta sur le pigeon tout abasourdi et le dévora.

C'est de la même façon qu'agirent les catholiques, au matin de la Saint-Barthélemy. Excités par les appels au massacre, par la peur, également, d'une revanche possible des huguenots « rescapés », ils se mirent à frapper d'estoc et de taille avec une sauvagerie incroyable.

Le Louvre, où habitait toute la famille royale et la cour, fut le théâtre de scènes atroces. Marguerite de Navarre en a laissé le récit dans ses *Mémoires*. Après une nuit passée dans les transes aux côtés de sa jeune femme, — tous deux pensaient peu, certes, aux effusions réciproques de la lune de miel, — Henri se leva de bonne heure pour se rendre dans la chambre du roi. Marguerite restée seule, commençait à s'endormir, lorsqu'un tumulte éclata à sa porte. Un homme entra, M. de Tréjan, qui avait un coup d'épée dans le coude et un coup de hallebarde dans le bras, poursuivi jusque dans la chambre par quatre archers. Le malheureux se jeta sur le lit de Marguerite. « Moy, dit-elle, sentant ces hommes qui me tenoient, je me jette à la ruelle, et luy après moy, me tenant toujours à travers du corps. Je ne connaissois point cet homme et ne sçavois s'il venait là pour m'offenser, ou si les archers en voulaient à luy ou à moi. Nous criions tous deux et estions aussi effrayés l'un que l'aultre. Enfin Dieu voulut que M. de Nancey, capitaine des gardes, y vint, qui, me trouvant en cet estat-là, encore qu'il y eust de la compassion, ne se put tenir de rire et se courrouça fort aux archers de cette indiscrétion, les fit sortir et me donna la vie de ce pauvre homme qui me tenoit, lequel je fis coucher et panser dans mon cabinet jusques à tant qu'il fust du tout guéry. »

Un peu remis de cette chaude alerte, Margot et M. de Nancey se rendent à l'appartement de Mme de Lorraine. Dans l'antichambre, dont les portes étaient ouvertes, ils rencontrent une nouvelle bande de Suisses qui poursuivaient un gentilhomme nommé Bourse : il fut estoqué en présence de Marguerite qui s'évanouit dans les bras de Nancey.

Bientôt le massacre fut général au Louvre : Pardaillan, Beauvais, Piles tombèrent sous les coups des assassins, puis bien d'autres. Les corps s'entassaient, nus, dans la cour du château. Le roi, la reine-mère, toute la cour aux fenêtres contemplaient cet horrible spectacle. Comme il convient, les femmes firent preuve d'une monstrueuse impudence, se délectant à la vue du charnier. Elles échangeaient des réflexions licencieuses sur l'anatomie de ces seigneurs égorgés dont plus d'un avait été leur amant. Soubise, notamment, fut l'objet de leur curiosité malsaine et

impudique : le malheureux était en procès de nullité
de mariage, sa femme le déclarait impuissant ; les
nobles dames tinrent à s'en assurer elles-mêmes en
inspectant son cadavre.

Du Louvre, la tempête gagna Paris. Toutes les maisons habitées par les huguenots furent fouillées, ceux-
ci massacrés sans pitié. « On n'entendoit de toutes
parts, dit de Thou, que plaintes, ou hurlements de
gens ou déjà poignardés, ou près de l'être; on ne
voyoit que corps morts jetés par la fenestre, les
chambres et les cours étoient pleines de cadavres; on
les traînoit inhumainement dans les carrefours et dans
les boues. Enfin, il y eust une multitude innombrable
de personnes massacrées, hommes, femmes et enfants,
et beaucoup mesme de femmes grosses. »

Rien de ce qui aurait pu exciter la pitié des assassins ne les retint. Le peuple, en général, même la
populace la plus vile, conserve le respect des femmes
enceintes. Ce jour-là, elles étaient désignées plus que
toutes autres aux coups des massacreurs. M. Bordier a
rapporté un épisode tardif de la Saint-Barthélemy (il se
passa le 28 août) qui montre bien la rage folle de ceux-
ci : une jeune femme présentait un état de grossesse
tellement avancé qu'elle était sur le point d'accoucher.
Malgré ses supplications lamentables, elle fut mise à
nu, percée de part en part, jetée à l'eau la tête la première. « Pendant qu'elle y tombait on voyait encore
remuer l'enfant[1]. » C'est qu'en effet, pour exterminer

---

[1] *Brief Friedrich des Frommen Kurfürsten von des Pfalz*, cité
par H. BORDIER, *La Saint-Barthélemy et la critique moderne.*

la race maudite, il fallait tuer le huguenot dans l'œuf.

Le massacre dura ainsi non pas quarante-huit heures, comme les massacres de Septembre, mais plusieurs jours, plusieurs semaines, deux mois entiers. Tout était prétexte à ranimer l'ardeur fatiguée des jouteurs. Une aubépine fleurissait-elle au cimetière des Innocents ? C'était signe que le ciel approuvait cette sanglante sélection.

Les ruisseaux étaient rouges de sang, la Seine charriait des cadavres pestilentiels. Des scènes de sadisme aussi révoltantes que celles du martyre de Coligny se répétaient chaque jour. C'est l'excellent docteur en Sorbonne, Pierre Ramus, qui est tiré de son étude et défenestré aussitôt. « Son corps et les boyaux qui lui sortoyent par les playes furent fouettés le long des rues par les petits escholiers, ameutés à cela par son envieux Charpentier[1]. » Après lui avoir coupé la tête, on le porta à la rivière. Quelque temps, dit Michelet, le corps surnagea près du pont Saint-Michel. Mais des bourgeois, trouvant qu'il n'en avait pas assez, payèrent des bateliers pour le repêcher. Ramené sur le rivage, le cadavre de Ramus fut fouetté à nouveau.

Une autre fois, c'est un cortège fantastique qui déambule, hurlant à travers les rues menant à la Seine : des gamins se sont emparés d'un petit luthérien au maillot et le traînent, ravis, au bout d'une ficelle.

Par ailleurs, c'est le massacre collectif : dans une

---

[1] Ag. D'AUBIGNÉ. *Hist. universelle.* Ce Charpentier était un médecin de Charles IX, ennemi personnel de Ramus.

rue, dénommée Vallée de Misère, se trouvait une porte
par où les rescapés auraient pu fuir. Trois jours durant
les massacreurs y demeurèrent en permanence. On
leur amenait les prisonniers; ils les faisaient marcher
sur des planches en porte-à-faux, d'où ils basculaient
contre les piles du pont.

Bien entendu les assassins, mis en rut par cette
explosion de sauvagerie sadique, violèrent nombre de
femmes avant de les massacrer. Brantôme en a rapporté quelques cas : celui de M<sup>me</sup> de Pleuviau, dont le
mari avait été occis, et qui fut obligée de se livrer au
meurtrier, non pas seulement pour satisfaire sa luxure
occasionnelle, mais en bon et valable mariage. Si bien
que la pauvre femme fit « nopces et funérailles tout
ensemble ».

Une autre, forcée le jour du massacre par un gentilhomme, devint si éperdue qu'elle en resta folle pendant quelque temps, mais bientôt elle oublia son injure
et se remaria « galantement et haultement[1] ».

Çà et là, des épisodes intensément dramatiques
atténuent la monotonie de l'horrible tragédie. C'est la
poursuite de M. de Téligny qui, fuyant sa maison cernée
et abandonnant le cadavre de son père, court de toit
en toit, traqué par les fauves à face humaine, pénètre
dans un galetas où il se croit en sûreté, près des
appartements du maréchal de Savoie où tous deux
sont poignardés et défenestrés.

C'est la fuite du petit Caumont La Force, âgé de treize

---

[1] BRANTÔME. *Dames galantes.* Disc. VII.

ans, laissé pour mort sur les cadavres de son père et
de son frère, sauvé par la compassion d'un valet du
Jeu de paume, conduit par lui à l'Arsenal, où on le
cacha dans la chambre des filles de Biron, quittant
Paris sous un faux nom, courant mille périls dans la
campagne infestée de bandes de massacreurs, finalement échappant à la mort par une série de miracles.

Car Paris n'eut point le monopole du massacre; toute
la France tressaillit à la nouvelle de la Saint-Barthélemy, et la contagion gagna les villes prochaines, comme
une épidémie irrésistible : Orléans, Lyon, Meaux,
Bordeaux, Toulouse, Rouen furent ensanglantées.
Aussi est-il bien difficile de donner le chiffre même
approximatif des victimes; les historiens n'ont jamais
été d'accord sur ce point, les contemporains encore
moins, ce qui s'explique assez; étant donné que les
uns avaient intérêt à diminuer, d'autres à augmenter
ce chiffre; les plus impartiaux, en outre, ont pu être
suggestionnés par l'horreur de ces sombres journées,
D'Aubigné parle de 3.000 huguenots tués, la Popeli-
nière de 20.000, de Thou de 30.000, Sully de 70.000.

Quoi qu'il en soit, les différents événements de la
Saint-Barthélemy sont indispensables à connaître,
pour qui veut un exemple frappant des effets de la
névrose révolutionnaire. C'est un chapitre poignant à
ajouter à l'histoire des foules criminelles. Sans nul doute
nous n'en verrons plus une réédition, car, à la base de
ces crimes collectifs, il faut le fanatisme, et celui-ci
disparaît avec les progrès du scepticisme contemporain. Mais il est bon de montrer une fois de plus

comment celui-là est capable de dériver en cruauté, soit que l'individu se fasse inquisiteur, soit que la foule devienne ivre de sang. D'une façon comme d'une autre, le sadisme vient se greffer sur le fanatisme.

\*
\* \*

Il nous reste maintenant à étudier la Saint-Barthé-lemy, non point en tant que crime collectif, mais en tant que crime particulier de Charles IX. Quelle part fut la sienne dans le drame, et quelles conclusions psycho-pathologiques en tirer pour compléter son obser-vation médico-historique ?

Ce point est aujourd'hui assez bien élucidé et per-met de porter un diagnostic précis sur la mentalité du roi. Il n'eut point le premier l'idée du massacre; mieux, il se laissa arracher l'ordre de le commencer. Irrésolu malgré sa dissimulation, impulsif, s'opposant au projet qu'on lui soumet, puis brusquement le faisant sien, apportant lui-même à son exécution un cynisme sauvage, tel nous apparaît le rôle de Charles IX dans la nuit historique. Cela concorde bien, au reste, avec ce que nous savons de lui : intelligence médiocre, dominé par des instincts cruels et une affectivité sen-timentale, il est tour à tour indécis et entêté : dans le massacre, il fut d'autant plus sauvage qu'il avait été hésitant à l'ordonner.

Faut-il rappeler que deux jours auparavant, alors que l'amiral avait été blessé par le coup d'arquebuse de Maurevert, Charles était allé le visiter et lui avait

promis vengeance solennelle : « Mon père, lui avait-il
déclaré, la blessure est pour vous, et pour moi l'ou-
trage. Mais j'en ferai telle vengeance qu'on s'en sou-
viendra à jamais... » Quarante-huit heures plus tard, il
consentait à sa mort.

Atroce dissimulation ? Sincérité dans l'un comme
dans l'autre cas ? Bien difficile de trancher le problème.
Nous penchons toutefois pour la seconde hypothèse,
en dépit de la loi de mensonge dont Charles s'était
fait un principe politique. Il était bien, en effet, dans
son caractère de dégénéré mental de passer d'un camp
à l'autre sans se rendre compte de l'énormité de la
trahison. Si cet homme faussait si souvent sa parole
royale, c'est qu'il en ignorait la valeur. De plus, il
apparaît comme incapable d'une initiative personnelle. Sous des dehors d'autoritarisme impérieux, il
cachait une faiblesse lamentable. Il était toujours de
l'avis du dernier préopinant. Avec Coligny, avec
Henri de Navarre, il était tolérant et penchait vers la
pacification. Mais sa mère, les Guise, Retz le chapi-
traient aussitôt; ils savaient combien peu ils avaient
à faire pour réveiller la brute qui sommeillait en lui;
ses scrupules n'étaient point de ceux que rien ne peut
entamer.

Aussi bien, on a la preuve de cette incohérence de
caractère, de son manque d'esprit de suite dans les
ordres contradictoires qu'il donna à cette occasion
Encore sous le coup de sa visite à Coligny blessé, il
fait secrètement ordonner, de maison en maison, que
chacun, dans son logis, restât armé, — sans dire pour-

quoi, — de manière à prévenir le massacre. Il enjoint
aux catholiques de quitter le quartier habité par Coligny et conseille aux protestants de s'y masser pour
faire un rempart de leur corps, au cas où un Maurevert
voudrait de nouveau attenter aux jours du noble
amiral.

Mais une fois lancé dans le massacre, il s'enivre de
carnage, il se noie dans le sang, comme pour s'étourdir et étouffer les remords naissants. Les indécis sont
les gens les plus furieux, de même que les timides
sont les plus coléreux, lorsque, voulant donner à
autrui et surtout à eux-mêmes une preuve de leur
volonté, ils prennent soudain une résolution, l'exécutent jusqu'au bout, sans regarder ni en arrière, ni à
droite ou à gauche.

Aussi fut-il un des premiers à se mettre à une fenêtre
du Louvre pour contempler, à l'aube naissante, l'horrible spectacle. De la voix, du geste, il encourageait
les assassins. Sa raison chavira complètement dans
cette orgie de sang. Les yeux hors de la tête, en véritable halluciné, il saisit lui-même une arquebuse et
ajusta ceux qui s'échappaient, blessés ou saufs, des
mains des bourreaux.

Le fait a été longtemps discuté. Il ne saurait faire
doute pour personne aujourd'hui[1]. Pendant longtemps
on n'en a pas suspecté l'authenticité. La polémique
est née d'une erreur de la Convention qui décida de
faire apposer une plaque commémorative au-dessous

---

[1] Cf. à ce sujet : H. BORDIER. *La Saint-Barthélemy et la critique moderne.*

de la fenêtre fatale, — mais qui la fit placer au-dessous d'une fenêtre qui n'existait pas encore en 1572.
L'occasion était précieuse pour les défenseurs modernes de Charles IX, — car il s'en est trouvé plus
qu'on ne pense, — de prouver l'inanité de cette
accusation. Les recherches des historiens ont remis
la chose au point.

Ce malheureux sadique était tellement fou de meurtre qu'il n'épargna même pas ses amis fidèles. Brantôme a rapporté comment La Rochefoucauld fut occis
sans qu'il eût eu conscience de ce qui se passait, — à
peu près comme fut fusillé le Turco de la Commune
dont Alphonse Daudet a raconté la lamentable
fin.

On y trouve un exemple nouveau de l'irrésolution
de Charles, essayant d'abord de sauver son ami, puis
le laissant assassiner sans intervenir. Au début de la
nuit rouge, alors qu'il venait de donner l'ordre fatal,
Charles IX voulut retenir son ami La Rochefoucauld
et le faire coucher dans sa propre chambre où il serait
à l'abri. Le comte refusa, « pensant qu'il le retenoit
là pour le fouetter la nuit et ne faire que du fol, comme
quand ils estoient ensemble, et M. le comte de Maulé-
vrier et aultres, ils en faisoient de bonnes... Enfin le
dit comte de la Roche s'en alla, où quand le matin
on vint pour rompre et fausser la porte de sa chambre
pour le tuer... pensant que ce fût le roy qui le vint
fouetter, il se leva et s'habilla aussitost en s'écriant :
« Ce sont des jeux de feu roy votre père, mais vous
ne m'y attraperez pas, car je suis tout chaussé et

HENRI III, LE ROI CORSETÉ.

vestu[1]. » Or ce n'était point le roi, mais une bande de Suisses qui l'estoquèrent de part en part.

En dépit de sa fureur sanguinaire, brusquement éveillée, le malheureux fou demeure inquiet. Pris de haut-le-cœur et peut-être de remords, il va chercher un refuge près de sa maîtresse, Marie Touchet, qui reste en dehors de toute politique et s'enferme dans la tour d'ivoire de son amour; près de sa femme, la bonne reine Elisabeth, — alors enceinte, — qui le berce dans ses bras pour ramener le calme dans ses yeux égarés. « On l'entend chanter sur un rythme doux quelques psalmodies à la façon des mères au réveil de leurs nouveau-nés. Les sceptiques n'osent plus sourire : la gentille fée de la légende est-elle revenue, qui désaltérait les damnés des pleurs de ses yeux?[2] »

Même incertitude, même angoisse dans l'âme du roi, dès le lendemain de la Saint-Barthélemy. Déjà, le doute, un terrible doute de conscience l'obsède. A-t-il bien agi ou bien a-t-il commis le plus monstrueux des crimes en tirant sur son peuple? Le malheureux n'en sait rien, sa raison est complètement égarée, et cependant il hésite déjà. Il fait, à son de trompe, défense formelle de poursuivre la tuerie; il dépêche en province des lettres patentes pour arrêter le massacre (ordres suivis d'effet, du reste), mais, en même temps, il se

[1] BRANTÔME. *Les Capitaines* (Charles IX). Il serait assez curieux de rechercher quel était ce *jeu* bizarre de flagellation, auquel, si l'on en croit Brantôme, s'adonnaient Henri II et Charles IX.

[2] H. BOUCHOT. *Les Femmes de Brantôme.*

rend, accompagné de ses frères et des princes du sang
au Grand Palais où il assiste à la messe et déclare
que tout ce qui a été fait l'a été par son ordre. Quelques jours après il va rendre visite au corps mutilé
de Coligny, pendu à Montfaucon, et oblige les deux fils
de l'assassiné, fraîchement convertis, à suivre ce pèle-
rinage. L'aîné, âgé de quinze ans, sanglotait à crever.
Le plus jeune, de sept, regarda d'un œil ferme, voyant
son père transfiguré comme il le sera dans l'avenir[1].

Du reste, — et c'est bien là une marque indéniable
de sadisme cérébral, — Charles IX prenait un plaisir
passionné à la vue des cadavres et des supplices. Tout
jeune, il avait été, — comme les enfants royaux du
temps — conduit par sa mère en place de Grève pour
assister au spectacle réjouissant des mises à mort judiciaires. Les fils de Catherine témoignèrent toujours
du contentement qu'ils y éprouvaient. Catherine elle-
même était friande des exécutions; c'est sous ses yeux
que, le 28 juin 1574, on décapita Montgomery. Un an
plus tard Henri III eut la fantaisie d'aller voir mourir
La Vergerie, condamné à être pendu, puis mis en
quartiers pour avoir mal parlé des Italiens[2]. Quant
à Charles IX c'était son plaisir favori : le 25 octobre 1572, comme on devait pendre deux gentilshommes
et qu'il faisait nuit à l'heure du supplice, il fit allumer
des flambeaux près de la potence, « pour les voir
mieux mourir et contempler mieux leur visage et

---

[1] MICHELET. Loc. cit.
[2] P. DE L'ESTOILE. *Journal de Henri III* (6 juillet 1575).

leurs mains ». L'avant-dernier des Valois avait donc sous ce rapport la mentalité d'un Néron ou d'un Caligula[1]. «Contre les rebelles, disait-il, c'estoit cruauté d'estre humain et humanité d'estre cruel. » Le pauvre fou avait, à ses moments perdus, de l'esprit, — mais quel esprit !

Et pourtant, il n'était point l'homme de sa mentalité. Ce n'est point impunément qu'on piétine dans le sang lorsqu'au lieu d'être une brute fruste, sauvage et fermée à toute sentimentalité, on est un être inquiet, tourmenté d'obsessions, et qu'on laisse son âme ouverte au remords. La Saint-Barthélemy fut un coup trop rude pour Charles IX, — si rude qu'il en mourut. Au lieu de s'apaiser avec le temps, sa conscience lui criait chaque jour plus haut l'infamie de sa trahison, l'horreur de ses cruautés. Le malheureux vécut encore deux années, torturé par les remords grandissants. En vain cherchait-il à s'étourdir, en vain voulait-il briser son corps, frêle et débile pourtant, afin de trouver quelque repos dans le sommeil, lorsque la nuit, étendant son ombre épaisse sur le Louvre, revenait murmurer à ses oreilles le nom de ses victimes, dont

---

[1] Sans rappeler ici le supplice de Damiens, auquel toute la cour assista, disons que les exécutions publiques passaient sous l'ancien régime pour un spectacle officiel. Le 17 septembre 1644, on pendit à Londres entre cinq voleurs protestants deux prêtres catholiques, l'un Irlandais, l'autre Anglais. Encore palpitants, ils furent éventrés, leurs cœurs et leurs entrailles jetés au feu, leurs corps mis en quartiers, leurs têtes coupées. L'exécution fut faite en présence d'ambassadeurs et résidents de France, d'Espagne, de Portugal, de Venise, et d'un nombre incroyable de personnages de condition. (LALANNE, *Brantôme*.)

les spectres apparaissaient à ses yeux terrifiés. Hallucinations de l'ouïe, de la vue, angoisses des horribles
cauchemars, il connut tout le cortège des implacables
remords.

Sa passion de la chasse le possède alors furieusement. Presque chaque jour, il galope, tête baissée,
sous les halliers de Saint-Germain ou de Vincennes,
s'époumonnant à sonner du cor. Le soir, il rentre
harassé, crachant le sang, et toujours la conscience
bourrelée. Comme son aïeul Louis XI, — avec cette
différence que Charles IX se vit mourir à vingt-quatre
ans, — il fit appel aux lumières des médecins, de
l'Église, suppliant qu'on lui sauvât la vie. Il était trop
tard.

Avec lui disparut le deuxième fils régnant de
Henri II.

Le troisième qui devait monter sur le trône allait
présenter une dégénérescence d'un autre genre :
Charles IX avait été un sadique cérébral, Henri III
devint un inverti homo-sexuel.

# HENRI III, ROI INVERTI

## L'INVERSION DANS LA SOCIÉTÉ DU XVIᵉ SIÈCLE

Henri III peut, devant l'histoire, porter le surnom de Roi inverti. Avec lui, en effet, apparaît en France un vice singulier, monstrueux, qui est comme la caractéristique de cette société à l'agonie : l'inversion sexuelle.

Cette aberration, — l'amour de l'homme pour l'homme, de la femme pour la femme, — a été, pendant la plus grande partie du xviᵉ siècle, une exception à la règle normale. François Iᵉʳ ni Henri II ne furent chastes ni prudes. Toutefois ils ne connurent de l'amour que les lois naturelles et ne s'égarèrent pas dans les jardins de Sodome. La société qu'ils dirigèrent refléta leur mentalité. Çà et là quelques détraqués se singularisèrent par leurs mœurs étranges, mais l'exemple ne fut pas suivi.

Il faut arriver à Henri III, le dernier des Valois, pour trouver l'inversion sexuelle enracinée comme une plante vénéneuse à la cour de France et, par conséquent, dans la société. Cette constatation mérite qu'on s'y arrête : ce n'est pas, en effet, pure coïnci-

dence que la présence de cette aberration dans un
corps social en voie de dégénérescence ; cette conco-
mitance est la règle.

Tout d'abord, il faut établir l'état de dégénérescence
de la société française à la fin du xvi° siècle. Celui-ci
n'est pas niable. La noblesse, aussi bien que le peuple
s'étaient laissé contaminer par la mollesse des mœurs
italiennes, et lentement s'était éteint le feu sacré de la
vieille chevalerie. Que de chemin parcouru depuis
Marignan ! Le caractère français, si hautain, si fier,
s'était pour ainsi dire fondu au soleil de la Lombardie.
En revanche, par une immigration formidable d'Italiens, un sang nouveau s'était infusé dans les veines
de la noblesse; mais, au lieu de la rajeunir, il précipita sa ruine.

Et voici que sur le trône se succèdent trois frères,
mi-français, mi-italiens, tous trois dégénérés physiquement et moralement, atteints de tares irrémédia-
bles, demi-fous plus dangereux à coup sûr que les
aliénés déraisonnants comme Charles VI. La société
se modèle à leur image, car, en ce temps-là, le roi est
dieu et les courtisans sont ses apôtres. François II,
chétif, maladif, sans énergie, laisse se nouer autour de
sa faiblesse moribonde les intrigues et les complots.
Charles IX, par la Saint-Barthélemy qu'il ordonne,
initie le peuple aux fureurs sanguinaires, déchaîne son
sadisme latent, lui donne le goût de la pire volupté,
— celle qui s'assouvit par le meurtre, par la torture,
par la profanation des cadavres, même par l'anthropo-
phagie. Ainsi ce peuple était préparé à suivre le

vicieux Henri III dans la voie de ses débauches contre
nature. Ainsi, par la dégénérescence progressive de
la dynastie royale, la société dégénérait sûrement. La
décadence de l'une entraînait nécessairement celle
de l'autre.

Cependant, peut-on dire que l'inversion sexuelle,
— fleur empoisonnée dont se para la cour de Henri III
et que le peuple apprit à cueillir, — fut imposée par
l'exemple du roi ? Qui, le premier, fit étalage de
mœurs contre nature, le roi ou la société ? Qui
donna l'exemple et qui le suivit ?

A dire vrai, il est assez difficile de se prononcer.
Tous deux, corps social affaibli et démoralisé,
monarque taré et demi-fou, étaient prédisposés à cette
aberration de l'amour. Mais, en l'espèce, il ne faut pas
oublier ce que nous disions plus haut, que l'inversion
sexuelle est un signe de dégénérescence du corps
social, comme de l'individu.

Un rapide coup d'œil en arrière nous permet de
vérifier cette loi : à Rome, sous les Césars, depuis
Auguste jusqu'au plus obscur en passant par
Héliogabale, l'inversion sexuelle s'accentue avec la
décadence de la civilisation. C'était un cadeau des
Grecs et des Asiatiques vaincus aux Romains vainqueurs. Au temps des Gracques, l'inversion est
inconnue. Après les grandes conquêtes romaines, elle
pénètre lentement et empoisonne bientôt la société.

L'immoralité de ce vice ignoble n'apparaissait point
à ces hommes qui, parvenus à l'apogée, allaient lentement descendre les pentes de la décadence. Si Virgile

chante déjà les amours étranges du bel Alexis, bientôt
Martial et Juvénal nous laissent entrevoir les ravages
que la pédérastie exerce chez leurs contemporains.

La décadence s'accentue à mesure que les empereurs se succèdent : des hommes font métier de leur
corps, se soumettent à la castration et à la mutilation
pour obtenir un sexe équivoque. Néron épouse solen-
nellement Sporus. Galba, Othon, Vitellius, Titus,
Domitien, Nerva, Trajan, Hadrien, Commode, Héliogabale se surpassent en infamie[1]. La dégénérescence
se précipite, l'inversion règne de plus en plus en maîtresse. Cette loi se trouve vérifiée de point en point
par l'histoire de la Rome impériale.

A Byzance, mêmes causes, mêmes effets.

Sous l'anarchie pontificale des xiv° et xv° siècles,
l'inversion reparaît à Rome, comme une lèpre. La
France ne pouvait s'en préserver à la fin du xvi° siècle ;
elle y était condamnée par l'évolution même de la
société. De sorte qu'en définitive Henri III, que l'on
condamna généralement comme le promoteur de cette
épidémie morale, n'en fut peut-être qu'une victime.
Le fait était précieux à noter, non pas pour établir la
part de responsabilité de chacun, ce qui est oiseux et
inutile, mais pour réunir tous les maillons de cette
chaîne ininterrompue dans l'histoire de l'humanité,
et qui s'appelle le déterminisme social.

---

[1] Cf. CHEVALLIER. *Aberrations de l'instinct sexuel.*

\* \*

Il faut avoir le courage de regarder en face les stupres de l'humanité et se garder d'une fausse pudibon-
derie lorsqu'on établit le bilan d'une société. L'histoire
à l'usage des jeunes filles est une science déformée et
qui est exclusive de toute philosophie et de toute
psychologie. Il est certes plus utile, pour embrasser
l'évolution d'une époque, de disséquer ses mœurs que
d'apprendre une suite monotone de faits et de dates
que ne semble relier aucun enchaînement logique.
Quand on aborde le chapitre de l'inversion sexuelle,
on surprend sur les lèvres de l'auditeur... ou du
lecteur un sourire équivoque. Fatalement le souvenir
s'évoque des débauches malsaines dont quelques
contemporains ont entretenu l'actualité. De fait ce
chapitre est un des plus gros de l'histoire de l'humanité. A travers le temps et l'espace, l'aberration
amoureuse a sévi sur la société comme une lèpre morbide. A ce point que certains auteurs, et non des
moindres, ont tenté d'en faire la base d'un système
philosophique. L'amour socratique n'est-il donc pas
une forme d'aberration morale ? En définitive, les
perversions de l'instinct sexuel sont inhérentes même
à l'humanité, peut-être même à la matière vivante.

Mais revenons à l'époque qui nous occupe.

Le fait certain, brutal, qui sort du domaine de
l'hypothèse, c'est que la société de Henri III fut infec-
tée de ce mal endémique et qu'elle fut, un moment,

semblable à celle des Gomorrhes et des Sodomes
bibliques. Les trois classes, noblesse, clergé, tiers
état, lui payèrent un lourd tribut. Mais, — et c'est là
le point le plus important à noter, — cette inversion
n'avait pas pour prétexte un système philosophique
ou religieux, comme au temps des cultes phalliques
ou de la recherche de l'hermaphrodite, dieu qui hantait l'empereur Héliogabale. Elle était simplement
une des formes multiples de la débauche ; aussi n'était-
elle pas exclusive, et peut-on la considérer comme un
vice social qui avait pénétré peu à peu toutes les couches de la masse, comme une eau impure qui
souille lentement mais sûrement la source qu'elle ali-
mente.

Vice nullement français, car dans notre pays dont
la rudesse gauloise fut tempérée par la douceur
latine, au climat sain, sans extrêmes exagérés, on
conserva longtemps et on conserve encore un équilibre stable et pondéré des forces génésiques. C'est
pourquoi la perversion sexuelle nous apparaît comme
monstrueuse, alors que dans les pays d'Orient ou
sous le chaud soleil des tropiques, avec la vie molle
et facile, n'ayant d'autre but que le plaisir et la
volupté, elle semble une règle naturelle et légitime.
Notre effroi pudibond, disons mieux, notre répulsion
pour le vice contre nature, sont la risée des Levantins
qui professent pour les deux sexes la même sympathie amoureuse.

Aussi la perversion fut-elle au xvi⁰ siècle un article
d'importation italienne. Les Italiens la tenaient des

invasions orientales, des Grecs et des Byzantins, qui eux-mêmes, la tenaient des... Bref, c'est l'histoire de la vérole de Pangloss, vérole dont on connaît la pittoresque généalogie. Nous nous bornerons, en la matière, à remonter l'échelon précédent et à rappeler ce que fit l'inversion sexuelle à Rome, aux XVe et XVIe siècles.

C'est, en effet, sur cette terre souillée de vices et cependant patrie de l'art (peut-être en raison même de ses vices) que s'abattirent les Français frustes et ignorants du péché sodomique, au moment des guerres d'Italie. Leurs armées y furent tour à tour victorieuses et vaincues. Mais le véritable vainqueur, dans un pareil corps à corps, est celui qui impose à l'autre sa mentalité, sa morale, sa vie sociale. Le duel était inégal : si Hercule pouvait hésiter entre le vice et la vertu, un peuple n'hésite jamais : poussé par ses instincts, il va droit au vice, d'autant que celui-ci est paré des fleurs les plus éclatantes. Les Français furent impuissants à infuser au sang italien leurs généreux principes de chevalerie et d'archaïque vertu. Par contre, ils se laissèrent rapidement dissoudre par la vie molle et douce, par la passion amoureuse dont leurs ennemis étaient pour ainsi dire imprégnés. Le vice suit la marche d'une épidémie et sa prophylaxie en est pour ainsi dire impossible.

Quand l'armée rentra en France, elle y rapporta la syphilis et la pédérastie. Ce fut le gain le plus net des guerres d'Italie. Mais bientôt l'envahisseur devint l'envahi ; invasion pacifique, cette fois, mais plus redoutable qu'une invasion guerrière. Les Médicis,

appelés à monter sur le trône de saint Louis, amenèrent à leur suite une foule de Florentins, heureux de
quitter leur patrie pour en adopter une autre (la
patrie d'autrui paraît toujours plus belle que la sienne
propre). Ils y vinrent, accompagnés de leurs vices,
de leurs tares, de leurs passions, et disons-le aussi,
de leurs qualités, de leur amour du beau, de leur
esthétique raffinée, de leur incomparable Renaissance. L'union entre les deux sociétés fut intime,
étroite et sans réserve : la française se calqua sur
l'italienne, faisant litière de ses traditions, de ses
aspirations, de sa nationalité.

*
* *

En amour, on s'italianisa rapidement. La pudeur,
cette vieille vertu française fut tôt démodée. Le galant
François Iᵉʳ, paillard et jouisseur, prenait son bien où
il le trouvait, mais toujours auprès des femmes.
Henri II, peu difficile sur le choix de ses maîtresses,
mit dans son lit celle que son père laissait veuve de
la main gauche. Double affront à l'honneur familial.
Et quel exemple pour les courtisans, pour le peuple !
Puisque nul frein ne modère les fougues amoureuses
des rois, à quoi bon se gêner ? Lentement la société
glissait vers la luxure des débauches : l'inversion la
guettait au tournant du siècle.

Qu'on n'attende point de nous une description
détaillée et graveleuse à plaisir des mœurs de cette
société invertie. C'est l'affaire de ceux qui font com-

merce de pornographie et prétendent moraliser les masses en étalant complaisamment les stupres et les sanies de leur imagination ou de leur observation. Et puisque nous sommes arrivés au chapitre *symptomatologie* de cette maladie sociale ou individuelle, contentons-nous d'indiquer les ravages qu'elle a faits et les conséquences de son évolution.

Clergé, noblesse, tiers et quatrième états sont peu à peu contaminés. Résiste-t-on à la contagion, surtout lorsqu'elle part du haut de l'échelle pour en descendre rapidement tous les gradins ? Mais tous ont été prédisposés par les débauches anormales, par les excès qui ont rapidement épuisé leur activité génésique, exaspéré leurs désirs toujours inassouvis.

Le clergé à qui incombait le soin de sauvegarder la morale publique s'était jeté à corps perdu dans la débauche ; les couvents français du xvıᵉ siècle rappelaient ceux dont l'Arétin nous a laissé une si amusante description ; l'austérité des mœurs avait fait place à un dérèglement inouï, et tous les membres de cette classe sociale depuis l'évêque jusqu'au plus humble frère convers, oublieux de leurs vœux de chasteté et du sixième commandement, menaient une vie extraordinairement dissolue. Une statistique[1] nous indique que, dans la primauté de Lyon, on comptait 87 femmes paillardant épiscopalement avec des prélats ; les chapelains, vicaires, chanoines, curés jacobins et leurs valets qui formaient une armée de

[1] Le Cabinet du roi de France dans lequel il y a trois perles précieuses.

5.000 ecclésiastiques environ, avaient détourné plus
de 1.000 femmes adultères et entretenaient plus de
1.000 filles de joie à feu et à pot, qui savaient l'art de
se servir « des deux calibres ». En outre près de
700 de ces personnages étaient sodomites ou barda-
ches et ne cachaient pas leurs préférences amoureuses pour des maîtresses de leur sexe.

La noblesse et surtout la noblesse de cour n'était
guère mieux partagée. Vivant dans un très grand
luxe, malgré sa pauvreté croissante, s'efféminant de
jour en jour, elle perdait peu à peu ses fortes qualités
viriles, sombrait dans la basse crapulerie et bientôt
dans la perversion. Les seigneurs dédaignent le dur
métier des armes et n'ont plus d'autre souci que de
se surpasser par la richesse et l'élégance de leurs
toilettes; c'est alors la mode des parfums violents,
eaux cordiales, civette, ambre gris et autres aroma-
tes précieux dont ils parfument leur linge, leur corps
et « jusqu'aux parties les plus honteuses d'iceluy,
lesquelles sont les plus aromatisées, ou pour mieux
dire saupoudrées et pulvérisées sur telles ordures que
nulle aultres parties du corps ». Chacun sait l'art de
calciner le camphre, le sublimé, le réalgar, l'arsenic,
l'orpiment, dont sont composés les fards qui atténuent les traces ineffaçables de l'avarie... les femmes
emploient des eaux spéciales pour teindre leurs
cheveux en jaune puis, quand elles sont vieilles et
décrépites, en noir leur visage, poudrerizé et fardé
reluit comme pao ; le vermillon corrige les teints
jaunes ou bilieux, le khôl met son cercle noir sous la

UNE DAME DE LA COUR EN VERTUGADIN
(Marguerite de Lorraine).

7

paupière ; le maquillage devient la règle absolue.

Le costume des femmes est étrangement provocant : elles offrent aux regards impudiques leurs opulentes poitrines, ce qu'un pamphlet de l'époque nomme dédaigneusement, ces « parties pectorales qui ont un perpétuel mouvement[1] ». Leurs robes sont largement fendues, jusqu'à l' « os Bertrand » ! Mais la toilette masculine est plus singulière encore et indique combien la perversion était profonde chez les favoris de Henri III.

Leur principal souci était la recherche de l'effémination complète : fer à friser, papillotes, poudres étaient d'un commun usage : certains employaient des petites pinces pour épiler les sourcils et n'y laisser qu'un trait délié qui dessinait l'arcade; d'autres obtenaient le même résultat avec de la cire à cacheter, procédé rudimentaire et douloureux. Les joues étaient soigneusement peintes et adroitement *sublimées* par les vapeurs de mercure. Les dents étaient l'objet de soins délicats; car toutes, « subjectes à certaine maladie qui leur vient à ce qu'on dit d'une contrée méditerranéenne », étaient atteintes de carie, de nécrose syphilitique, et ils ne pouvaient manger que d'un certain pain mollet, à la croûte délicate et tendre, qui ne déchaussait pas leurs molaires branlantes[2].

Leurs occupations journalières concordaient bien

[1] NICOLAS DE MONTAUD. *Le Miroir des Français.*

[2] Un contemporain déclare que leurs dents étaient *branlantes de sénilité précoce*, traduisez : avariées par le mal napolitain.

avec leur caractère efféminé et sensuel : « Nous jouons,
nous paillardons, nous sautons, dansons, balons
à toutes heures, nous riblons, bâquetons et menons
une vie de Sardanapalite », s'écrie l'un d'eux dans le
*Miroir des Français*, mais, soit par recherche excessive de l'originalité, soit qu'ils étendent à toutes les
choses de la vie les principes particuliers qu'ils professent en amour, tous leurs actes sont pour ainsi dire
antinaturels, antiphysiques ; leurs mœurs sont contraires à l'honnêteté, la pudeur, l'honneur. Le courage les a abandonnés ; ils sont devenus lâches, menteurs, impies, calomniateurs, mais surtout ils sont
des fervents de l'amour unisexuel : ils ont chacun leur
favori qu'ils comblent de soins, de caresses, de cadeaux
comme une petite maîtresse ; ils affichent ostensible-
ment leurs liaisons honteuses, se volent l'un à l'autre
leurs mignons, ont des duels à leur sujet, et cette
étrange passion développe en eux une vive jalousie,
et des sentiments tantôt mesquins, tantôt élevés.

Un pamphlet du temps qui porte en titre suggestif
*Description de l'Ile des Hermaphrodites*, rapporte minutieusement les coutumes en honneur à la cour
de Henri III[1]. L'auteur, en prenant pour thèse le voyage
d'un passager dans cette ile, nous donne des détails
précis sur les mobiliers, tapisseries, tableaux du

---

[1] Le factum ne fut imprimé à Cologne et répandu qu'en 1742 ;
mais déjà, au temps de Henri III, de nombreux exe...plaires ma-
nuscrits circulaient sous le manteau ; plus tard Henri IV le lut,
l'approuva même tacitement puisqu'il refusa d'en poursuivre
l'auteur. On peut en conclure que cette satire verveuse et mor-
dante n'est pas exagérée.

Louvre, sur la toilette et le costume des mignons, sur leurs festins, sur leurs amours. Il les montre tantôt amateurs de femmes, tantôt amateurs d'hommes, mais aucun n'est inverti-né, c'est-à-dire un malade que la nature a doué d'une âme féminine et d'un corps masculin ; tous sont voués à l'inversion sexuelle, non pour obéir à un penchant violent contre lequel se brise tout effort de volonté, mais par vice, par recherche de débauches nouvelles ; ils essaient d'ailleurs d'apaiser les faibles remords de leur conscience en se réclamant de la philosophie épicurienne et en adaptant une théorie de volupté qui est loin d'être en rapport avec la morale catholique ou protestante. Toujours occupés à folâtrer, à *flirter* ensemble, ils se donnent au cours de leurs ébats, des petits noms bien tendres : mon cœur, m'amour, etc. Leurs jeux ordinaires sont le *boute dehors*, les barres, le cheval fondu, *cache cache bien si tu l'as, à cubas, au reversis, à Jean de Rencontre*, « et à tous les Jeans, sauf celui de Jean qui ne peut ».

Chez eux, le mobilier répond à leurs besoins : « Il y avoit là-dedans plusieurs chaises brisées qui s'allongeoient, s'élargissoient, se baissoient et se haussoient ainsi qu'on le vouloit ; c'étoit une invention hermaphrodite nouvellement trouvée en ce pays-là. » Gilles de Rais, l'authentique Barbe-Bleue, n'avait pas mieux.

*
* *

C'est dans ce milieu perverti et inverti qu'apparut Henri III. Subit-il l'ascendant de son entourage? Ou, au contraire, lui imposa-t-il la mode de ses amours étranges? Peu importe. Sans doute, la déliquescence de la société, d'une part, et, d'autre part, la dégénérescence morale de ce roi en qui se mourait une race épuisée, furent les deux causes de l'altération profonde des mœurs.

Il est à noter toutefois que Henri III ne fut pas ce que les aliénistes appellent un inverti-né. Chez lui, la déviation du sens génésique n'est pas instinctive. On désigne sous le nom d'inversion congénitale cette anomalie native qui consiste en un défaut de penchant sexuel pour le sexe opposé (défaut poussé jusqu'à l'aversion), et en un penchant violent pour le même sexe ; en un mot, elle est le renversement de la loi naturelle en vertu de laquelle s'attirent les sexes de nom contraire[1].

Les invertis de cette catégorie n'ont jamais ressenti la moindre inclination pour une femme. Ce sont des malades irresponsables, lamentables victimes d'une exception psychologique qui dans un corps d'homme ont une âme de femme, ou inversement.

Tout autre était Henri III. Le royal amant des

[1] Dr CHEVALIER. *Aberrations de l'instinct sexuel.*

mignons usa et surtout abusa de l'amour féminin, et c'est lorsqu'il fut lassé des débauches et des stupres avec de dangereuses courtisanes, qu'il s'adonna à l'amour homo-sexuel. Ce fut donc chez lui un vice, et non l'effet d'un état morbide congénital.

Dès le plus jeune âge, il fut passionné, et sa passion, — comme toute celle d'un prince, — trouvait à qui s'adresser. Bien qu'affligé d'une fistule à l'œil qui désespérait les médecins, le duc d'Anjou, encore adolescent, faisait la chasse aux femmes. « Une fois qu'il les tient il n'en démord point », écrit l'un de ceux qui l'ont observé de près[1].

Il pouvait au reste satisfaire facilement ses appétits amoureux dans la cour dissolue qui l'entourait : il n'avait qu'à choisir au sein de l'escadron volant. Il ne s'en fit pas faute ; sa mère Catherine l'aidait de ses conseils et dirigeait son choix.

Une anecdote qui montre bien l'esprit de rouerie et de malice de Henri III est celle que rapporte Brantôme : un grand seigneur s'était mis en rébellion contre Henri et, prudent, fuyait sa vengeance ; sa femme vint à la cour pour tâcher d'arranger le différend. On devine sur quelles bases la paix fut conclue : Henri donna rendez-vous à la dame dans un jardin contigu à une chambre ; comme la jouvencelle était de bonne composition, il n'y eut aucune résistance. Jusqu'ici, rien que de très normal. Mais donnons la parole à Brantôme : « Il ne se contenta point

---

[1] Relation de Giovanni Correro, ambassadeur vénitien en France. (*Doc. inéd. de l'Hist. de France.*)

de la repasser, mais à d'aultres la prostitua, jusques
aux valets de chambre, et par ainsi. disoit le prince,
qu'il se sentoit bien vangé de son subject pour lui avoir
ainsy repassé sa femme et couronné sa teste d'une
belle couronne de cornes, puisqu'il vouloit faire du
petit roy et du souverain... »

Le même Brantôme nous édifie encore sur les
frasques amoureuses du jeune Henri. A l'instigation
de sa mère, il fit la conquête d'une fille fort belle qui
allait épouser un ennemi du royaume : il en fit sa
maitresse pendant deux mois, puis la demoiselle fut
livrée à son fiancé pour « pucelle prétendue ». Ce dernier s'aperçut-il ou non de la légère tare de sa
femme ? En tout cas, il eut le bon esprit de n'en pas
souffler mot.

A bien d'autres reprises, le futur Henri III se montre
violemment porté vers les femmes : il use et abuse
de la volupté, ne met aucun frein à sa passion, se
conduit en chasseur d'amour infatigable, capricieux,
ardent, mais de bonne heure blasé, à la recherche par
conséquent de la sensation inconnue, du frisson nouveau qui l'aiguillonnera.

C'est ainsi qu'après avoir papillonné de la brune à
la blonde, il ne veut plus que des blondes : quand il
se mariera, il épousera une princesse blonde, très
blonde, non point parce qu'elle a des alliances puissantes ou une hoirie avantageuse, mais parce qu'elle
est blonde. En vain la vieille Catherine s'oppose au
choix qu'il a fait de Louise de Lorraine : il n'en
démord point et le mariage se conclut. Mais ce ne fut

pour Henri qu'un intermède, un relais d'étape dans ses conquêtes amoureuses. De plus belle, il repart en chasse, mais dédaigneux bientôt du gibier commun, il lui faut de l'amour pimenté, violent, voisin du sadisme ou du masochisme.

Cependant rien n'aurait pu laisser supposer son évolution vers l'inversion sexuelle si déjà à cette époque il n'avait manifesté un goût excessif des bijoux, bracelets et boucles d'oreilles, des parfums, bref de tous les accessoires de la toilette de la femme. Il montrait ainsi ses nouvelles tendances, et la féminisation de son caractère se révélait par des indices certains. Néanmoins, en amour, il reste fidèle aux exigences normales de son sexe, et, comme le dit si spirituellement Giovanni Correro, il se délecte toujours à la chasse intime, à la chasse du palais, comme on dirait à la musique de chambre[1].

Pourtant cet *hommeau*, ainsi que le désigne Montaigne[2], était considéré par l'auteur du *Contre Un* incapable de *servir vilement à la moindre femmelette*. En quoi Montaigne se trompe, car nous venons de

---

[1] Si diletto questo da una cacia domestica (*loc. cit.*).

[2] Notre savant confrère, le Dr Armaingaud, un de ceux qui connaissent le mieux le XVIe siècle, vient de publier une étude fort documentée dans laquelle il prouve surabondamment que le célèbre pamphlet *le Contre Un*, attribué jusqu'ici à La Boëtie, avait été écrit par Montaigne. Nous nous rangeons pleinement à son opinion. C'est au Dr Armaingaud que nous avons emprunté le détail relatif à *l'hommeau incapable de servir vilement à la moindre femmelette* (Cf. à ce sujet : A. Armaingaud. *La Boëtie, Montaigne et « le Contre Un »*. Rev. polit. et parlement., mars-avril 1906.

montrer qu'il manifesta pour la débauche naturelle une folle passion pendant de nombreuses années.

Ce qui paraît plus exact, c'est l'assertion du nonce pontifical qui écrit au Saint-Père, en 1574 : « Lorsque ce roi faible et luxurieux passe une nuit ou deux avec une femme, il reste huit jours au lit. »

*<br>* *

Mais voici l'événement qui va bouleverser sa vie : Nostradamus avait dit vrai. Catherine de Médicis devait voir tous ses fils se succéder sur le trône de France. Après l'infirme François II, le fou Charles IX, après Charles IX, l'immoral Henri III.

Le nouveau roi ne se presse pas de revenir de Pologne. Il sait les ennuis qui l'attendent à Paris, et qu'il lui faudra lutter contre les protestants, contre les conspirateurs, contre les ennemis du royaume. Nul n'était moins fait pour reprendre l'héritage de François Ier et de Henri II.

Aussi voyage-t-il par l'Europe à petites journées. Encore fait-il un crochet et s'attarde-t-il en Italie. Il y est captivé par le charme blond des ravissantes Vénitiennes (il avait toujours un faible pour les blondes) et goûte dans la ville des Doges les délices d'une nouvelle Capoue. Il y laisse, dit Michelet, le peu qu'il a de viril ; ce qu'il rapporte en France ne valait guère qu'on en parlât. Ce n'était, en effet, rien moins que la syphilis.

Enfin, il s'arrache aux mollesses de ses débauches

et s'achemine vers Paris, lentement, — car la course
rapide le fatigue. — remontant les fleuves en bateau,
car les routes sont trop dures, vivant dans une atmo-
sphère dangereuse de parfums, de musique et de lan-
gueurs voluptueuses.

A Paris, Henri III, alors duc d'Anjou, s'était pris
d'une belle passion pour Renée de Rieux-Châteauneuf,
docile maîtresse qui accéda à tous les désirs de son
imagination dépravée; mieux, elle consentit, en digne
favorite princière, à épouser un mari de paravent, —
le pavillon qui couvrira la marchandise ; c'était son
amant Henri qui devait se charger de son établisse-
ment. Il jeta son dévolu sur un brave gentilhomme,
Nantouillet du Prat, alors prévôt de Paris.

Mais celui-ci ne semblait avoir aucun goût pour
jouer les maris honoraires. Il se défila prudemment.
L'affront parut sanglant à Henri.

Il en fit part à ses deux frères, Charles IX et le roi
Henri de Navarre, son beau-frère, et les décida à tirer
vengeance du Nantouillet. Tous trois firent irruption
au milieu de la nuit dans la maison du prévôt,
auquel ils avaient enjoint de préparer une collation.
Celle-ci expédiée ils forcèrent et pillèrent les coffres
de Nantouillet, lui enlevèrent sa vaisselle d'argent et
plus de 50.000 francs de monnaie.

Le lendemain, le premier président vint trouver
Charles IX pour lui faire part de l'émotion qui régnait
dans Paris à la suite de ce vol. Les habitants ne
disaient-ils pas que leur roi était parmi les brigands ?
Charles nia effrontément et engagea le président à ne

pas poursuivre : « Ne vous mettez pas en peine, lui dit-il, et faites entendre à Nantouillet qu'il aura affaire à trop forte partie s'il veut en demander raison[1]. »

La belle Renée resta sans mari ; bientôt elle devait perdre son amant. Celui-ci n'était pas de ceux qui s'attachent, même par le fil ténu de l'amour. Elle eut beau l'accabler de cadeaux superbes, il ne tarda pas à la reléguer : la princesse Marie de Clèves venait de séduire le fantasque monarque.

Cette mauvaise langue de Brantôme raconte ainsi l'aventure : « J'ai cogneu d'aultres fois un très grand prince souverain lequel, ayant gardé une maîtresse (Renée de Rieux-Châteauneuf), des plus belles de la cour, l'espace de trois ans, au bout desquels luy fallut faire un voyage pour quelque conquête, avant que d'y aller, devint très amoureux d'une belle et honneste princesse (Marie de Clèves) s'il en fut onc ; et pour luy monstrer qu'il avoit quitté son ancienne maîtresse pour elle, il la voulut du tout honorer et servir sans plus se soucier de la mémoire de l'autre, luy donna avant de partir, toutes les faveurs, joyaux, bagues, portraits, bracelets, que l'ancienne lui avoyt donnés... »

Si l'on en croit Henri Bouchot, cet amour pour la princesse de Clèves était né à la suite d'une polissonnerie d'écolier. Au sacre de Charles IX, raconte l'érudit commentateur de Brantôme « il avoit voulu

---

[1] *Le Réveil-Matin du Français*, cité par ARMAINGAUD. Op. cit.

se placer en contre-bas de l'échafaud réservé aux princesses, pour surprendre les accidents des jupes et s'en repaître les yeux. Marie de Clèves, sans défiance, avoit découvert sa belle grève, et le jouvenceau s'en pensa désespérer d'envie. L'intrigue naquit de là[1]. »

Saint-Foix raconte l'aventure d'autre façon, mais non moins plaisante. Le jour du double mariage de Henri de Navarre avec la reine Margot et du prince de Condé avec Marie de Clèves, celle-ci dansa outre mesure, comme une petite folle de seize ans qu'elle était, au point de s'en trouver incommodée. Elle passa dans une garde-robe voisine, où une femme la fit changer de chemise. Il n'y avait qu'un moment qu'elle était partie de ce cabinet que le duc d'Anjou (le futur Henri III) entra : il s'essuya le visage en sueur avec le premier linge qui lui tomba sous la main. C'était la chemise de Marie. En rentrant dans le bal, il jeta les yeux sur elle, et la regarda, dit-on, avec autant de surprise que s'il ne l'avait jamais vue. « Son émotion, ses troubles, ses transports et tous les empressements qu'il commença à lui marquer étoient d'autant plus étonnants que jusqu'alors il avoit paru assez indifférent pour ces mêmes charmes qui, dans ce moment, faisoient sur son âme une impression si vive[2]. » Ce en quoi le narrateur se trompe du tout au tout.

---

[1] BOUCHOT. *Les Femmes de Brantôme.*

[2] Cité dans l'*Extériorisation de la sensibilité*, par le colonel de Rochas, qui laisse entendre que la subite sympathie de Henri.

La passion du roi fut violente : Marie de Clèves fut somptueusement entretenue, comme l'avait été Diane de Poitiers. Henri III n'apportait pas dans ses amours la même réserve discrète que Charles IX dont la maîtresse, Marie Touchet, ne connut ni les splendeurs de la cour, ni l'orgueil d'être favorite. Mais le monarque, tout passionné qu'il fût, était pratique : il fit présent à sa nouvelle conquête de tous les cadeaux qu'il avait reçus de sa première amie, Renée de Rieux-Château-neuf. Pour être roi, on n'en est pas moins économe.

Marie de Clèves, princesse de Condé, ne profita guère de cette faveur suprême : elle mourut en couches. La douleur de son amant fut plus bruyante que sincère. Sans souci de l'amour-propre de la reine, il fit étalage d'un deuil lacrymatoire par quoi se manifestait encore le déséquilibre de ce cerveau royal : il fit broder des têtes de mort sur ses habits, jusque sur les cordons de ses souliers ; il fit peindre les boiseries de Blois en noir semé de larmes ; il fut grotesque dans l'ostentation de sa peine.

Certains ont cru que c'est à la suite de cet amour, tragiquement interrompu par la mort de sa maîtresse, que Henri, prenant la femme en horreur, demanda à ses favoris de satisfaire ses bestiales passions. Mais cet argument, qui pourrait être une excuse à la dépravation sexuelle du dernier Valois, est malheureusement controuvé. Marie de Clèves ne fut pas la dernière amante qui s'offrit à Henri III.

pour Marie était due à ce philtre singulier tout chargé de la *sensibilité extériorisée* de la jeune femme.

D'abord il lui restait sa femme, qui, humiliée, relé-
guée dans un abandon cruel, l'entourait cependant
d'une affection aveugle. S'il ne lui rendait pas amour
pour amour, du moins s'efforçait-il de se créer une
postérité, — tentatives multiples et vaines, malgré
les pèlerinages et les chemises bénites, soit que la
complexion de la reine la rendît « inhabile à avoir
des enfants », soit qu'une impuissance précoce eût
déjà eu raison de la bonne volonté de Henri III [1].

Bientôt il faut à ce cerveau malade toujours en
quête d'impressions nouvelles, à ces sens que n'ai-
guillonne plus le désir naturel, il faut un excitant
plus pimenté, qu'une banale aventure de palais; à en
croire Michelet, il ne recule pas devant l'inceste ;
sa sœur Margot, la volage épouse du duc de Navarre,
cette impudique princesse qu'on disait « un trong
public qui recevoit toutes les offrandes », lui octroya
ses faciles faveurs, qu'elle partageait, du reste, entre
d'innombrables amants recrutés dans toutes les classes
de la société, depuis ses frères Charles, Henri et François, jusqu'aux valets Pamini et Dat, en passant par
la Molle, Bussy d'Amboise, du Guast, et bien d'autres
qui régnèrent à tour de rôle ou simultanément sur
le cœur de la dame. Mais Henri III, le frère amant,
était jaloux, beaucoup plus que le mari, le malin roi
de Navarre, au point de vouloir faire jeter à l'eau une

---

[1] La reine Louise était, si l'on en croit Brantôme, vertueuse
et chaste. Une de ses femmes lui ayant conseillé d'emprunter
« quelqu'ayde tierce et secrette » pour connaître les joies de la
maternité, elle répondit qu'elle préférait « appuyer sa grandeur
sur sa chasteté et vertu que sur une lignée sortie de vice ».

demoiselle de sa sœur, coupable de trop de complaisance [1].

On comprend que les voluptés de l'inceste une fois commencées et épuisées, Henri III n'avait plus rien à demander à l'amour féminin. Bientôt il n'eut pour les femmes qu'un profond mépris, qu'un dédain sarcastique dont il les accablait à toute occasion; son bouffon Chicot renchérissait bien entendu sur les saillies mordantes du maître. Aux maigres, il reproche leurs formes squelettiques (comme plus tard Louis XIV à sa belle-sœur Henriette d'Angleterre), aux grasses, leur ventripotence. Il est animé contre elles d'un méchant esprit d'hostilité. Il s'ingénie à les cribler d'épigrammes dures et hostiles. Aucune ne trouve grâce devant lui ; toutes lui semblent laides et vicieuses. D'avoir trop aimé les femmes, il les méprise, les hait et, dans son aberration, les poursuit sans trêve comme des ennemies acharnées à le perdre.

Insultées, bafouées, battues, traînées dans des orgies colossales, les femmes de la cour perdirent le peu de réserve et de pudeur qui leur restait. Pendant ce temps, Henri III achevait sa lente métamorphose; il passe par tous les échelons de la perversion sexuelle : il devient fétichiste, puis sadique. C'est en sa présence qu'a lieu, à Avignon, la fameuse proces-

[1] Henri III en instituant l'ordre du Saint-Esprit, en faisait un secret hommage à sa sœur Marguerite; il avait ordonné de graver sur les plaques du collier le double chiffre de Marguerite et de Henri, et un autre monogramme dont l'interprétation reste assez confuse. L'initiale de Marguerite fut supprimée plus tard par ordre de Henri IV (1597).

## 8

UNE PROCESSION DE FLAGELLANTS

sion des battus qui coûta la vie au cardinal de Lorraine[1]; il prit un plaisir extrême à voir les fouets cinglants des flagellants s'abattre sur les épaules des pénitents et pénitentes qui recherchaient ainsi moins une satisfaction sensuelle qu'une mortifiante punition.

Son effémination se caractérise de plus en plus : il délaisse le cheval pour la litière, et mieux pour un joli bateau peint, réminiscence des chères gondoles vénitiennes dont il regrettait le mystère[2]. Il adore les farces, les bouffonneries grotesques, les déguisements et les mascarades du carnaval italien. Il fait venir à la cour les Gelosi, mimes célèbres qui représentaient des pièces ordurières, et leur installe une scène au château de Blois ; ils jouent devant les États généraux dont les députés, venus des quatre coins de la France, étaient fort surpris d'un spectacle aussi singulier. Leur étonnement fut à son comble lorsqu'ils virent arriver le roi, sous des habits de femme, la peau épilée, un collier de perles au cou « s'harmonisant à ravir avec une gorge naissante que toute dame eût enviée ». De ce jour, la métamorphose était complète : prince-femme, Henri III allait se laisser gouverner par ses mignons, tout comme ses aïeux avaient accepté l'ascendant de leurs belles maîtresses, comme plus tard Louis XIV devait subir celui de la Maintenon ou Louis XV de la du Barry.

[1] Dr CABANÈS et NASS. *Poisons et Sortilèges.*
[2] MICHELET. Loc. cit.

\* \*
\*

A cette époque de sa vie, Henri III présente cet aspect
caractéristique, cette physionomie singulière que
l'image a popularisés : le regard terne, mort, sans
flamme intérieure sous une paupière lourde et tirée
de rides précoces ; le front très haut, légèrement fuyant,
front « de pensée têtue et maladive » ; la bouche
mince et fermée avec, aux commissures, un pli amer
que souligne la moustache courte ; un menton étroit,
couvert d'une barbe rare, les joues ravagées par de
profonds sillons, tout indique dans ce visage tourmenté la lassitude que provoquent les excès de toutes
sortes, le désenchantement de l'homme qui trop
jeune a goûté à tous les plaisirs et que plus rien ne
peut distraire. Il est mis avec une excessive recherche ;
à ses oreilles pendent deux grosses perles en forme
de poires ; et sur son toquet, sur sa polonaise qu'il ne
quitte jamais, scintillent des pierres précieuses[1].
Mais tout cela semble trop lourd pour lui, aussi bien
les bijoux dont il se pare que la lourde charge
qui lui est dévolue, que la vie elle-même qu'il a
brûlée rapidement. Il est rongé par la syphilis qu'il a
contractée à Venise, et peut-être le mal napolitain
est-il une des causes de son dégoût pour la femme.

[1] Il n'avait pas toujours porté cette coiffure disgracieuse. Mais
les médecins lui conseillèrent, à la suite d'un abcès de l'oreille
qui le fit beaucoup souffrir et lui laissa de violents maux de
tête, de se raser le crâne et de porter un bonnet à la polonaise.
Il ne le quittait jamais, pas même à la messe.

Toutes ses faveurs, toutes ses caresses, toute sa grande
bonté dont son âme était pleine, il les réserve pour
ses mignons.

Ceux-ci sont nombreux, car en amour le roi n'est
pas monogame et ses favoris sont contraints de subir
le partage de l'affection royale. C'étaient Saint-Mégrin,
Quélus, Maugiron, Schomberg, d'O, Villequier,
Joyeuse, d'Epernon, d'autres encore qui se haïssaient
violemment.

La jalousie les précipitait l'un contre l'autre, les
armes à la main. Non point jalousie passionnelle,
mais ambition immesurée de tenir les rênes du pouvoir à la façon des favorites. L'inverti, malgré son
effémination, garde quand même quelque chose de
sa sexualité primitive ; les favorites royales s'atta-
quent à coups d'épingle ; les mignons à coups d'épée.

Les duels furent nombreux et brillants : mignons
de Henri III contre mignons du Guise ; tournois d'une
chevalerie abâtardie qui n'avait gardé des mœurs du
siècle précédent, qu'une bravoure indiscutable et
un beau mépris de la mort. Le plus célèbre fut
celui où tombèrent mortellement blessés Quélus
et Maugiron ; le premier ne mourut qu'après trente-
trois jours d'agonie, succombant à ses dix-neuf bles-
sures[1]. Maugiron survécut moins longtemps et passa

---

[1] « Quélus, aucteur et agresseur de la noise de dix-neuf coups
qu'il y receust, languist trente-trois jours et mourust le jeudy
vingt-neuvième may, en l'hostel de Boisi, où il fut porté du
champ de combat, comme lieu plus ami et plus voisin. Et ne
lui profita la grande faveur du Roy qui l'alloit tous les jours
voir et ne bougeoit du chevet de son lit, et qui avoit promis

dans les bras de son maître, qui le tenait étroitement serré contre lui, dans une dernière étreinte de douleur et de volupté[1]. Le roi désespéré d'une mort aussi cruelle, en eut autant de chagrin que de la perte de la princesse de Condé ; il fit couper leur blonde chevelure qu'il garda précieusement en souvenir des deux aimés.

Saint-Mégrin eut le même sort deux mois après ; il avait commis l'imprudence de ne pas se contenter des faveurs royales et il était devenu l'amant de la duchesse de Guise : le mari jaloux le fit assassiner. Henri III le pleura comme les deux autres et leur fit faire à tous trois un superbe mausolée funéraire à Saint-Paul. Armand de Sorbe, évêque de Nevers, pro-

---

aux chirurgiens qui le pansoient cent mil livres au cas qu'il revinst en convalescence, et à ce beau mignon, cent mil écus pour lui faire avoir bon courage de guérir. Nonobstant, lesquelles promesses, il passa de ce monde en l'autre aiant toujours en la bouche ces mots, mesmes entre ses derniers soupirs qu'il jettoit avec grande force et grand regret : « Ah! mon Roy, » mon Roy! » sans parler autrement de Dieu ni de sa mère. A la vérité, le Roy portoit à Maugiron et à lui une merveilleuse amitié, car il les baisa tous les deux morts, fist tondre leurs testes et emporter et serrer leurs blonds cheveux, osta à Quélus les pendants de ses oreilles que lui mesme auparavant lui avoit donnés et attachés de sa propre main. » (P. de l'Etoile.)

[1] Agrippa d'Aubigné, le sévère historien, rapporte le fait dans des termes d'une précision telle que nous ne pouvons les transcrire ici, du moins ne laisse-t-il subsister aucun doute sur le genre des relations qui unissaient le maître et le mignon. Au reste, il dit très expressément que depuis que Henri III s'était prostitué à l'amour contre nature et qu'il avait « tourné ses voluptés à pâtir au lieu d'agir », son courage avait totalement disparu, ce qui est commun, ajoute-t-il à tous les grands capitaines coupables de ce vice énorme; seul, Jules César, n'en devint pas moins brave et moins laborieux.

nonça le panégyrique de rigueur et on rendit à leur mémoire les hommages coutumiers aux princes du sang; mais, ô fragilité des honneurs posthumes, la populace à quelque temps de là viola les sépultures et renversa les tombeaux.

Au reste, le peuple ne se gênait guère pour manifester son mépris de ces mœurs antiphysiques. Somme toute, c'est toujours lui qui, à toutes les époques, est dépositaire du bon sens. Il ne prétend point à la vertu, il est souvent débauché, mais en amour il suit les lois naturelles et ne s'égare point dans le bourbier des perversions. Aussi que de pamphlets, que de pasquins où les choses sont crûment appelées par leur nom, et qui flétrissent cette cour dont les aberrations et les excès rappellent le Bas Empire !

Quant à Henri III, son évolution s'accentue de plus en plus à mesure qu'il s'épuise à la recherche de sensations nouvelles.

Une fois sur la pente de l'abîme, l'inverti roi dégringole rapidement jusqu'au fond. Il devient sadique, éprouve une âpre jouissance à flageller ses mignons jusqu'au sang. Il devient masochiste et, à son tour, se fait battre et humilier par eux. Il associe la volupté et la douleur ; fait assurément rare, il réunit à lui seul toutes les aberrations où l'amour peut faire sombrer un homme [1].

Au point de vue psychique nous observons la même

---

[1] D<sup>r</sup> Dusolier. *Psychologie des derniers Valois.*

dégradation. Frivole monarque, il a des occupations
indignes d'un homme d'Etat ; les affaires du pays le laissent indifférent, et pourtant l'intrigue politique, les
complots de palais amusent son dilettantisme machia-
vélique ; il se fait lire le *Prince* et cherche dans cet
ouvrage paradoxal sa ligne de conduite. Mais combien
l'intéressent davantage encore les frivolités de la danse
pour laquelle il se prend d'une véritable passion ;
combien l'inquiètent plus que l'état précaire de ses
sujets la santé de ses petits chiens dont il peuple ses
demeures ! Car Henri III est zoophile, comme sa mère
Catherine et ce signe de dégénérescence s'est fidèlement transmis dans la famille ; il est plus accentué
chez le dernier des Valois que chez aucun de ses
ascendants.

Caractère névropathique, fait de contradictions, de
bizarreries, d'exagérations, il est extrêmement dévot,
et néanmoins pratique la sorcellerie ; il fréquente les
pèlerinages célèbres, les neuvaines efficaces, — et dans
la chapelle des hiéronymites, au bois de Vincennes,
sacrifie à Satan et lui consacre les fameux chandeliers
d'argent en forme de satyres[1]. Il est chevaleresque,
aime le courage, admire le combat loyal, mais fait
assassiner traîtreusement le duc de Guise dans son
propre château, assiste au drame, caché derrière
une tapisserie, puis, le forfait accompli, s'avance
sans émoi jusqu'à sa victime étendue qu'il touche
dédaigneusement du pied. Il connaît toutes les ruses

---

[1] PALMA CAYET. *Sorcelleries de Henri de Valois et des oblations
qu'il faisait au diable dans le bois de Vincennes.*

italiennes, toutes les roueries chères aux Médicis et
parfois fait montre d'une extraordinaire insouciance.

Du reste, comme tous les détraqués, il traverse des
crises aiguës où ses passions, poussées au paroxysme,
le conduisent à des excès extravagants : soit que la
colère le domine, et cette colère devient alors de la
fureur, surtout à certaines époques de l'année [1]; soit
qu'au contraire sa prodigalité l'entraîne à certains
moments, par une sorte de masochisme moral, à donner tout ce qu'il possède ; c'est ainsi qu'il comble de
cadeaux excessifs ses mignons, ses serviteurs, son
entourage et qu'il prend plaisir à cette sorte de pénitence volontaire. Il fait tout avec excès, mais cependant, — point important à noter, — n'a pas la manie
de vouloir étonner le monde par les bizarreries de son
caractère, par une recherche systématique de l'originalité et de l'imprévu. C'est bien un malade, un dégénéré, qui a sombré définitivement dans la folie
suprême ; il a perdu tout équilibre de caractère : il
n'a plus la mentalité masculine et pas encore la mentalité féminine, car il est inverti par vice acquis et
non par prédisposition congénitale. C'est un être
hybride, devenu la proie de ses passions : a-t-il
encore conscience du bien ou du mal ? Un jour il

[1] De Thou laisse entendre que le roi était dans un de ces accès
de bile, au moment du drame de Blois : « Cheverny, dit-il, me
parla de ces humeurs du roi et me prédit que, si le duc conti-
nuoit à pousser ce prince, il seroit homme à le faire quelque
jour assassiner sans bruit dans sa chambre mesme parce qu'on
étoit dans une saison où il s'irritoit aisément et où sa colère
approchoit fort de sa fureur. »

est bon, doux et humain : le lendemain sa méchan-
ceté reparaît, il devient féroce. Il n'aime plus que
l'amour homo-sexuel, ce qui ne l'empêche pas, dans un
accès de furieuse sauvagerie, de violer une femme,
Catherine de la Trémouille, puis de la prostituer à
ses mignons, de la livrer à ses valets[1].

Et dans cette boue qui va le submerger bientôt,
pas une pierre précieuse, pas un joyau d'art ou de
poésie : du stupre, du sang, de la débauche innom-
mable. C'est dans cette mer montante que va s'effon-
drer le trône des Valois, trône vermoulu et pourri
parce que ceux qui l'ont occupé n'ont pas su résister
à la contagion de la césarite, ni combattre les effets
d'une hérédité tarée. Avec leur dynastie, c'est toute
une société qui disparaît pour faire place à une autre,
retrempée aux sources profondes de la race.

[1] Dusolier, Op. cit.

# La césarite des Habsbourgs d'Espagne

## L'EMPEREUR CHARLES-QUINT. — SES TARES PSYCHOLOGIQUES

Nous avons vu, avec l'histoire des derniers Valois, comment s'établissait, à la faveur de la césarite, la dégénérescence d'une famille royale. Cette maladie, avons-nous dit, rançon du pouvoir absolu, héritage des mariages consanguins, a frappé chaque dynastie avec plus ou moins de violence. L'histoire des Habsbourgs d'Espagne, qui furent mêlés aux événements les plus retentissants, qui connurent, après les suprêmes apogées, les suprêmes convulsions de la ruine, fournit à notre thèse un exemple non moins frappant. Rien n'est dû au hasard dans l'enchaînement des faits historiques ; tout, au contraire, y est déterminé par le jeu des lois naturelles, souvent obscures, mais qui s'éclairent à la lumière de la critique scientifique. En apportant à l'étude de Charles-Quint et de sa descendance cette méthode d'investigation, nous reconnaîtrons que les mêmes causes qui provoquèrent la chute des Valois amenèrent aussi la disparition des Habsbourgs. Comme ceux-ci offraient plus de résistance à la névrose héréditaire, il leur fallut plus de temps pour disparaître dans un tournant de l'histoire. Mais la dégénérescence s'accentua progressivement chez eux, implacable et inexorable, cependant qu'ils entraînaient à leur suite la société et le pays qu'ils dirigeaient.

De Charles-Quint à Philippe IV, en effet, le royaume d'Espagne tombe de Charybde en Scylla. A dire vrai, le premier l'avait, d'emblée, porté à l'apothéose. Et déjà, cependant, malgré l'apothéose, cachés sous la splendeur qui rayonnait sur l'immense empire, des germes de déchéance levaient comme un ferment dans une culture appropriée. Charles-Quint lui-même, qui réunissait sur sa tête les couronnes d'Espagne, de Sicile, de Naples, qui était le maître des Flandres, qui régnait sur l'Amérique nouvelle, que la Diète, enfin, avait proclamé empereur, le préférant à son rival François Ier, — ce potentat, qui pouvait caresser le rêve d'une domination mondiale, était déjà un dégénéré, un *minus habens*.

\*  
\* \*

Arrêtons-nous un instant devant son portrait. Que ce soit le Titien, de la Cruz, Holbein le jeune ou Lucas Cranach qui fixe sur la toile ses traits impériaux, le front apparaît large, les yeux bleus, le nez aquilin, mais de travers ; enfin, la mâchoire inférieure s'avance démesurément, au point que les arcades dentaires placées, la supérieure en arrière, l'inférieure en avant, ne peuvent se rejoindre : type remarquable de prognathisme comme on en rencontre peu, et qui a pour corollaire ce stigmate familial, la lèvre autrichienne.

Voici le portrait que l'ambassadeur vénitien Gaspard Cantarini fait de Charles-Quint : « L'Empereur est de taille moyenne, ni très grand, ni très petit, blanc de peau, plutôt pâle que coloré, bien proportionné de corps, avec la jambe très belle, le bras bien fait, le nez aquilin, mais très peu ; l'aspect grave, mais ni rude, ni sévère. Nulle partie du corps n'est à critiquer en lui, excepté le menton et aussi toute la mâchoire inférieure, qui est si longue et si large qu'elle ne paraît pas naturelle, mais postiche, d'où vient qu'il ne peut, en fermant la bouche, joindre les dents d'en bas avec celles d'en haut et qu'il reste entre elles l'espace de la grosseur d'une dent. C'est ce qui fait qu'en parlant, et surtout en terminant son discours, il balbutie quelques paroles que souvent on n'entend pas bien. »

Tous ceux qui ont décrit le facies de Charles-Quint concordent pour lui attribuer, en dehors de son nez et de son menton exceptionnels, un facies normal, un visage sympathique, ouvert, éclairé d'un regard intelligent.

Mais il nous faut insister sur les deux caractères tératologiques de cette figure : la déviation du nez et le prognathisme, qui ont déjà retenu l'attention de notre distingué confrère, le Dr Galippe, lequel a consacré aux Habsbourgs une critique iconographique complète[1].

Le D<sup>r</sup> Galippe rappelle, avec raison, que le progna- thisme s'accompagne fréquemment d'une anomalie du nez. Or Charles avait le nez tordu ; il est exact, cependant, que les prognathes présentent parfois un appendice nasal d'une longueur exagérée, tendant à rejoindre le menton (profil de vieille femme), ou d'une grosseur inaccoutumée, mais de rectitude habi- tuelle. L'anomalie nasale se manifeste chez Charles- Quint par une déviation de la cloison nasale. C'est, en tout cas, un signe non équivoque de dégénéres- cence, fréquent chez les névropathes, au même titre que la voûte palatine en ogive.

Quant au prognathisme de Charles-Quint, c'était un stigmate héréditaire qui de génération en généra- tion allait en s'accentuant. Il semble que ce soit une femme qui l'ait apporté dans la famille des Habs- bourgs. La grand'mère de l'empereur Maximilien I<sup>er</sup>, la princesse polonaise Cymburgis, était une pro- gnathe, et, sans nul doute, une acromégalique. Le fait est d'autant plus intéressant à noter que le D<sup>r</sup> Galippe insiste sur les rapports entre le prognathisme et l'acromégalie, autrement dit le gigantisme. Nous ne connaissons point de portrait de cette princesse, mais l'histoire rapporte qu'elle cassait des noix, non en s'asseyant dessus, comme l'héroïne de la chan- son, mais entre le pouce et l'index, d'un seul effort,

---

[1] GALIPPE. *L'Hérédité des stigmates de dégénérescence et les familles souveraines.* (Masson édit.)

et qu'en outre elle enfonçait des clous avec son poing fermé.

On retrouve le menton autrichien dans la plupart des ascendants de Charles-Quint, Rodolphe Ier, Albert le Victorieux, Marie de Hongrie (d'après Brantôme). Cependant on a cherché une autre origine de ce stigmate. La reine Éléonore, sœur de Charles-Quint, prognathe elle aussi, bien entendu, eut l'occasion de faire à ce sujet une observation piquante. Comme elle se faisait un jour ouvrir les tombeaux des ducs de Bourgogne, elle remarqua, sur leur squelette, la proéminence accentuée de la mâchoire inférieure : « Ah ! s'écria-t-elle, j'avais toujours cru que nous tenions notre bouche de la maison d'Autriche, mais je vois maintenant que c'est un héritage de Marie de Bourgogne et de ses aïeux[1]. »

Ce qui paraît à peu près certain, c'est que ce stigmate indélébile était d'origine féminine. Au reste, le Dr Galippe donne par avance une confirmation à cette thèse en écrivant que, chez les Habsbourgs, « les femmes, alors même qu'elles ne présentaient point à un degré très accusé le stigmate familial caractéristique, plus marqué chez les hommes que chez celles-ci, avaient en puissance la faculté de l'imposer à leur conjoint et à leur descendance, tellement il était fixé et inséparable en quelque sorte de la personnalité des Habsbourgs ».

Quelle valeur attribuer à ce signe? Et d'abord est-

_____
[1] AMÉDÉE PICHOT. *Charles-Quint. Chronique de sa vie intérieure.*

on en droit de le considérer comme un signe de dégénérescence ? A dire vrai, il est moins caractéristique, sous ce rapport, que la déviation nasale, l'exoph-
talmie, l'asymétrie faciale, le palais ogival, ou les
anomalies de la dentition. Néanmoins, si nous retenons la thèse du Dr Galippe établissant une con-
nexion entre le prognathisme et le gigantisme (signe
indubitable de dégénérescence), si nous demandons
également aux artistes comment ils ont considéré le
prognathisme, nous serons forcé de lui donner une
place importante parmi ces stigmates de dégénérescence. Léonard de Vinci, notamment, gratifiait d'un
menton en galoche les personnages qu'il voulait
rendre antipathiques, tel le Judas de sa Cène. Veut-il
peindre une figure allégorique empreinte de férocité,
— la Guerre, — il la fait prognathe. Dans les fresques
de Ferrari, dans les dessins d'Albert Dürer, de Jérôme
Bosch, d'Holbein, etc., les bourreaux sont prognathes.
Dans les caricatures, les compositions grotesques, les
prognathes abondent. Ceci nous permet de concevoir
l'estime peu flatteuse en laquelle ils étaient tenus.

Le préjugé populaire veut que les individus porteurs d'une mâchoire inférieure exagérément avancée
soient volontaires et énergiques. On cite, à cet effet,
l'exemple de Waldeck-Rousseau, encore qu'il n'eût
pas le menton des Habsbourgs. En réalité, c'est une
apparence trompeuse. « Rien ne démontre qu'il en
soit ainsi. Les prognathes inférieurs sont des dégénérés, des névropathes et comme tels des impulsifs,
et lorsque, sous l'influence de la colère, ils contractent

leurs maxillaires, en vertu même de l'anomalie qu'ils présentent, leur physionomie peut prendre un aspect plus ou moins féroce [1]. »

De fait, une étude attentive de la vie de Charles-Quint, de son caractère, de ses passions, de ses maladies, nous permettra de ruiner ce préjugé qui attribue à cet empereur une volonté de fer et une énergie surhumaine. La légende a encore ici singulièrement faussé l'histoire.

.•.

Charles-Quint n'avait pas seulement hérité de ses ancêtres ce masque traditionnel qui était, pour ainsi dire, la signature, le sceau de la famille. Elle lui avait légué, — en même temps que ses droits à l'empire, le plus grand qu'un souverain pût alors réunir sous sa loi, — la mentalité des Habsbourgs ; et celle-ci, nous le verrons, concordait exactement avec les signes physiques de dégénérescence que nous avons signalés. Pour tout dire, Charles-Quint portait, suivant l'expression consacrée en clinique, une lourde hérédité. Il était l'arrière petit-fils d'un prince qui, comme lui, avait nourri des projets grandioses et qui, comme lui, manqua du génie nécessaire pour les réaliser : Charles le Téméraire, l'ennemi de Louis XI, fut un impulsif, d'une activité infatigable que ne tempérait pas un esprit suffisamment réfléchi.

[1] GALIPPE. *Op. cit.*

9

Le père de Charles-Quint, Philippe le Beau, était un débauché qui fit le malheur de sa femme et mourut, à vingt-huit ans, des suites de ses excès.

Sa mère fut Jeanne la Folle. La naissance de son fils Charles lui coûta la raison. Elle était d'une jalousie insensée envers son mari, qu'elle aimait passionnément. La pauvre femme jouait de malheur; il lui eût fallu un placide Louis XVI, elle eut pour époux le plus endiablé des verts-galants. Sa passion devint délirante. Une nuit, elle sortit du château et resta, jusqu'à l'aube, exposée au froid, demi-nue, refusant de rentrer dans ses appartements. Le ménage royal devint infernal; des scènes quotidiennes éclataient. Quand Philippe le Beau mourut, son désespoir lui suggéra des actes inouïs. Elle traîna son cadavre à travers l'Espagne; escorté de moines et d'évêques, le cortège cheminait de nuit à la lueur des torches. Des gardes veillaient le cercueil, avec mission d'écarter toute femme qui tenterait de s'en approcher, même de loin. Singulier exemple de jalousie posthume. Trois ans après enfin, elle se décida à faire enterrer le corps. Sa folie s'accrut encore; elle vécut dans l'isolement le plus complet, mal vêtue, refusant toute nourriture soixante heures de suite.

Tels furent les ascendants de Charles, l'héritier universel des quatre maisons d'Aragon, de Castille, d'Autriche et de Bourgogne. Fatalement, il devait présenter le caractère de chacune de ces races. Mignet, qui a pressenti de quelle éclatante façon la pathologie mentale pouvait éclairer l'histoire, a ainsi rapporté comment ce lourd héritage avait influencé la mentalité de Charles-Quint :

« Issu de ces quatre maisons, il en a représenté les qualités variées et, à plusieurs égards, contraires, comme il en a possédé les vastes et divers États. L'esprit toujours politique et souvent astucieux de son grand-père Ferdinand le Catholique ; la noble élévation de son aïeule Isabelle de Castille, à laquelle s'était mêlée la mélancolique tristesse de Jeanne la Folle, sa mère ; la valeur chevaleresque et entreprenante de son bisaïeul Charles le Téméraire, auquel il ressemblait de visage ; l'ambition industrieuse, le goût des beaux-arts, le talent pour les sciences mécaniques de son aïeul l'empereur Maximilien, lui avaient été transmis avec l'héritage de leur domination et de leurs desseins. »

Mais le portrait est flatté et les tares adroitement dissimulées. D'ailleurs, le règne de l'empereur fut marqué par un événement qui n'avait eu jusqu'alors aucun précédent : son abdication. Certains ont voulu voir dans cette renonciation volontaire au pouvoir un acte d'une rare philosophie. En réalité, ce fut la conséquence d'un état moral qui rappelait certainement la lypémanie de Jeanne la Folle.

Mignet attribue au surmenage cérébral le découragement et la tristesse de l'empereur. Il est certain que l'administration d'un empire aussi immense et aussi disparate que le sien, les guerres incessantes qu'il conduisit en personne, le souci de faire face au formidable mouvement émancipateur de la Réforme, tout cela contribua à faire éclater chez lui la crise de neurasthénie qui se traduisit par son abdication et sa retraite. Il était d'un naturel sombre, mélancolique et volontiers mystique. Sa piété ardente lui imposait des pénitences volontaires, des prières interminables qui duraient plusieurs heures.

Mais, à table, il se ressaisissait. Comme plus tard Louis XVI, Charles-Quint ne connut véritablement de meilleur plaisir, de meilleure volupté que ceux de la bonne et copieuse chère. Ce grand homme, qui croyait commander à ses passions, ne savait pas contenir ses appétits; il était maître de son âme dans les diverses extrémités de la fortune, il ne l'était pas de son estomac à table [1].

Son confesseur, son médecin essayaient vainement de le modérer; ils perdaient leur temps. L'impérial pénitent dévorait gloutonnement, alors même qu'on lui croyait déjà un pied dans la tombe. Un Anglais, Roger Asham, qui le vit attablé au sortir d'une de ces crises terribles qu'on redoutait être la dernière, fut ébahi de son appétit et de sa capacité gastrique. Le pauvre égrotant dévorait du bœuf bouilli, du mouton rôti, un levraut au four et un chapon, et il buvait la valeur de 5 litres de vin du Rhin.

Une lettre de Malinœus, seigneur de Praet, rapportée par Mignet, met au point cette intempérance excessive. « Le ventre, dit-il, et une fatale voracité

---

[1] MIGNET. *Charles-Quint, son abdication, son séjour et sa mort au monastère de Yuste.*

sont la source ancienne et très profonde des nombreuses maladies de l'empereur. Il y est assujetti à un tel point que, dans sa plus mauvaise santé et au milieu des tortures du mal, il ne peut pas se priver des mets et des boissons qui lui sont le plus nuisibles... » La nuit, il se réveillait pour boire. On avait soin d'exposer à la fraîcheur de la belle étoile un grand pot de bière qu'il réclamait avant le jour et qu'il vidait d'un trait.

Cette gloutonnerie n'est pas rare chez les arthritiques, et Charles-Quint était le modèle des arthritiques. La goutte le torturait et, de bonne heure, l'avait décrépit. En 1549, l'envoyé du roi de France à Bruxelles rapportait à son maître que « le grand empereur avait l'œil abattu, la bouche pâle, le visage plus mort que vif, le col exténué, la parole faible, l'haleine courte, le dos fort courbé et les jambes si faibles qu'à grand'-peine il pouvait aller, avec un bâton, de sa chambre jusqu'à sa garde-robe[1]. »

Deux ans plus tard, l'empereur était complètement impotent; il ne sortait plus qu'en voiture, — une voiture spéciale qui servait indifféremment à la promenade, la chasse ou la bataille : en voulant l'essayer, il tomba et faillit perdre le *peu de dents que la nature lui avait laissées*[2]. Sa bouche était donc fort démeublée, ce qui devait singulièrement le gêner, eu égard à sa voracité. Il avalait les aliments sans les

[1] DE GERLACHE. *Histoire des Pays-Bas*, I, 52.
[2] BARON DE REIFFENBERG. Introduction aux *Lettres de van Male sur la vie intérieure de Charles-Quint.*

mâcher, comme du reste, la plupart des arthritiques,
édentés ou non.

Les doigts de ses mains étaient noués, au point
qu'ils lui refusaient tout service. Brantôme rapporte
qu'un jour, recevant une lettre que lui remettait
l'amiral de Châtillon, Charles-Quint ne put en rompre
le cachet. « Vous voyez, dit-il amèrement, monsieur
l'amiral, comme mes mains qui ont fait de grandes
choses et manié si bien les armes n'ont pas le pouvoir d'ouvrir une simple lettre : voilà les fruits que
je rapporte pour avoir voulu acquérir le renom d'un
grand capitaine, d'un puissant empereur, et quelle
récompense[1] ! »

Singulier régime pour un goutteux que celui
auquel Charles-Quint donnait ses préférences! Jamais
malade ne fut sans doute moins docile. Lorsque, après
son abdication, il se rendit au monastère de Yuste
choisi pour retraite, il voyagea par étapes. A chacune
de celles-ci, il reçut les hommages des habitants et
du clergé ; ces hommages se traduisaient en *regalos* de
bouche : friandises, saumures, gibier, mets épicés, qui
tous lui étaient interdits, et dont il faisait son ordinaire. Son médecin insiste pour lui faire quitter l'usage
de la bière ; l'empereur s'y refuse avec obstination.

Aussi, les attaques de goutte se succédèrent avec
rapidité ; cependant il eut quelque répit pendant les
premiers mois de sa retraite, grâce au climat vivi-
fiant de l'Estramadure. Mais l'intempérance le perdit.

---

[1] Cité par REIFFENBERG.

Ses jambes enflèrent, et le gonflement goutteux de ses articulations était si douloureux qu'il restait étendu sur son lit les jambes complètement découvertes. Enfin il finit par tomber dans un état de faiblesse inouï ; la fièvre ne le quitta plus, en dépit de toutes les médecines. Il eut des vomissements de bile, des accès de collapsus entre lesquels il gardait sa lucidité d'esprit. Il trouva cependant la force d'accomplir les suprêmes devoirs religieux et s'éteignit, à cinquante-huit ans, au milieu des pires souffrances, terrassé par cette goutte qu'il avait si mal soignée. « C'est le moment ! » fut son dernier mot quelques minutes avant d'expirer.

Les médecins ne lui avaient point fait faute. Le choix qu'il en avait fait est des plus curieux. Aux côtés de Corneille Bœrsdorp, grave docteur de Bruges, consciencieux et modeste, et de l'illustre Vésale, siégeait dans les conseils médicaux de l'empereur, un charlatan de la pire espèce, nommé Caballe, et qui exerçait un prestige considérable sur l'esprit de son impérial client. Corneille Bœrsdorp en était indigné : *O magnum onagrum !* s'écriait-il en parlant de son rival. Aussi bien, les charlatans étaient, dans les cours, bien plus prisés que les médecins. C'était le temps où le seigneur d'Alligre guérissait les plaies avec du linge, des eaux et des paroles ; où Ambroise Paré se voyait préférer Doublet qui faisait des cures merveilleuses par ses paroles charmées[1]. Mais ni le

[1] *Particularités inédites sur Charles-Quint et sa cour*, par le

charlatan ni les médecins ne purent enrayer la goutte
mortelle de l'empereur : il eût fallu à celui-ci une
volonté énergique : en dépit des apparences, Charles-
Quint n'avait pas de volonté.

Ne terminons pas le chapitre des maladies de Charles, sans signaler le bruit qui courut que l'empereur
et roi avait, comme son rival François, subi les inju-
res de la syphilis, car Charles fut un grand débauché.
« Il était, dit l'ambassadeur Badovaro, d'une véritable
intempérance pour les plaisirs de Vénus, partout où
il se trouvait avec des dames de grande et de petite
condition. » Aussi, n'y aurait-il rien d'étonnant
qu'il eût contracté ce mal napolitain qui ravageait
alors toute la chrétienté. « Il passait des heures dans
sa chambre tendue de noir et éclairée de sept flambeaux, pour y méditer sur la mort de sa mère. » Telle
est la phrase du Vénitien Marino Cavelli, exposant
l'emploi du temps de Charles. Or, à cette époque, sa
mère n'étant point morte, il ne pouvait la pleurer.
Tout au plus regrettait-il l'abîme où sa raison avait
sombré, mais point n'était alors besoin de tentures de
deuil. Aussi, d'autres relations ajoutent hypocritement qu'il se retirait dans cette chambre pour y cacher
à tous les yeux les conséquences de ce mal dont
l'apparition avait coïncidé en Europe avec la découverte du nouveau monde[1]. Ajoutons néanmoins que
rien, dans l'observation rétrospective de l'impérial

baron DE REIFFENBERG, in Mémoires de l'Académie royale de
Bruxelles, 1834.

[1] PICHOT. Loc. cit.

arthritique, ne permet de diagnostiquer la syphilis. Celle-ci, qui, à cette époque, provoquait des désordres beaucoup plus graves qu'aujourd'hui, en raison du terrain absolument vierge sur lequel elle évoluait, aurait compliqué singulièrement la goutte de l'impotent monarque et l'on aurait quelque indice certain de cette dualité de maladies.

Ce qui paraît plus exact, c'est que Charles-Quint eut dans son enfance des crises d'épilepsie, — ce qui constitue un document important pour établir sa neuropathologie.

Cette observation rétrospective nous permet d'envisager sous un jour nouveau l'état d'âme de l'empereur. La légende en fait un émule de Charlemagne et de Barberousse ; un héros quasi surhumain qui ne trouva pas ici-bas la récompense due à son courage, son audace, ses mâles vertus. Une étude attentive de ses travers, de ses passions, de son caractère nous montrent qu'au contraire il fut un dégénéré, — supérieur, évidemment, — ce qui explique comment sa descendance tarée déchut progressivement.

Nous l'avons vu impuissant à maîtriser une passion dominante, la gourmandise : ceci, c'est déjà une tare, l'homme qui est le jouet d'une passion en devenant fatalement la victime. Nous l'avons vu sombre, triste, d'une piété si ardente qu'elle touche aux limites de la saine raison. Comme tous les mystiques, il est sottement superstitieux ; mis en présence de Faust le sorcier, il le prie d'évoquer l'esprit d'Alexandre le

Grand. Le malin docteur opère, et voici le grand conquérant qui apparaît aux regards de l'empereur ; il était carré, ramassé, rouge en visage, la barbe de même couleur ; Charles-Quint, se souvenant qu'Alexandre portait une grosse verrue à la nuque, se pencha sur le fantôme animé pour voir s'il y trouverait ce stigmate ; la verrue était là ! Alexandre profita de l'ébahissement de Charles pour disparaître. L'aventure fait plus honneur à l'adresse du magicien qu'à la perspicacité[1] de l'empereur.

Le mysticisme de Charles prend des proportions imprévues lorsqu'il sent proche sa dernière heure. On sait qu'il organisa une répétition générale de ses obsèques. S'il est inexact, comme la légende le raconte, qu'il se soit couché dans un cercueil, au milieu de la nef de l'église, et qu'il ait lui-même récité les répons de la messe des morts célébrée en son honneur, il paraît vraisemblable qu'on organisa, de son vivant, une cérémonie funèbre où il assista. « On dressa au milieu de la grande chapelle un catafalque entouré de cierges. Tous les serviteurs de Sa Majesté descendirent en habits de deuil. Le pieux monarque, également vêtu de deuil et un cierge à la main, y vint aussi pour se voir enterrer et célébrer ses funérailles. Il pria Dieu pour cette âme à laquelle il avait accordé tant de grâces pendant la vie, afin que, arrivée au moment suprême, il prît pitié d'elle... Pour lui, à la messe de

[1] PALMA CAYET. *Histoire lamentable et prodigieuse de Jean Fauste, grand magicien avec son testament et sa vie espouventable,* 1674.

ses funérailles, il alla faire l'offrande de son cierge
entre les mains du prêtre, comme s'il avait déposé
entre les mains de Dieu son âme, que les anciens
représentaient par un semblable symbole[1]. »

Mais doit-on s'étonner lorsqu'on se reporte à cette
époque ? Si la Réforme essayait de libérer les con-
sciences, c'est que la religion catholique se laissait
alors envahir par une grossière superstition. Le
xvie siècle est le temps des magiciens, des devins, des
astrologues, des envoûteurs. Les souverains entretiennent à leur cour de véritables augures, sorciers
déguisés. Un roi viendra, Henri III, qui sera accusé
de magie et de sorcellerie. Tout cela, c'est l'indice
d'esprits mal équilibrés, déformés par l'exaltation
d'une foi superstitieuse. La piété de Charles-Quint
était trop outrée pour ne pas le conduire à des pratiques étranges que l'Eglise primitive aurait certainement réprouvées.

Ainsi Charles-Quint, qu'on nous a présenté comme
le grand dominateur, fut au contraire dominé par les
événements ; c'est la raison pour laquelle, malgré ses

---

[1] *Manuscrit hiéronymite*, analysé par BACKHUIZEN, XXXIII.
Nous devons ajouter que Mignet n'accepte pas cette version et
que, pour lui, le récit de cette cérémonie — que l'Eglise ne pouvait
célébrer sans hérésie — a été inventé de toutes pièces par l'imagination d'un moine plus ou moins illuminé. Du reste, voici une
autre version qui prouve avec quelle partialité l'histoire est souvent écrite. Mercier raconte dans un *Portrait de Philippe II* que
Charles-Quint voulut faire célébrer de son vivant ses propres
obsèques, qu'il s'enrhuma dans son cercueil de plomb, tandis
qu'on chantait autour de lui des psaumes funèbres et qu'il
mourut dans l'année des suites de ce rhume. (MERCIER, *Portrait de Philippe II*, Amsterdam, 1785.)

grands desseins, il ne connut que des déboires. En prononçant son discours d'abdication, il rappela qu'il était allé neuf fois en Allemagne, six fois en Espagne, sept fois en Italie, dix fois en Flandre, quatre fois en France, deux fois en Angleterre, deux fois en Afrique. Tant d'activité, inutilement dépensée, pour aboutir à l'abdication, pour laisser son empire disloqué, épuisé, plus faible qu'à son avènement! Il fut surtout gâté par la fortune qui lui permit de faire valoir ses droits sur l'Espagne, l'Autriche et la dignité impériale, mais il n'était point de taille à supporter un tel fardeau, ni surtout à réaliser ses vastes ambitions. Ses infirmités physiques influèrent assurément sur ses qualités morales. Jamais, en effet, n'a moins été vérifiée la thèse de Bossuet qui affirme qu'une âme guerrière est toujours maîtresse du corps qu'elle anime. C'est là l'opinion d'un spiritualiste fervent qui croit que toutes les facultés physiques sont soumises aux forces psychiques. La vérité réside dans la loi contraire. Il se peut que le valeureux comte de Fontaine qui dirigea vaillamment, de sa chaise où il était porté, les Espagnols combattant à Rocroi, ait prouvé que toute loi, même celle-ci, avait des exceptions. Mais, dans l'immense majorité des cas, la netteté du jugement, l'équilibre des fonctions intellectuelles sont sous la dépendance directe de la santé corporelle; que parfois, en dépit d'infirmités, une volonté énergique impose ses ordres à un organisme en voie de déchéance, c'est possible, mais que cet empire s'exerce d'une façon continue, aucune observation ne permet de le croire. En réalité, l'homme d'État, plus que tout autre, a besoin d'être solide, vigoureux et indemne de toute tare pathologique.

Ce ne fut point le cas de Charles-Quint, qui, au contraire de ce que l'on admet habituellement fut, au point de vue intellectuel, inférieur à son rival François I<sup>er</sup>. Son corps, assailli de maux divers, renfermait une âme complexe où se heurtaient, souveraines, les plus violentes passions. Son double appétit de jouissances sensuelles et de domination universelle devait être fatal à sa destinée. Pour satisfaire une telle ambition, il faut le tempérament d'un Alexandre, d'un César, d'un Napoléon. Somme toute, ce fondateur de dynastie laissait comme héritage une tare à laquelle ses descendants ne pouvaient échapper. L'histoire le montre surabondamment.

Des trois enfants légitimes de Charles-Quint, son fils, Philippe II d'Espagne, en faveur duquel il abdiqua la couronne d'Espagne et des Pays-Bas, nous est complètement connu au double point de vue physique et moral. Il chasse de race; il présente, plus accentuée, la dégénérescence dont son père était déjà profondément marqué. Et ainsi, de génération en génération, la déchéance précipitera à la ruine cette illustre branche des Habsbourgs.

La tendance actuelle de certains historiens, en mal d'originalité, est de blanchir ce qui était noir et de noircir ce qui était blanc. Aussi quelques-uns ont-ils tenté de réhabiliter Philippe II devant l'histoire, affirmant qu'il se contenta d'être de son temps et qu'en définitive il ne se montra ni meilleur ni pire que les rois contemporains. C'est là un paradoxe plus ou moins brillant, mais qui ne tient pas devant la réalité des faits. Non seulement Philippe II fut de son temps, mais il fut aussi de sa famille.

Son père présentait un mélange disparate de qualités et de défauts. Le fils n'eut plus beaucoup de qualités et accrut ses tares morales. Charles-Quint, en dépit d'une volonté apparente, fut souvent aboulique et dominé par les événements et par ses passions. Philippe alla plus loin : il fut pusillanime et inquiet. L'empereur avait été un dévot mystique; le roi devint un fanatique inflexible; le premier fut gourmand et débauché, le second sadique. Enfin Charles-Quint avait rêvé l'utopie d'une domination universelle. Philippe fit mieux encore : il se crut l'envoyé du Seigneur pour exterminer l'hérésie. Il était tellement persuadé et enthousiasmé de sa mission que, se trouvant en danger de mort, alors que les médecins redoutaient les effets d'une saignée, il leur dit : « Saignez hardiment, ne craignez rien; la situation de l'Église ne permet pas que je meure, ni de cette maladie ni de cette saignée[1] ».

Les exemples anecdotiques abondent qui nous permettent de justifier le portrait moral que nous traçons du *démon du Midi*. En éliminant avec soin la légende accréditée par Saint-Réal et Schiller, l'histoire nous fournit plus d'un document décisif attestant la mentalité inférieure du fils de Charles-Quint.

Philippe II ressemblait physiquement à son père. Comme lui, il avait le nez aquilin et l'inévitable lèvre autrichienne, mais il était plus petit. Son intelligence, de l'aveu même de ses apologistes, était bien au-dessous de celle de Charles-Quint qui possédait une remarquable faculté d'assimilation et une activité très grande[2].

[1] LETI. *Vie de Philippe II*, part. II. Lib. XX.
[2] BAUMSTARK. *Philippe II*. Liège, 1877.

Cependant, il était d'un caractère dissimulé, et cette hypocrisie se trahissait par son attitude : il ne savait pas regarder en face, mais tenait les yeux baissés à terre, ou fixés sur quelque objet environnant. Il parlait à voix très basse, ne répondant pas nettement aux sollicitations et aux questions, mais gagnant du temps, éludant la détermination à prendre. « Le temps et moi, disait-il, nous en valons deux autres. »

Mais la caractéristique de Philippe II, c'est sa cruauté. Rarement depuis les anciens empereurs romains, despote n'avait accumulé plus de crimes sur sa couronne. Ses apologistes l'ont excusé de leur mieux, en montrant combien la Réforme était menaçante et que, somme toute, le xvie siècle fut un des plus sanglants de l'histoire de l'humanité. Philippe pouvait-il ne pas suivre le mouvement ?

En admettant même que ce fou mystique — car, si l'on adopte la thèse de la défense religieuse, on est obligé d'admettre que Philippe poussa la piété jusqu'à la folie, — en admettant qu'il ait cru devoir obéir aux ordres de l'Inquisition toute-puissante, comment expliquer, sinon par le sadisme, le plaisir qu'il prenait à ordonner le crime et souvent à l'honorer de sa présence ? La première fois qu'il assista à un autodafé, c'était à Valladolid ; on brûlait dix-huit nobles et religieux convaincus d'hérésie. L'un d'eux, s'adressant au roi lui dit : « Comment vous qui êtes un si grand gentilhomme pouvez-vous permettre qu'on me livre aux flammes ? » Philippe lui répondit par ce mot charmant : « Si mon fils était aussi mauvais que vous, j'apporterais moi-

ANNE D'AUTRICHE, MARIE DE PORTUGAL, PHILIPPE II, DON CARLOS,
ISABELLE DE FRANCE
(Mausolée de l'Escurial).

même le bois pour le brûler. » Ces bons sentiments d'un père de famille, l'héritier de Charles-Quint devait les manifester plus tard.

Le 16 février 1658, une sentence du Saint-Office condamnait à mort tous les habitants des Pays-Bas, mesure radicale, s'il en fût. Dix jours après Philippe II confirmait le décret, donnant ordre de le mettre à exécution, sans distinction de sexe, d'âge ni de rang. Trois millions de créatures humaines étaient vouées à la mort par ces trois lignes[1].

Les crimes collectifs de Philippe II, que l'on mit au compte de son fanatisme, témoignent de sa cruauté, moins encore que les supplices horribles qu'il réservait à ceux dont sa politique jugeait nécessaire de se débarrasser. Nos historiens ont souvent reproché à Richelieu d'avoir assuré par la violence et la terreur la suprématie royale sur une noblesse qui gardait des souvenirs trop suggestifs de la Ligue. Mais le cardinal rouge fut un débonnaire comparé au sombre héritier de Charles-Quint.

Nous retrouvons, dans tous les crimes dont il est chargé, la dissimulation et l'hypocrisie de son caractère. Ayant fait emprisonner le puissant seigneur de Montigny, chevalier de la Toison d'Or, il recule devant un jugement public; il pense d'abord à lui faire donner un *bocado*, — lisez un breuvage empoisonné, — car le poison est son arme de prédilection, à ce monarque faux et perfide. Puis il change d'avis, il recommande

[1] D. José GUELL Y RENTE. *Philippe II et don Carlos devant l'histoire.*

« la plus grande dissimulation et le plus grand secret ».
Il ajoute, dans ses instructions, que l'exécution doit
se faire de manière que ceux qui, après la mort, doivent
le mettre en bière, ne soient pas, autant que possible,
de ceux qui étaient présents. « Il semble qu'il serait bon
que ce fût d'autres et que pour plus de dissimulation
on ne puisse connaître que la mort a été violente...[1] »
Le malheureux fut garrotté presque par surprise, dans
l'*in-pace* où l'avait fait jeter Philippe. On répandit
ensuite le bruit que le malheureux avait succombé
naturellement. Un rapport fut adressé au roi, lequel
s'empressa de le porter à la connaissance de tous.
On y lisait : « Le ressentiment qu'il (Montigny) avait
éprouvé de se voir enfermer avait causé chez lui une
recrudescence de fièvre qui, jointe à la maladie passée
que les médecins jugeaient dangereuse, l'augmenta, à
ce qu'il semble. Malgré les remèdes et toutes les visites
possibles du licencié Viana... malgré la consultation
du licencié Luis Fernandez de Tordesillas... rien n'a
suffi, parce que le malade se secondait mal... Aussi
Dieu a-t-il bien voulu l'appeler à lui, hier lundi, entre
trois et quatre heures du matin. » Puis le roi écrit au
duc d'Albe : « Il ne vous reste plus maintenant qu'à
faire immédiatement juger son procès comme s'il était
mort de mort naturelle...[2] ».

Tant de noirceur, tant de scélératesse suffisent
assurément pour porter sur Philippe II un jugement

---

[1] Archives de Simancas, liasse 543 des papiers d'État.
[2] *Ibid.*, liasse 544.

sévère. Cette affaire de Montigny ne fut pas en effet
une affaire isolée. Dans nombre de circonstances,
Philippe agit de la même façon. Son ministre Antonio
Perez, ayant eu le malheur de lui déplaire, probablement parce que, Fouquet espagnol, il n'avait pas
les mains très nettes, le roi le fit passer en jugement.
Jusqu'ici rien de plus naturel. Mais sait-on de quoi son
gracieux souverain l'accusa principalement? D'avoir
supprimé un secrétaire de don Juan d'Autriche, dont
lui, Philippe II, avait ordonné la mort ! Le malheureux
subit la torture, mais, en dépit des terribles souffrances qu'il avait endurées, il parvint à s'évader à quelques jours de là. Il passa en Aragon, essayant d'échapper à la justice du roi. Là, il fut saisi, non plus par le
bras séculier, mais par l'Inquisition. Cependant le
peuple se souleva, délivra Antonio Perez, facilita sa
sortie d'Espagne. Le roi et l'Inquisition durent se
contenter de le brûler en effigie.

Nous avons rappelé les aventures, bien connues, de
ce ministre tombé pour montrer à quel point Philippe
poussait la duplicité et la trahison. Il avait des assassins à sa solde qu'il chargeait de le débarrasser de ses
ennemis. C'est ainsi que le fils du chevaleresque
Charles entendait la guerre : en mettant à prix la tête
de son adversaire Guillaume le Taciturne et en armant
le bras des sbires qui devaient l'abattre. Le prince
d'Orange échappa une première fois au pistolet d'un
nommé Jean Jauregui, qui agissait pour le compte de
son patron Anastro, lequel avait passé avec Philippe
un traité en bonne et due forme pour la suppression

du prince d'Orange : 80.000 ducats et la croix de San-
tiago étaient le *pretium sanguinis*. Le second attentat
fut mortel ; le malheureux Guillaume fut frappé en
pleine poitrine; l'assassin ne put s'échapper et il expia
durement son crime contre le *père de la patrie*. Du
moins, Philippe tint parole; les parents du meurtrier
furent anoblis et enrichis des dépouilles de la victime.
Mais le plus monstrueux de l'affaire, c'est que, vingt
ans plus tard, Philippe II offrit au fils du prince
d'Orange de lui rendre ses terres, à la condition que
celui-ci en payerait les rentes à la famille de l'assassin de son père[1] !

Rien cependant ne peut tant ternir la mémoire de Philippe et la rendre à jamais odieuse que sa conduite
envers son fils don Carlos. Mais nous réservons pour
un chapitre spécial cette page sanglante, car elle nous
fournira l'occasion d'établir l'observation psycho-
mentale d'un fils de Philippe, qui sombra dans la folie ;
ainsi s'accentue la dégénérescence des descendants de
Philippe le Beau et de Jeanne la Folle. Avant d'aborder
ce chapitre, il convient donc de terminer l'examen du
caractère de Philippe II.

Nous n'insisterons pas davantage sur sa perfidie, sa
déloyauté qui dénotent une immoralité, ou plutôt une
amoralité absolue. En voici du reste la preuve : lorsqu'il ordonnait un assassinat, son seul souci était que
l'assassiné eût préalablement reçu les sacrements et
mourût dans le giron de l'Église. Il allait même

---

[1] GUELL Y RENTE, *Op. cit. Appendice.*

jusqu'à user de ruse pour faire accepter le secours religieux à ceux qu'il devait, par surprise, faire supprimer quelques instants après. Il était d'une soumission exemplaire à l'Église. Le fait suivant prouve que cette soumission se doublait même d'humilité : un jour, il rencontre le Saint-Sacrement qu'on portait à un malade; il descend de cheval, accompagne le prêtre, son bonnet à la main, jusqu'à la maison du moribond, attend à la porte, puis reconduit le cortège à l'église[1].

Comment donc expliquer cette dualité étrange dans son caractère? D'une part, nous le voyons lâche, fourbe et cruel, — en état de grand péché, assurément, — d'autre part, il nous paraît pieux, humble et modeste. C'est que chez lui le sentiment religieux est exagéré jusqu'au fanatisme.

Dans ce cerveau de dégénéré, pas une qualité et pas un défaut qui soit égal à la normale, à la moyenne. Tout est poussé à l'excès, comme chez les névropathes les plus malades; nulle pondération, partant nul jugement, ce qui explique l'amoralité absolue dont il a si souvent fait preuve.

Au contraire de son père, il n'est point gourmand; mais, comme il ne sait rien faire sans excès, dans un sens ou un autre, sa tempérance devient de la sobriété, vertu rare en son temps. Sur le chapitre des femmes, il suit l'exemple de Charles-Quint et, — somme toute, — de tous les souverains d'Europe ; il entretient

[1] GACHARD. *Don Carlos et Philippe II.*

des maîtresses, ce qui ne l'empêche point d'être bon mari, et sème par le monde des bâtards royaux auxquels il lègue, pour tout héritage, la fameuse lèvre autrichienne[1].

Le courage militaire, — pas plus que celui de ses actes, — lui manquait pour ainsi dire totalement. En ce siècle où les vertus militaires passaient pour les premières, on le vit rarement à l'armée; une fois cependant il assista à une bataille, la prise de Saint-Quentin par ses troupes, en 1557; encore fit-il le vœu, s'il en revenait vivant, de construire en l'honneur de saint Laurent un splendide monument : il réalisa son vœu et commença l'Escurial qui, comme chacun sait, affecte la forme d'un gril, en souvenir du supplice que subit le saint invoqué.

Chose curieuse : ce monarque à qui l'on ne saurait méconnaître une activité infatigable et un labeur opiniâtre, voyait s'écrouler ses ambitions et ses projets avec une impassibilité sereine, cadrant mal avec les impulsions dont il était souvent l'objet. La disparition de l'invincible Armada, qui portait un coup terrible à sa fortune, le laissa impassible. Il en apprit la nouvelle avec un calme étonnant; de même à l'annonce de la victoire de Lépante. Il ne se départait point de cette attitude, même en présence des pires événements. Il connut les humiliations, la défaite, laissa, à sa

---

[1] Il avait le goût des grossières débauches; un de ses plus grands plaisirs consistait à sortir la nuit, déguisé, afin de pouvoir visiter les lieux de rendez-vous ordinaires du vice. C'était là sa distraction à Bruxelles, au milieu des plus graves affaires de l'État. Ms. BADOVARO, cité par GUELL Y RENTE.

mort, l'héritage paternel en grand péril, mais trouva évidemment dans son exaltation religieuse autant de consolations pour ses malheurs qu'il y trouvait d'excuses à ses crimes.

Cet étrange caractère n'empêchait pas Philippe d'être un très grand ami des arts et des artistes : cette âme si noire et si tourmentée professait pour le beau, sinon pour le bien, une véritable passion, ce qui tendrait à confirmer notre thèse que la vertu et l'art habitent rarement le même homme. Amateur de musique et de peinture, il entretient à la cour une phalange d'artistes et rivalise de goût avec la cour de France ou les cours italiennes; il fonde des bibliothèques, des archives. « Il était bon connaisseur en peinture, dit Prescott, et aimait surtout l'architecture dont il avait étudié les principes. Aucun prince n'a donné autant de preuves de goût et de magnificence sous ce rapport. »

Cerveau étrangement complexe, mais où manque assurément la qualité primordiale de la bonne santé morale, c'est-à-dire l'équilibre. « Dans sa vie publique, conclut Guizot, et dans sa vie privée, la cruauté, le mensonge, l'assassinat, les faux, les rivalités honteuses de l'adultère, l'égoïsme ingrat, la vengeance perfide ou atroce, toutes sortes d'actes vicieux ou odieux se rencontrent, accomplis avec une sécurité d'esprit effroyable, en homme persuadé que sa religion permet ou couvre tout, pourvu qu'il soit prêt à lui tout sacrifier[1]. »

[1] MOTTLEY. *Histoire de la fondation de la République des États-Unis*, traduct. Guizot. Introduction.

Assurément, ce monarque relève de la pathologie mentale. C'est un de ces demi-fous, — sinon un de ces fous tout entier, — que le droit d'aînesse a placés sur le trône, mais que leurs actes rendaient justiciables de la déposition et de l'internement. Fous plus dangereux à coup sûr que les aliénés criminels contre lesquels la société se protège et qui ne trouvent nulle part de partisans. Mais, lorsqu'il s'agit de souverains, la raison d'État intervient pour excuser des actes odieux dont un seul suffirait à faire douter de la raison d'un simple citoyen. Philippe II, vivant ou mort, a eu des défenseurs exaltés, — aussi exaltés que l'ont été ses ennemis. Avec le recul des siècles, on peut porter sur lui un jugement impartial. Le médecin, qui se soucie peu de la raison d'État et établit un diagnostic rétrospectif sur des faits connus, n'a point à rechercher les prétextes qu'on a fait valoir pour justifier la conduite d'un roi. Il constate et, en ce qui concerne Philippe II, il déclare que jamais homme ne fut moins digne de présider aux destinées d'un peuple; mais la société était ainsi faite qu'elle jugeait un prince capable de gouverner un royaume, alors qu'elle lui aurait refusé, simple bourgeois, le droit de diriger sa famille. Question de naissance d'une part, de soumission d'autre part.

# LE FOU DON CARLOS

Philippe II épousa, à seize ans et demi, la princesse
Maria de Portugal, arrière-petite-fille d'Isabelle la
Catholique et qui avait le même âge que lui. Deux
ans après, un enfant naissait de cette union ; c'était
don Carlos. Il était dit que cet héritier présomptif de
la couronne d'Espagne devait, dès sa naissance,
provoquer drames et deuils : sa mère mourut dans
les quatre jours qui suivirent sa délivrance.

Le jeune don Carlos manifesta de bonne heure des
instincts bizarres ; il mordait avec rage le sein de sa
nourrice ; il en eut ainsi trois auxquelles il fit des
morsures telles qu'elles faillirent en mourir[1] ; les relations qui nous sont parvenues sont muettes sur son
développement physique et mental. Notons toutefois
un stigmate précieux : à cinq ans seulement il pro-
nonça son premier mot. Pendant son enfance, il eut
le parler difficile, comme son aïeul Charles-Quint. On
crut, suivant le préjugé populaire, que sa langue
n'était point suffisamment déliée ; à vingt et un ans,

[1] *Relation de l'ambassadeur vénitien au Sénat de Venise*, archives
de Venise, cité par GACHARD *in Don Carlos et Philippe II.*

on lui coupa le filet. Il est probable que le jeune
prince avait le frein lingual trop serré, ce qui explique à la fois et la difficulté qu'il avait à téter sans
mordre, et celle qu'il eut plus tard à parler.

Son enfance fut triste; don Carlos était d'un naturel bilieux, peu propre à lui faire accepter gaiement
un sort pourtant enviable. Son teint était jaune, le
regard languissant, l'attitude apathique, l'intelligence
médiocre, l'activité nulle. Aussi étudiait-il de mauvaise grâce; cependant il manifestait déjà l'instinct
primordial de sa race, la cruauté : « Le prince don
Carlos, écrit l'ambassadeur Badovaro, est âgé de douze
ans. Ses cheveux sont noirs. Faible de complexion, il
annonce un caractère cruel. Un des traits qu'on cite
de lui est que, lorsqu'on lui apporte des lièvres pris
en chasse ou d'autres animaux semblables, son plaisir
est de les faire rôtir vivants. On lui avait fait cadeau
d'une tortue de grande espèce; un jour cet animal le
mordit à un doigt, aussitôt il lui arracha la tête avec
ses dents... Tout en lui dénote un orgueil sans égal.
Il est colère autant qu'un jeune homme peut l'être et
obstiné dans ses opinions[1]. » Don Carlos présente donc
à douze ans des caractéristiques de la mentalité
de Charles-Quint et de Philippe II, — orgueil,
cruauté, entêtement, — à un degré plus accentué. Du
reste, comment s'étonner qu'il en fût autrement?
L'éducation du prince était orientée dans cette voie :
on le menait, en grande pompe, assister aux autodafés

[1] *Ibid.*

que l'Inquisition allumait en Espagne pour exterminer l'hérésie ; à voir brûler vivants les malheureuses victimes du Saint-Office, le jeune prince réveillait les instincts d'animalité qui bouillonnaient en lui.

Tout cela ne présageait pas chez le futur roi d'Espagne un équilibre parfait des facultés, quand un accident survint, d'une gravité exceptionnelle, qui eut pour effet, non seulement de mettre en extrême péril les jours du prince, mais de compliquer singulièrement par la suite son état mental. Un jour qu'il courait à un rendez-vous d'amour, il glissa dans un escalier et tomba sur la tête : il se fit au voisinage de l'apophyse mastoïde gauche une plaie de trois ou quatre centimètres carrés. Aussitôt relevé, on le porta dans sa chambre, on le pansa tant bien que mal, on le purgea, on le saigna. Mais la blessure qui n'aurait peut-être pas eu de suite chez un sujet bien portant, s'aggrava rapidement chez un jeune homme, atteint depuis quatre ans de fièvre quarte, bilieux et dyspeptique ; peut-être à ce moment était-il porteur d'une lésion viscérale quelconque qui puisse expliquer ces troubles fonctionnels permanents. Quoi qu'il en soit, — du fait de la constitution du blessé, ou de l'incapacité des médecins, ou du genre même de la blessure, — la plaie s'envenima rapidement ; la fièvre devint ardente, la céphalée insupportable, l'agitation croissante.

On crut à une lésion du cerveau ou tout au moins du crâne. Les médecins pratiquèrent le trépan et reconnurent que la boîte crânienne et son contenu étaient intacts. Le prince éprouva quelque soulagement de l'intervention, mais son état empira bientôt.

Philippe II était accouru près de son fils, emmenant avec lui l'illustre Vésale, son premier médecin. Celui-ci fut tout d'abord aussi impuissant que les huit hommes de l'art qui partageaient avec lui la lourde charge de sauver le royal blessé. Don Carlos était tellement bas qu'on attendait sa mort d'un moment à l'autre; outre les symptômes généraux précurseurs de l'agonie, on notait une paraplégie de la jambe droite et une ophtalmie très intense. Les lèvres de la plaie étaient livides; on tenta une nouvelle trépanation qui amena encore un léger soulagement. Mais on reconnut une fois de plus l'intégrité du cerveau. Le diagnostic restait incertain : en réalité, don Carlos avait un magnifique érysipèle post-traumatique.

Il fut sauvé pourtant, — sans sérum antistreptococcique, et pour cause.

Peut-être les incisions de la trépanation eurent-elles une influence salutaire sur la marche de l'infection. Quoi qu'il en soit, à partir de ce moment, et en dépit de charlatans officiels qui concurrençaient les archiâtres royaux, se produisirent des alternatives d'aggravation et d'amélioration; un mieux s'établit et persista. L'infection se localisa; le cuir chevelu se décolla sous une suppuration abondante à laquelle on donna issue par une incision au-dessus de l'œil. Les phénomènes paralytiques disparurent. L'héritier de Philippe II pouvait enfin remercier le ciel de sa guérison miraculeuse.

Guéri, il le paraissait, mais ne l'était point réellement. Don Carlos devait éprouver, à la suite de sa
terrible chute, des altérations profondes de sa mentalité [1].

Il devint sombre, mélancolique, obsédé par des
idées noires, et notamment la peur d'une mort prochaine. Aussi bien son état de santé était toujours fort
précaire et la fièvre ne le quittait guère. Apparemment celle-ci était de nature paludéenne, car il est
difficile de lui donner une autre origine. Un processus
tuberculeux aurait pu justifier cette fébrilité constante, mais don Carlos n'était point tuberculeux.
« C'était, dit Gachard, une triste destinée que celle de
ce prince ; depuis six ans déjà, il se voyait en proie à
un mal qui lui avait laissé à peine quelques instants
de trêve et qui épuisait en lui les sources de la vie. »

Voici le portrait que l'ambassadeur de Bohême en
trace, au lendemain de sa convalescence : « Il a le teint

[1] Dans sa monographie de don Carlos, Gachard nie que l'accident survenu au prince ait pu avoir quelque conséquence sur
l'évolution de sa mentalité. Nous ne sommes point de cet avis.
Gachard étale sa conclusion d'un document fort intéressant : le
testament de don Carlos, qui, assurément, est plein de sens et
de cœur, quoique frappé au coin d'un mysticisme exalté. Mais
cet acte a pu être dicté par le prince dans un de ses bons jours,
dans un de ces moments de claire lucidité qui devaient devenir de plus en plus rares. Au contraire, l'influence du trauma-
tisme sur la raison du prince nous paraît avoir été fort bien
comprise d'Antonio Perez qui écrit : « Dès ce moment, il resta
avec un cerveau faible, sujet à troubler les opérations divisées de
l'esprit et avec une intelligence susceptible de toutes les impressions. Outre cela, il était d'un caractère emporté et bouillant,
et, comme naturellement les esprits de la jeunesse se livrent à
leurs appétits, il n'avait en aucune chose ni règle ni modération. »

blanc, les traits réguliers, mais il est d'une pâleur
excessive. Une de ses épaules est plus haute que l'autre; il a la jambe droite plus courte que la gauche[1].
Il bégaie légèrement. » Son portrait moral n'est guère
plus flatteur. Don Carlos est dépeint comme un prince
sans jugement et sans volonté raisonnée.

Par contre, il avait hérité de l'intempérance de son
aïeul. Bon nombre des indispositions qui l'assaillaient
si fréquemment furent la suite de formidables indi-
gestions; aussi, par la suite, ses repas furent-ils ponc-
tuellement réglés; son ordinaire était un chapon bouilli
coupé en petits morceaux, arrosé de jus de gigot. Il
ne buvait que de l'eau, à l'encontre de Charles-Quint.

On douta longtemps si le jeune prince était impuissant ou non; il manifestait envers les femmes une
froideur peu en rapport avec l'appétit sexuel de ses
ancêtres. Il rêvait de se marier vierge, chose rare à
cette époque comme aujourd'hui. Les princes n'attendent généralement point, pour montrer leur valeur
amoureuse, le nombre des années.

En réalité le jeune don Carlos, malgré les quolibets,
ne pouvait se décider à prouver sa virilité. Un jour,
cependant, il résolut un grand effort. Il fit venir une
demoiselle complaisante, lui promettant, s'il réussis-
sait à faire près d'elle le petit homme, un beau présent.
Son barbier, flanqué de trois médecins épuisèrent sur

---

[1] Dans une autre relation, l'ambassadeur Dietrichstein ajoutait : « Sa poitrine rentre, il a une petite bosse au dos, à la hauteur de l'estomac. Il se sert moins facilement de tout le côté
droit que du côté gauche. Il est faible des jambes. »

lui toutes les ressources de leur art et leurs philtres les plus magiques. Ainsi lesté, il se mit à l'œuvre... et y réussit. Sa joie fut immense, tout l'univers le sut, car il tint à le faire savoir. Les trois médecins reçurent chacun une rente de mille ducats; le barbier et l'apothicaire une de six cents; la demoiselle qui était parvenue à le déniaiser obtint, outre le grand honneur de cette royale virginité, douze mille ducats, plus une maison pour elle et sa mère[1].

Il prit goût à cette volupté chèrement révélée; il se mit à courir les mauvais lieux, pourvu de barbes postiches, rossant le guet et les bourgeois, en dépit des observations paternelles. Ce chaste jeune homme, qui par timidité avait eu tant de difficultés à faire le premier pas, devint un crapuleux noceur.

Tel était le fils de Philippe II, au moment où, se mêlant à la vie politique de l'Espagne et des Pays-Bas, il entra en hostilité contre son père. Nous l'avons vu singulièrement dégénéré, malade de corps et d'esprit[2], misérable avorton incapable de supporter sur ses épaules inégales le fardeau de l'héritage de Charles-Quint. Nous allons maintenant le voir sombrer dans la pure folie, comme sa bisaïeule Jeanne la Folle.

---

[1] *Lettre de Dietrichstein à l'empereur*, 5 juin 1667. *Lettre de l'ambassadeur Leonardo de Nobili au duc Côme de Médicis*, in GACHARD, *op. cit.*

[2] Souvent, ses accès de fièvre quarte provoquaient chez lui de véritables crises d'aliénation mentale qui reparaissaient pour revenir plus tard sous l'influence d'une nouvelle poussée fébrile.

\*
\* \*

Nous n'exposerons point ici les longs démêlés de
Philippe II et de don Carlos. Des écrivains consciencieux, Gachard, Guell y Rente, etc., les ont longuement analysés, commentés, jugés. Au reste, ils appartiennent depuis longtemps à l'histoire. Nous bornant à l'étude médico-psychologique du personnage, nous nous contenterons de noter au fur et à
mesure les progrès de la vésanie jusqu'à la catastrophe
finale.

Il s'était de tout temps montré violent et emporté.
Une fois, surpris en flagrant délit d'espionnage, — il
écoutait aux portes, — il s'oublia jusqu'à calotter
un de ses gentilshommes. Bientôt, ses emportements
devinrent inquiétants. Un autre jour, il entre en
fureur contre un gentilhomme de sa garde-robe, le
traite de voleur, le menace de le jeter par la fenêtre,—
et cela sans raisons plausibles. Puis c'est un autre
gentilhomme, don Alonso de Cordoba, qu'il gifle
d'importance, un autre, don Fadrique Enriquez,
puis, le duc d'Albe, lui-même, qu'il veut frapper de
son poignard. Un jour, en passant dans la rue, il
reçoit quelques gouttes d'eau tombées d'une fenêtre ;
il commande de brûler la maison et de mettre à mort
les habitants. Il fallut recourir à un stratagème pour
ne point exécuter l'ordre.

Bientôt il manifeste un sadisme particulier : il
maltraite les chevaux, les châtre lui-même, les torture

avec volupté. La folie s'empare de ce cerveau malade; elle ne devait plus le quitter.

Il se croyait entouré d'ennemis mortels qui conjuraient sa perte. Aussi prenait-il des précautions inouïes pour se défendre contre ces ennemis imaginaires; pendant la nuit, des arquebuses étaient toujours à portée de sa main; il avait, dans sa garde-robe, une réserve de poudre et de balles. Il renvoya les gentilshommes qui veillaient à tour de rôle sur son sommeil, préférant la solitude à leur sollicitude. Il fit établir un mécanisme au moyen duquel il pouvait, de son lit, ouvrir et fermer sa porte et fit porter dans une chambre un livre, « composé de douze tablettes de pierre bleue, long de six pouces et large de quatre, couvert de lames d'acier, et par-dessus de lames d'or, » afin de tuer, en laissant tomber ce livre, l'imprudent qui s'aventurerait chez lui.

Tout cela dénote clairement la manie de la persécution. Mais bientôt cette manie, de passive, devait devenir active. Suivant la règle clinique, le persécuté allait se doubler d'un persécuteur. C'est contre son père que toute sa haine se concentra. Haine terrible, impulsive, capable de le conduire au parricide. On en jugera par l'épisode suivant qui jette un jour singulier sur le caractère vindicatif et mystique de l'Infant. Don Carlos avait déclaré en confession au religieux qui écoutait le récit de ses péchés qu'il portait une haine mortelle à quelqu'un. Le Père lui démontra la gravité de cette faute, l'exhorta à revenir à des sentiments plus humains; peine perdue, Carlos ne pouvait se départir de cette haine féroce. Le religieux lui refusa l'absolution, puisqu'il se maintenait en état de péché. Le royal pénitent institua alors un véritable concile, composé de quatorze moines ferrés en théologie qui eurent à délibérer sur son cas de conscience. Ils furent unanimes à approuver le refus de l'absolution. L'un d'eux, cherchant un biais pour arriver à une solution satisfaisante pour tout le monde, lui déclara qu'on pourrait peut-être l'absoudre s'il déclarait le nom de la personne haïe avec tant de rigueur. Après quelques hésitations : « C'est le roi, mon père, » déclara don Carlos. Epouvantés, les moines se retirèrent.

Philippe II fut prévenu. Il consulta de très graves docteurs — *gravissimos doctores*, — sur la conduite à tenir à l'égard de Carlos. L'emprisonnement du prince fut décidé. L'arrestation fut des plus dramatiques. Nous résumons ici le récit de Gachard, d'après la *Relacion del ayuda de camara*.

Au jour dit, le soir, Philippe appela auprès de lui quelques gentilshommes de confiance, un Ruy Gomez, un duc de Feria, un prieur, des aides de chambre. A ceux-ci il intima l'ordre de se munir de clous et de marteaux. Puis la petite troupe, grossie de douze hommes de garde, roi en tête, pénétra chez don Carlos.

Au préalable, on s'était assuré la complicité de ceux qui veillaient à la porte de la chambre princière, et on avait arrêté le jeu des poulies par lesquelles don Carlos s'enfermait lui-même, de l'intérieur. L'invasion fut donc facile. Les gentilshommes pénètrent brusquement, se saisissent des armes que don Carlos avait toujours à portée de sa main. Le prince endormi se réveille brusquement.

— Qui êtes-vous ?

— Le Conseil d'État.

Alors Philippe apparut.

— Qu'est ceci, s'écrie Carlos ? Votre Majesté veut-elle me tuer ?

Philippe le calme de quelques mots, ordonne de clouer les fenêtres de la chambre, fait enlever toutes les armes, toutes les pièces d'ameublement en fer. Mais ce qui l'intéressait le plus, c'était la perquisition. On découvrit une cassette pleine de papiers, parmi lesquels une liste où Carlos avait écrit, par ordre de mérite, le nom de ses ennemis dont il souhaitait la mort. En tête figurait le roi son père.

Le désespoir de Carlos fut immense, à la pensée qu'il allait être privé de la liberté pour le restant de ses jours.

— Que Votre Majesté me tue et ne m'arrête pas... Si Votre Majesté ne me tue pas, je me tuerai moi-même.

Et, ce disant, il se précipite vers la cheminée où flambait un grand feu. Le prieur s'interpose.

— Si vous vous tuiez, répond Philippe, ce serait l'acte d'un fou.

— Je ne suis pas fou, je suis désespéré par les mauvais traitements de Votre Majesté envers moi.

Et, comme il poursuivait son père de reproches amers :

— Ce n'est plus en père que je vous traiterai, lui dit Philippe, c'est en roi !

Désormais, don Carlos était prisonnier. Son père, dur et cruel, ne voulut point voir en lui un pauvre aliéné, mais un rebelle, digne des pires châtiments. C'est ce que Philippe appelait hypocritement : « faire le sacrifice de sa propre chair et de son propre sang[1] ».

Don Carlos, par ordre paternel, fut enfermé dans une tour qui avait une seule issue et une seule fenêtre grillagée. Toutes mesures furent prises pour empêcher un suicide. Il résolut alors de mourir d'inanition ; il refusa presque tout aliment, devint d'une maigreur effrayante, resta plus de cinquante heures consécutives sans avaler quoi que ce soit. Philippe II, informé du désespoir de son fils et de sa détermination suprême, répondit par ce mot sceptique :

— Il mangera bien quand la faim le pressera.

C'est ce qui arriva : le supplice volontaire était au-dessus de ses forces ; Carlos se décida à se nourrir.

Il chercha un autre moyen de suicide, avala le diamant qu'il portait au doigt, — ce qui n'occasionna, bien entendu, ni trouble ni désordre. Alors, toujours poursuivi par son obsession du suicide, il chercha la mort... dans l'intempérance. Il y réussit mieux.

Un repas gloutonnement avalé, une absorption immodérée d'eau glacée provoquèrent une formidable indigestion : une gastro-entérite aiguë se déclara ; les médecins furent mandés ; don Carlos refusa de suivre

[1] Lettre à la reine douairière de Portugal.

leurs prescriptions. Bientôt son état empira : l'issue fatale devenait certaine. Sa fin fut exemplaire : ce fauve enchaîné devint doux comme un mouton. Quant à Philippe, plus cruel encore qu'à l'ordinaire, il refusa d'accéder à la prière de son fils qui ne voulait point mourir sans l'avoir revu. Le roi fit défense à qui que ce fût de visiter l'agonisant. En vérité, devant l'ignominie d'une telle conduite, le pauvre fou conserve encore quelque sympathie.

Ce qui n'empêcha pas Philippe de témoigner d'une douleur profonde aux obsèques de son fils.

Telle fut la fin de ce malheureux prince dont les aventures ont si longtemps défrayé la légende. On ne voulut point, en effet, admettre la mort naturelle. De Thou accuse Philippe d'avoir fait donner à don Carlos un bouillon empoisonné; Llorente un poison lent; Pierre Mathieu parle d'un étranglement; Brantôme d'un étouffement; Saint-Simon même d'une décollation ! En réalité, le fils de Philippe mourut, comme il arrive souvent aux aliénés, d'un accident banal qui n'eût pas été funeste à un individu sain de corps et d'esprit. Mais la morale de l'histoire nous paraît avoir été excellemment tirée par Gachard qui écrit avec beaucoup d'à-propos : « Il n'y a pas que le fer, le poison ou la garrotte qui tue, les tortures morales sont aussi un supplice, et Philippe II pourra difficilement être justifié auprès de la postérité de celles qu'il fit endurer à l'infortuné don Carlos[1]. »

[1] GACHARD. *Op. cit.*

Le malheureux Carlos avait manifesté des sentiments filiaux indignes; en politique, il avait contre-
carré les propos paternels en s'opposant, autant qu'il
le pouvait, à la répression de la rébellion flamande;
raisons insuffisantes, on l'avouera, pour justifier la
cruauté inouïe de Philippe à son égard. D'aucuns ont
également parlé de liaison incestueuse entre Carlos
et la troisième femme de Philippe, Elisabeth de Valois.
Quelques apparences pouvaient accréditer cette liaison : Elisabeth avait été destinée au jeune Carlos, en
vertu du traité de Cateau-Cambrésis. Philippe s'ap-
propria la fiancée de son fils et l'épousa, deux ans
après. Or la nouvelle reine était douce, compatissante,
et professait peut-être pour son ex-fiancé des sentiments d'autant plus naturels que leurs âges concordaient mieux. Mais y eut-il inceste? C'est un secret
que nul ne peut se vanter de pouvoir percer. On a
argué de cette hypothèse pour donner à la conduite de
Philippe II le caractère d'une vengeance de mari
outragé.

Quoi qu'il en soit, de ce drame obscur de famille
deux faits ressortent, incontestables : c'est qu'ils ont
eu pour acteur un fou, — la victime, — et un demi-
fou, le bourreau. Chez le premier, délire de la persécution ; chez le second, — outre les attributs psychologiques que nous lui avons reconnus dans le précédent
chapitre, — altération des sentiments affectifs, telle
que, si l'on ne peut l'accuser nettement de l'assassinat
de son fils, du moins peut-on le rendre en grande
partie responsable de sa mort. Ainsi la dégénérescence

s'accentuait rapidement dans la descendance de Charles-Quint.

\*

\* \*

Il semblait, avec don Carlos, que la dynastie des Habsbourgs dût définitivement sombrer : elle n'était pas encore mûre pour la ruine et se traîna encore pendant quelques générations [1]. Philippe II n'eut point d'enfants de Marie Tudor. D'Elisabeth, deux filles seulement, toutes deux entachées de névropathie, ainsi qu'il convenait à des enfants réunissant l'hérédité de Charles-Quint et celle de Henri II. Celui qui lui succéda, Philippe III était issu de son quatrième mariage.

Rapidement, esquissons le portrait des trois rois qui clôturèrent la dynastie habsbourgeoise.

Philippe III nonchalant, intelligent, plus dévot encore que son père, abandonne les rênes du pouvoir aux mains des favoris. Il se désintéresse totalement de sa mission. Politicien à courte vue, il expulse, pour sauver la foi catholique, trois ou quatre millions d'infidèles. Sous son règne, la décadence espagnole s'affirme.

Son fils, Philippe IV, présentait un caractère futile et léger. « Ses facultés intellectuelles et morales étaient

---

[1] Lorsque Maria de Portugal mourut, en donnant le jour à don Carlos, Philippe resta veuf à dix-huit ans. Il épousa en deuxièmes noces Marie Tudor, puis, après la mort de celle-ci, Elisabeth de Valois, fille de Henri II, et enfin, veuf pour la troisième fois, il se remaria avec sa nièce Anne.

plus faibles encore que celles de son père; amateur
d'art et de littérature, il préférait ces passe-temps
favoris à la conduite des affaires. » En réalité, le véritable roi fut son ministre Olivarez.

Le dernier de la famille, Charles II, était épileptique.
C'est dire combien peu il était fait pour gouverner.
Pauvre d'esprit, complètement aboulique, il fut un
jouet entre les mains des favoris. On avait grand'peine
dans l'entourage royal, à cacher l'état du souverain.
Le peuple le proclamait possédé. L'Inquisition se mit
en devoir de l'exorciser, et ces manœuvres eurent pour
résultat d'aggraver l'état du monarque, épouvanté
par l'appareil de cette singulière médication. On sait
dans quelle décadence son pays tomba, pendant les
trente-cinq ans qu'il régna. Il mourut sans enfants, et
sa mort ouvrit la succession d'Espagne, tant convoitée
et qui fut l'objet de cette terrible guerre où la France
elle-même devait s'épuiser.

Ainsi finirent les Habsbourgs. En cinq générations,
ils étaient passés de la suprême puissance à la ruine.
L'Espagne avait suivi ce mouvement qui la précipitait dans l'anarchie. Conséquences fatales de la césarite qui, frappant une dynastie, frappait par contre-
coup le royaume. S'il était permis de tirer quelque
enseignement de l'histoire, l'exemple des Habsbourgs
d'Espagne serait éclatant pour démontrer les effets
funestes du pouvoir absolu sur les familles royales et
leurs peuples.

# Un roi mégalomane : Louis XIV

## I

La césarite, maladie du pouvoir, frappe le monarque à son point faible. Nous avons montré comment elle a fait des fanatiques, des sadiques, des abouliques. Ceux-là, ce sont les grands névrosés de l'histoire.

Mais il en est d'autres qui présentent des symptômes moins accusés et qui toutefois n'en sont pas moins intéressants à étudier. Ils sont à peine marqués de la tare dégénérative, et leurs facultés psychiques sont intactes : cependant, à une observation minutieuse, on aperçoit le défaut de la cuirasse. Les souverains mégalomanes sont les prototypes de cette catégorie, et, dans celle-ci, Louis XIV tient la place d'honneur.

Une explication s'impose : Un potentat peut-il être atteint de mégalomanie? La manie des grandeurs peut-elle être le fait d'un homme qui, par sa naissance et sa destinée heureuse, a atteint toutes les grandeurs, en qui se résume l'omnipotence? La clinique mentale répond affirmativement.

Si haut qu'on soit placé, on peut encore vouloir

monter. N'avons-nous pas vu un des rois de la finance rêver de couronne impériale et fonder en plein désert un empire hypothétique? C'est que l'ambition des hommes suit une progression géométrique, tandis que leur fortune suit une progression arithmétique; les parvenus, notamment, sont atteints fréquemment de mégalomanie, tandis que la plupart des humbles l'ignorent. Cette vanité des grandeurs est, pour ainsi dire, la rançon que les *arrivés* payent à la destinée.

Dans une république où le chef de l'État est souvent d'origine obscure, le cas n'est pas rare, et point ne serait besoin de remonter bien haut dans notre propre histoire pour en trouver un exemple connu. Mais les souverains, ceux qui, nés sur les marches d'un trône, ont été orientés, dès qu'ils ont pris conscience d'eux-mêmes, vers le rôle qu'ils sont appelés à jouer, comment pourraient-ils pousser la vanité jusqu'à la mégalomanie?

A cela nous répondrons que précisément, chez ceux qui ont quelque propension à la vanité et à l'orgueil, l'exercice du pouvoir, surtout du pouvoir absolu, les conduit nécessairement à la manie maladive des grandeurs. Ce n'est point impunément qu'un homme, appelé par le hasard ou même par son talent, à exercer une autorité considérable sur ses semblables, à les gouverner, les voit se courber devant lui, humbles et soumis. Il faut à ce potentat une bonne dose de philosophie et un sage esprit de renoncement pour ne pas s'enivrer de l'encens qui monte vers lui. Comment ne se croirait-il pas le *surhomme* nietzschéen, cet adulé, placé si haut qu'il considère le monde ambiant à travers le prisme déformant de son orgueil ? Fatalement, le monarque est atteint de cette hypertrophie du moi qui guette les favoris de la renommée aux mille bouches.

L'éducation moderne donnée aux héritiers présomptifs des couronnes européennes les préserve, en général, de la mégalomanie future. Puis, comme nous l'avons déjà fait remarquer en exposant la théorie de la césarite, les régimes parlementaires, en tempérant le pouvoir d'un seul, mettent les monarques à l'abri des coups de cette césarite. Autrefois, il n'en était point de même. La théorie du droit divin qui servait de base à l'éducation du prince, était bien de nature à exciter en lui un orgueil maladif. Et comment aurait-il pu en être autrement ? Quel cerveau d'enfant garderait son équilibre, nourri de principes aussi extraordinaires ? Lorsque, encore au berceau, on lui a dit et répété qu'il était l'envoyé de Dieu sur la terre, son représentant parmi les hommes, s'étonnera-t-on que, devenu maître des destinées de son pays, il se croie d'une essence supérieure ? La servilité des courtisans, leurs basses flatteries faisaient le reste.

Il en est un parmi ces surhommes qui fut le modèle du genre : tourmenté toute sa vie par la manie des grandeurs, il imprima à sa politique une orientation mégalomane : nous avons nommé Louis XIV. Depuis le jour fameux où il mata le parlement de Paris, en prenant possession effective du pouvoir, jusqu'au jour où il s'endormit dans la mort, il fut dominé par une

suprême passion : l'orgueil. Par orgueil, il aima ; par
orgueil, il gouverna ; par orgueil, il partit en guerre ;
par orgueil, il s'assujettit, lui, le despote, aux règles
étroites d'une étiquette vaniteuse. Rarement l'histoire
a enregistré un cas *d'égotisme* aussi complet et aussi
développé.

## II

Pourtant, Louis XIV eût pu, non sans raison, être
modeste. Petit, affligé d'infirmités dont quelques-unes
étaient peu ragoûtantes, il n'y avait rien en lui qui
justifiât la superbe dont il fit montre, sitôt que la mort
de Mazarin lui eût laissé la bride sur le cou.

Cependant les mémorialistes ne sont point d'accord
sur la taille même de Louis XIV, tant il est vrai que
l'observation la plus simple et la plus facile se trouve
altérée, aussitôt qu'elle s'applique à un homme illustre. Il semble cependant que rien n'est plus facile que
d'évaluer la taille de quelqu'un. Quand ce quelqu'un
est roi, et quand ce roi est Louis XIV, la chose devient
extrêmement compliquée.

Sébastien Locatelli, dans la relation qu'il a laissée
de son voyage en France en 1664, écrit en parlant du
Roi-Soleil : « Il porte assez longs ses cheveux d'un
blond foncé (au lieu d'écrire *ses* cheveux, le narrateur
eut mieux fait de dire *des* cheveux) ; il a le front haut,
les yeux d'une couleur tirant plus sur le bleu que sur le
noir ; le nez aquilin, la bouche et le menton très beaux,

la figure ronde, le teint plutôt olivâtre que blanc; *il est d'une taille assez élevée et ses épaules légèrement voûtées marquent bien cette vigueur qu'il fit paraître dans toutes ses actions* [1]. » C'est la première fois, croyons-nous, qu'un contemporain nous signale cette voussure de Louis XIV, la première fois aussi où le fait d'être un tantinet bossu apparaît comme la marque d'une vigueur morale extraordinaire. Mais que ne peut la flatterie ou l'autosuggestion! Sébastien Locatelli a été littéralement hypnotisé par l'éclat du Roi-Soleil au point que ses défauts lui paraissent d'inappréciables qualités.

De même, les ambassadeurs vénitiens, dans leurs relations, vantaient la haute taille du roi. « Le roi est d'une complexion vigoureuse, d'une haute stature, d'un aspect majestueux, » écrit Grimani. Un autre, Aloïs Sagredo, pousse le puffisme jusqu'à déclarer : « Quand même Dieu ne l'aurait pas fait naître roi, il serait le plus bel homme de son royaume [2]. »

Saint-Simon, qui avait un faible pour la majesté royale, disait de Louis XIV que sa taille, son port, ses grâces le faisaient distinguer jusqu'à sa mort comme

[1] *Voyage de France, Relation de Sébastien Locatelli*, publié par Ad. Vautier. Picard, édit. On aura une idée de la suggestion admirative que le Roi-Soleil exerçait sur ceux qui l'approchaient, notamment sur les étrangers, par cette phrase émue que le Bolonais Locatelli incorpore à sa relation : « La France, Paris et Louis, il n'y a rien de tel. Pardonne-moi, lecteur, si la joie me fait délirer; dans mon bonheur d'avoir vu le roi et d'avoir été vu par lui, je crois avoir attiré les regards d'une divinité de l'Empyrée ! »

[2] Cité par Ad. Vautier, *op. cit.*

le roi des abeilles. Voltaire, qui ne l'a vu qu'à travers
les flatteries des courtisans, renchérit sur la richesse
de cette taille.

Cependant d'autres témoignages nous sont restés
qui infirment ceux-là. Les peintres, notamment, malgré leur désir de plaire au maître, nous ont montré un
Louis XIV de taille moyenne, inférieure même. La
chose d'ailleurs aurait peu d'importance, s'il s'agissait
d'un homme qui n'émettait pas la prétention de dépasser ses contemporains, même par sa stature physique.

Quant à sa santé, on sait ce qu'elle était. Le journal
que nous en ont laissé ses archiâtres, Daquin, Fagon
et autres, son *observation* médicale rétrospective
dressée par Cabanès, d'une part, puis par le Dr Delmas,
ont suffisamment mis en lumière les infirmités du
grand homme, atteint successivement d'une fistule
bien mal placée, d'une goutte intempestive, d'une
sinusite fort incommode, — surtout pour ceux qui
l'approchaient et celles qu'il honorait de ses caresses.

Bien que demi-dieu, il fut le jouet de passions très
humaines, et nul, moins que lui, ne sut leur commander. Sa gloutonnerie bourbonnienne, son ardeur
amoureuse, ses excès de toutes sortes passaient pour
vertus auprès de ses courtisans, alors qu'en fait ils
constituent, plus pour les monarques que pour leurs
sujets, des tares fâcheuses. Pour qu'une âme soit
maîtresse du corps qu'elle anime, suivant l'expression
pompeuse de Bossuet, il est nécessaire qu'elle maîtrise
ses passions. Le surhomme en était l'esclave. Ce ne
sont point là des titres à la vanité mégalomane.

En dépit de ceux qui proclament que le physique et le moral sont étroitement unis, Louis XIV présentait une mentalité nullement adéquate à sa constitution, à sa santé. Ainsi l'exception confirme la règle. Son intelligence était vive, il s'assimilait rapidement les rapports de ses favoris, il ne détestait pas le travail, à condition que la besogne lui fût mâchée, — et cependant il resta, sa vie durant, d'une ignorance crasse. Saint-Simon nous apprend qu' « à la messe il disoit son chapelet (il n'en savoit pas davantage) ». Le noble duc ajoute : « A peine lui apprit-on à lire et à écrire, et il demeura tellement ignorant que les choses les plus connues d'histoire, d'événements, de fortunes, de conduites, de naissance, de lois, il n'en sut jamais un mot. Il tomba, par ce défaut, et quelquefois en public, dans les absurdités les plus grossières. » On sait au reste que son instruction fut très négligée et qu'il s'éleva tout seul, au petit bonheur, entre une mère imprévoyante et ce *faquin* de Mazarin qui pensait à tout autre chose qu'à l'éducation du jeune dauphin.

Si les graphologues s'extasient sur la noblesse de la signature de Louis XIV, majestueuse, haute et témoignant d'un idéalisme élevé, les visiteurs actuels de Versailles ne partagent point du tout cette admiration en contemplant la note autographe que Louis a écrite en marge d'un projet de Le Nôtre, relatif aux jardins

de Versailles : ils peuvent y lire les défaillances d'une
instruction très rudimentaire, ce qui n'est pas sans
ternir l'auréole dont ils coiffent volontiers le créateur
de ce temple colossal élevé par son orgueil et sa
vanité.

Ce défaut capital n'empêchait point le Roi-Soleil
d'être un grand protecteur de l'art, non point pour
l'art en lui-même, mais pour le rayonnement dont il
parait sa propre gloire. Aussi, en cette matière,
n'admet-il qu'une forme, qu'une école : l'art hyperbo-
lique, laudatif, gravitant autour de sa propre personne.
La Fontaine, qui lui préfère la grande et belle nature,
ne compte point pour lui. Descartes, qui se permet une
conception théologique différente de la sienne, est
considéré comme révolutionnaire, son éloge supprimé
en 1667, son enseignement proscrit. Les nobles génies,
les Racine, les Molière sont tenus de ramper aux
pieds du satrape. Le premier n'écrit-il pas, ô misère
humaine : « Tous les mots de la langue, toutes les
syllabes nous paraissent précieuses parce que nous
les regardons comme autant d'instruments qui doivent
servir à la gloire de notre illustre protecteur[1]. » Il en
résulte que ce fameux siècle de Louis XIV est fort mal
dénommé : on a pu faire observer avec raison que sous
Louis XIV pas un génie ne s'est levé. « Le siècle reste
grand tant que Louis XIV est entouré d'hommes dont
le talent était déjà né quand il commença à les pro-
téger... Il ne s'est pas écrit en France à partir de la

[1] Cité par H. MONIN, *in art. Louis XIV* de la *Grande Encyclo-
pédie.*

paix de Ryswick une seule œuvre de haute valeur littéraire. On peut faire la même observation pour les arts. » Celui qui porte ce sévère jugement n'est point suspect de partialité, c'est l'historien Rambaud[1].

Comme tous les monarques mégalomanes, Louis XIV laissa donc tomber sa protection sur les hommes de talent ou de génie qui gravitaient autour de lui. Ce faisant, il se plaçait au-dessus d'eux. Indirectement il a acquis un titre à la reconnaissance de la postérité qui lui saura toujours gré de la faveur qu'il accorda à Molière. Mais le mobile véritable de l'acte, ce fut moins un amour désintéressé de l'art et des artistes que la vaine gloriole d'être le chef, ignorant mais suprême, de la merveilleuse élite de son siècle.

Cependant, il avait conscience de son infériorité, et il eut garde de tomber dans l'imbécile travers où trébucha Richelieu : il ne faisait ni vers, ni tragédies, ni tableaux, ni partitions d'opéras. Il se contentait de les approuver, ou de les désapprouver, et il se bornait, en tant qu'artiste, à la danse. Ajoutons encore que, malgré qu'il n'eût point de voix, il ne dédaignait point de chanter, en particulier, les couplets adressés *ad majorem regis gloriam*, que les compositeurs étaient obligés d'intercaler dans les prologues de leurs opéras.

*
* *

Au fond, c'est miracle que le jeune élève de Mazarin n'ait pas mal tourné. Mazarin possédait, à vrai dire,

[1] Cité par Monin, *op. cit.*

un don précieux pour un ministre d'État, celui de discerner, d'apprécier, de deviner les hommes. Dans le dauphin Louis, il avait vu « l'étoffe de deux rois et d'un honnête homme », tandis qu'au contraire toute la cour pensait se trouver en face d'un nouveau Louis XIII, qui abdiquerait son autorité entre les mains d'un Richelieu. On sait comment il trompa cette attente.

*L'éducation d'un prince* est donc parfois inutile. Louis XIV en est la preuve. Il suppléait, heureusement pour lui et pour la France, au défaut d'instruction par une intelligence éveillée, une certaine intuition des choses et des gens de la politique, une mémoire admirable, non des choses apprises, mais de ce qu'il avait vu, entendu ou accompli. Et puis, il faut bien le dire, sa vanité naturelle le servit. Grâce à elle, il sut s'imposer à une cour frivole et obséquieuse; il put faire accroire à son génie; il parvint à forcer l'adulation. Un souverain — surtout un souverain absolu — n'a pas besoin d'autres qualités. Peu importe que la confiance qu'on ait en lui soit justifiée ou non. L'essentiel est qu'on ait confiance. Et comment l'aurait-on refusée à un monarque, dont les armes étaient heureuses, qui se proclamait de droit divin, dont la majesté était surhumaine?

L'orgueil fut donc chez lui un système de gouvernement. Reprenant l'idée de Louis XI et de Richelieu, il voulut forcer la noblesse à s'incliner devant le pouvoir royal. Louis XI et Richelieu recoururent à la violence et connurent ainsi les alternatives de succès et de défaites. Louis XIV attela les nobles à son char en leur faisant accroire qu'il n'était d'autre grandeur que celle émanée de son auguste personne. Et ainsi, sans heurts, sans secousses, l'apaisement se fit dans les esprits, l'autorité souveraine régna en maîtresse, parce que le roi avait pu insuffler à ses courtisans plus de sotte vanité qu'il n'en avait lui-même. La suprême punition pour qui avait déplu ou fauté, c'était non l'échafaud, mais la disgrâce. Et ceci montre bien que, pour gouverner, point n'est besoin de rigueurs extrêmes ni de science consommée : une connaissance, acquise ou innée, du cœur humain et de ses faiblesses prévaut contre les conceptions géniales. Pour exercer le pouvoir, il faut être, non un savant, mais un artiste.

Les courtisans ont, au reste, les rois qu'ils méritent. Ceux qui gravitaient comme autant de satellites autour de la comète royale étaient singulièrement déchus de leurs ambitions. Jadis, en effet, ils avaient pour but suprême soit le succès des armes, soit le succès de la politique et de la diplomatie, mettant tout leur esprit d'intrigue et aussi toute leur intelligence au service d'une ambition légitime. Ils aspiraient à exercer une parcelle d'autorité, à tenir une des mille rênes du pouvoir. Sous Louis XIV, ils n'ont d'autres désirs que de tenir la chemise ou le bougeoir. Les plus favorisés, comme le grand chambellan, avaient l'apanage de présenter le bassin au roi, après ses médecines, ce qui n'était point sans faire crever de dépit les « porte-chaise d'affaires qui,

en temps ordinaire, apportoient à Louis sa chaise
percée », gentilshommes de vieille souche, dont les
aïeux avaient été à Ravenne! De tels courtisans
n'étaient point à craindre, et le roi n'avait pas à
redouter les conspirations que son père et Richelieu
eurent tant de mal à déjouer.

Il est à présumer que Louis XIV, qui s'enivrait de
leurs basses flatteries, dont l'orgueil immense trouvait un aliment quotidien dans leurs indignes fla-
goneries, il est à présumer que Louis n'avait pour
eux que mépris et dédain. C'est une loi naturelle
que les vaniteux recherchent ceux qui les adulent,
mais les méprisent en même temps. Aussi lorsque
le roi voulut des collaborateurs intelligents, tra-
vailleurs, véritablement hommes d'État, ce ne fut
point parmi la haute noblesse qu'il les prit, mais
dans les rangs inférieurs de sa cour. Saint-Simon,
qui l'a bien jugé, écrit de lui : « Il sembleroit à cela
que le roi auroit aimé la grande noblesse et ne lui en
vouloit pas égaler d'autre; rien moins. L'éloignement
qu'il avoit pris de celle de ses sentiments, et sa faiblesse pour ses ministres qui haïssoient et rabais-
soient tout ce qu'ils n'étoient point et ne pouvoient
pas être, lui avoient donné le même éloignement pour
la naissance distinguée. Il la craignoit autant que
l'esprit; et si ces deux qualités se trouvoient unies
dans un même sujet et qu'elles lui fussent connues,
c'en étoit fait [1]. »

_____

[1] Saint-Simon, _Mémoires_. Édit. Chéruel, t. VIII.

Ainsi, tel M. Jourdain qui faisait de la prose sans s'en douter, Louis XIV fut un roi démocrate, si l'on doit entendre par ce mot le souverain qui ne tient aucun compte de la naissance et choisit ses ministres, sinon dans le peuple, du moins en dehors de la haute noblesse ou du haut clergé, ainsi que c'était de règle. Il suivit en cela les avis de Mazarin, bien payé pour savoir ce que valait la frondeuse aristocratie.

Sa confiance alla à Colbert, ancien employé de commerce, dont les grands-parents étaient d'obscure origine, en dépit que le grand ministre, atteint, lui, de mégalomanie héraldique, ait voulu accréditer la légende de la famille écossaise d'antique chevalerie dont il prétendait descendre ; au fils du chancelier Le Tellier, Louvois, qui était, suivant Saint-Simon, altier, brutal, grossier dans toutes ses manières, et dont le maréchal Saint-Hilaire a laissé ce portrait peu flatteur : « Il étoit sans ménagement pour qui que ce pût être et traitoit toute la terre haut la main, et même les princes,.... » — raison majeure pour plaire au souverain.

C'est encore Vauban, « le plus pauvre gentilhomme de France », comme il s'appelait lui-même ; c'est Hugues de Lionne, fils d'un modeste conseiller au parlement du Dauphiné et d'une humble bourgeoise, nommée Isabeau Servien ; d'autres encore, de même origine, qui conquièrent à juste titre la faveur royale.

## III

Même ligne de conduite dans la vie privée, et surtout dans la vie amoureuse de Louis. On sait combien de centaines de femmes (qui mériteraient bien le nom de courtisanes) se disputaient avidement l'honneur de partager la couche du dieu; combien de maris eussent été honorés de voir leurs femmes les tromper, publiquement, avec le Roi-Soleil. Celui-ci n'avait que le choix.

Il fut initié à l'amour par une vieille femme, borgnesse et peu aguichante, la Beauvais. « N'est-ce pas l'usage, ajoute Cabanès qui a rapporté l'aventure, que les invalides de la galanterie aient les prémices des ardeurs juvéniles[1] ? »

Puis il s'éprit d'une folle passion pour Marie Mancini, la nièce de Mazarin, puis pour sa sœur, celle que Michelet appelle la noire Olympe, et dont nous avons, par ailleurs, raconté les exploits de sorcellerie et d'empoisonnement[2].

Mais Louis se fixait difficilement. Si son père était chaste, et pour cause, son grand-père avait acquis une réputation de paillard infatigable. Le jeune roi tenait de son aïeul, — à moins qu'il ne tînt d'un Buckingham quelconque, ce qui est fort possible.

---

[1] V. Cabanès. *Cabinet secret de l'histoire*, t. I⁰. Edit. Alb. Michel.

[2] Cabanès et Nass. *Poisons et Sortilèges*, t. II.

« Tout lui étoit bon, dit Saint-Simon, pourvu que ce
fussent des femmes, paysannes, filles de jardiniers,
femmes de chambre, dames de qualité, pourvu qu'elles
fissent semblant d'être amoureuses de lui. »

Ces passades n'étaient point de l'amour; tout au
plus, les écarts d'un tempérament bouillant. Bientôt
il se laisse envahir par la véritable passion. Il eût
pu aisément tenter la conquête de Madame, la première femme de Monsieur, et celle-ci n'aurait pas
demandé mieux. On objectera qu'elle n'était point
belle : sa maigreur désespérante lui attirait les sar-
casmes de Louis, qui ne se gênait point pour risquer,
devant elle, une allusion aux os du cimetière des Innocents. De plus, elle était bossue, mais ce n'était point
ce défaut physique qui devait arrêter Louis XIV,
puisqu'il allait faire sa favorite d'une boiteuse.

En réalité, malgré les avances nullement déguisées
qu'elle faisait à son beau-frère, celui-ci ne mordit pas
à l'hameçon. La pauvre princesse n'avait guère à se
louer de son mari qui lui préférait le chevalier de
Lorraine, et quant à ses amants de Guiche, de
Vardes et Lauzun, ils étaient d'une telle inconstance...
Cependant le jeune Louis XIV n'éprouvait pour Henriette qu'une estime et une amitié inaltérables.
L'expression est de Voltaire qui paraît avoir touché
juste. Ah ! si Henriette, au lieu d'être fille de roi et
femme du duc d'Orléans, n'avait été qu'une simple
demoiselle d'honneur !

Louis XIV, né simple bourgeois, aurait assurément manifesté des goûts ancillaires; roi, il choisit

sa première favorite dans le bataillon sacré des
obscures filles de la cour[1]. Et quoi donc le séduisit
dans cette humble Louise de la Vallière qui n'était
point belle, qui boitait et dont la maigreur, suivant
l'expression de cette mauvaise langue de Bussy-Rabutin, « sentoit son bois » ? Ce ne fut certes point sa
beauté, très discutable, mais l'amour désintéressé
dont elle brûlait secrètement pour lui et que Louis
apprit indirectement. L'amour-propre du souverain
fut flatté de cette distinction à laquelle il n'était point
accoutumé. Un roi aimé pour lui-même, quelle
rareté ! Il ne put rester insensible à cette sincère
affection, il la paya largement de retour, mais au
prix de quelles peines !

Il lui fallait imposer Louise de la Vallière à cette
cour jalouse, médisante, souvent haineuse, où trô-
naient déjà deux reines, Anne d'Autriche et Marie-
Thérèse, et une fille de reine, Henriette d'Angleterre.
Par amour moins sans doute que par orgueil, il brisa
toutes les résistances, et finalement il l'emporta : les
plus fières princesses durent supporter la maîtresse
royale à laquelle elles ne pouvaient pardonner sa
basse origine. Ce fut le premier acte décisif par lequel
le roi voulait montrer qu'il anoblissait tous ceux et
toutes celles qu'il élevait à lui[2].

---

[1] Louis XIV, dans la fougue de ses vingt ans, se laissa toujours attirer, comme un papillon par la lumière, par le charme
des filles d'honneur des reines. Avant La Vallière, il tenta de
séduire une fille de la reine-mère, La Mothe d'Argencourt, qui,
voulant rester sage, prit le voile.

[2] Bussy-Rabutin. *Histoire amoureuse des Gaules. Les Amours de*

Car Louise de la Vallière était d'origine fort humble,
ce qu'on ne lui pardonnait guère. Elle qui n'était
point demoiselle il y a cinq ans, écrit Bussy-Rabutin,
est présentement noble comme le roi. Aussi l'on
trama de furieuses malices contre cette péronnelle qui
se permettait d'enlever le grand monarque à l'amour
des hautes et puissantes dames de la cour. Madame
ne put, malgré tout son esprit, cacher le dépit
qu'elle éprouvait de se voir préférer une fille laide et
sans agrément. « Vrai Dieu, demanda-t-elle un jour à
Chison, quels charmes secrets a cette créature pour
inspirer une si grande passion ! — Je vous assure,
reprit Chison, que ce n'est pas son corps qui les
fournit. »

En réalité, Louis était amoureux et content. Non
seulement sa flamme était couronnée, comme on disait
à l'époque, mais son orgueil satisfait. Il avait imposé
silence à toute la cour, à la reine, à la reine-mère qui
voulait le détacher de La Vallière : « Eh quoi, madame, lui rétorqua-t-il, doit-on croire tout ce que
l'on dit ? Je croyais que vous, moins que personne,
prêchiez cet évangile ; cependant, comme je n'ai
jamais glosé sur les affaires des autres, il me semble

---

M<sup>lle</sup> *de la Vallière.* Voici le portrait que fait d'elle Bussy-Rabutin : « Elle est d'une taille médiocre, fort menue, elle ne marche
pas de bon air, à cause qu'elle boite, elle est blonde et blanche, marquée de petite vérole, les yeux bruns, les regards en
sont languissants et quelquefois aussi sont-ils plein de feu, de
joie et d'esprit, la bouche grande, assez vermeille, les dents
point belles, point de gorge, les bras plats, qui font assez mal
juger du reste de son corps ; son esprit est brillant, beaucoup de
vivacité et de feu. »

qu'on en devrait user de même pour les miennes. »

On sait comment finit l'idylle. Louis XIV souffrit
du départ de sa chère maîtresse et dans son amour et
dans son orgueil. Imagine-t-on une favorite qui,
d'elle-même, quitte la cour et va s'enfermer au couvent, qui récidive lorsque son amant la réinstalle
dans ses attributions de favorite ? Aussi Louis XIV
vit se fondre tout son amour, sitôt qu'elle l'eût
quitté pour la seconde fois. La confession quasi
publique de Louise de la Miséricorde, l'humble pardon qu'elle demanda à la reine, devant toute la cour,
indisposèrent le roi plutôt qu'ils ne l'émurent. Ils lui
faisaient toucher du doigt la faute commune, et Louis
entendait être au-dessus du jugement des hommes.
Quand cette femme, qui l'avait aimé avec tant de
tendresse et de désintéressement, mourut, à trente et
un ans, des mortifications et des pénitences qu'elle
s'imposait dans sa retraite, il en parut fort peu touché : « C'est, dit Saint-Simon, qu'elle étoit morte
pour lui du jour de son entrée aux carmélites. »

.   .
.   .

Lorsque Louise de la Vallière l'eût quitté pour se
consacrer à Dieu, Louis était déjà tombé dans les
filets tendus par Mᵐᵉ de Montespan : cette fois c'était
une grande dame, fille de Gabriel de Rochechouart,
duc de Mortemart, seigneur de Vivonne, mariée à M. de
Pardaillan, marquis de Montespan. Noblesse authentique, vrai morceau de roi ; la dame avait, au surplus,

la mentalité d'une petite boutiquière, superstitieuse
et rouée.

Nous n'avons point à refaire ici l'histoire de cette
intrigue amoureuse autour de laquelle se nouèrent
des intrigues d'un autre ordre. Nous avons nous-même
raconté tout au long l'indignité de la Montespan,
envoûtant son amant et liant commerce avec la Voisin [1].

Quelle différence entre cette matrone, opulente et
rouée, et la douce favorite, point belle, mais aimante
et douce que fut La Vallière ! La Montespan n'aime
point le roi, mais le pouvoir. Elle est jalouse, non des
faveurs que ses rivales peuvent arracher à Louis,
mais de la part d'autorité qu'elles lui ravissent.
Vieille, elle fera la proxénète.

Elle sait le roi de tempérament inconstant et infidèle. Elle fera donc la part du feu. C'est toujours
dans les filles d'honneur que Louis recrute ses maîtresses : c'est Mlle de Fontanges [2], c'est Mlle de Ludre
qui, tour à tour, passent dans l'orbe de sa gloire, —

[1] Cf. *Poisons et Sortilèges*, II.

[2] S'il faut en croire cette peste de Bussy-Rabutin, ce ne
fut point sans peine que Mlle de Fontanges fut sacrée et consacrée favorite. L'opération fut difficile et longue. « Ce fut
un jeudi après midy que cette place d'importance, après avoir
été reconnue, fut attaquée dans les formes; la tranchée fut
ouverte; on se saisit des dehors ; et enfin après bien des sueurs,
des fatigues et du sang répandu, le roi y entra victorieux. On
peut dire que jamais conquête ne lui donna tant de peine. Pour
moi, quoique je le croie fort vaillant, je n'en suis point surpris,
parce que, s'il nous est permis de juger de la nature de la place
par les dehors, l'entrée n'en a pu être que très difficile. Quoi
qu'il en soit, cette grande journée se passa au contentement de

et dans son lit. Mais bientôt le monarque se refroidit; le diable se fait ermite. Il est prêt à la suprême déchéance : il tombe de Montespan en Maintenon.

M<sup>me</sup> de Maintenon, quoique descendant d'une famille illustre, — elle était la petite-fille d'Agrippa d'Aubigné, — eut une jeunesse malheureuse ; fort pauvre, orpheline de bonne heure, elle fut recueillie par une parente charitable auprès de laquelle elle fit l'office de demoiselle de compagnie. Mais Françoise d'Aubigné ne tenait guère à végéter dans les bas emplois. Elle possédait quelques charmes : le tout était de savoir en jouer. Elle ébaucha une intrigue avec le marquis de Villette (elle avait alors une quinzaine d'années) qui l'enleva et l'installa chez lui.

Il essaya de la marier à un brave juge de village, qui, comme il était d'usage à la cour, remplirait l'office d'époux honoraire. Mais ce magistrat fut insensible à l'esprit et aux grâces de la donzelle, aux quatre mille livres que le marquis lui donnait en dot, et même à une place au présidial de Poitiers que l'excellent Villette s'offrait à lui faire avoir. La pauvre enfant, ainsi éconduite, eut une enflure de ventre

nos deux amants; il y eut bien des pleurs et des larmes versées d'un côté, et jamais une virginité mourante n'a poussé de plus doux soupirs. »

En vérité, nous voudrions bien savoir sur *quels dehors* Bussy a pu juger de *l'entrée* difficile de la place. Pour le sexe fort, on tient compte de la longueur du nez. Mais pour le sexe faible?

Il n'est pas sans intérêt de rappeler cet épisode physiologico-amoureux, d'autant que la pauvre fille, eut par la suite des couches si difficiles qu'elle en garda une affection utéro-ovarienne, laquelle contribua grandement à hâter sa fin. Suivant le mot de M<sup>me</sup> de Sévigné, elle fut *blessée au service*.

qui guérit au bout de neuf mois de patience. Puis, abandonnée par son amant, elle vint à Paris où elle mena une vie pauvre et misérable jusqu'à ce qu'elle connût Scarron.

Tel est le récit de Bussy, qui paraît fort suspect. Il n'aimait point la dame et il semble avoir brodé, avec malice, sur les erreurs de la femme. La plupart des historiens font, au contraire, de la petite Françoise d'Aubigné, une enfant intelligente, de bonne conduite, élevée à la dure. Elle travaillait de ses mains pour gagner son pain et celui de sa mère, lorsqu'un hasard de voisinage lui fit rencontrer l'infirme Scarron[1]. Il n'était point beau, le pauvre : « Premièrement, dit Bussy, c'est un jeune homme qui est d'une taille moyenne, mais incommode ; ses jambes, sa tête et son corps font, de la manière dont ils sont situés, la forme d'un Z. Il a les yeux gros et enfoncés, le nez aquilin, les dents couleur d'ébène et fort mal rangées ; les membres extrêmement menus, j'entends les visibles, car, pour le reste, je n'en parle point[2]. »

Il faut croire que le reste ne valait guère mieux, puisque, devenue veuve, elle s'écriera : « Je n'ai jamais été mariée ! » Car l'intrigante savait qu'en conservant intact son capital elle attachait plus de prix au don d'elle-même. Elle resta donc vertueuse, ou tout au

[1] Cf. au sujet de la maladie de Scarron, l'excellente monographie du Dr CABANÈS, in *Cabinet secret de l'Histoire*, 3e série.

[2] BUSSY-RABUTIN. *Hist. amoureuse des Gaules.* (*Les amours de Mme de Maintenon.*)

moins, ce qui revient au même, fit croire à sa vertu.
Veuve à vingt-quatre ans, elle retomba dans la misère. La paroisse de Saint-Eustache lui vint en aide,
puis elle se faufila dans plusieurs maisons, à l'hôtel
d'Albret, à l'hôtel de Richelieu. « Elle y étoit bonne
à tout faire, tantôt à demander du bois, tantôt si on
serviroit bientôt, une autre fois si le carrosse de
celui-ci ou de celle-là était revenu. »

Elle y fit la connaissance de M$^{me}$ de Montespan qui
la chargea de l'éducation des bâtards qu'elle avait eus
du roi. Sa fortune était faite.

Car elle comprit le parti qu'elle pourrait tirer immédiatement de ce roi de *complexion amoureuse*, extrè-
mement vaniteux et ivre d'orgueil. Elle devina l'impression qu'elle faisait sur lui, supplantant lentement la
Montespan dont l'étoile ne jetait plus que de pâles
reflets. Mais, comme elle était fort experte dans la
connaissance du cœur humain, elle se fit longtemps
désirer, sachant que par sa résistance elle serrait
davantage le lien qui devait l'unir à Louis.

Celui-ci, stupéfait d'une telle résistance, mordait
de plus en plus à l'hameçon. Il écrivait : « Je dois
avouer, mademoiselle, que votre résistance a lieu de
m'étonner, moi qui suis accoutumé qu'on me fasse
des avances et à n'être jamais refusé... » La chute,
longtemps différée, de cette cruelle beauté n'en fut
que plus appréciée. Dès lors, elle devait régner sans
conteste sur l'esprit du monarque, qui, faisant litière
des préjugés, de la dignité même de sa charge suprême,
donna à la veuve Scarron la place laissée vacante par

LE ROY,

CHAUVEAU. — LOUIS XIV EN EMPEREUR ROMAIN.

43.

la mort de Marie-Thérèse. Françoise d'Aubigné devint M^me Louis XIV.

L'occasion fut belle pour le roi de montrer comment il entendait régner en maître absolu sur sa cour. Celle-ci manifesta plus d'une répugnance à subir l'autorité de M^me de Maintenon. Elle avait déjà subi La Vallière, à laquelle elle n'avait témoigné que de la sympathie, M^mes de Fontanges, de Ludre, de Montespan, et voici qu'on lui imposait une médiocre bourgeoise, d'origine obscure, d'une jeunesse suspecte... Et cependant la cour avala le breuvage amer jusqu'à la lie. D'une argile boueuse, Louis avait fait une idole devant qui tous devaient se prosterner. Ministres ou maîtresses, il les sortait lui-même du néant pour les placer au pinacle.

## IV

A ce jeu, il ne pouvait manquer d'être dupe. Tout homme qui n'est sensible qu'à la seule flatterie trouve inévitablement son maître. Ce roi, si autoritaire, fut souvent plus gouverné qu'obéi. Les ministres du Roi-Soleil eurent maintes fois plus de pouvoir que le monarque et lui imposèrent, malgré lui, leur manière de voir. Mais, comme de temps à autre le souverain voulait manifester son omnipotence, il refusait parfois, sans espoir d'un revirement possible, la faveur qu'on lui demandait. « De vingt affaires que nous portons au roi, disait Le Tellier, nous sommes sûrs qu'il en passera dix-neuf à notre gré, nous le sommes également que la vingtième sera décidée au contraire. Laquelle des vingt sera décidée contre notre avis et notre désir, c'est ce que nous ignorons toujours, et très souvent, c'est celle où nous nous intéressons le plus. Le roi se réserve cette bisque pour nous faire sentir qu'il est le maître et qu'il gouverne... »

A dire vrai, l'orgueil de Louis XIV était si bien entretenu par les basses flatteries de tous ceux qui l'entouraient qu'en réalité on ne sait plus si on doit reprocher au roi sa superbe vanité qui méprisait les plates adulations dont on l'encensait. Même parmi les gens d'esprit, cette épidémie sévissait. Les souverains sont ce que les courtisans les font. Or les courtisans du Roi-Soleil se ravalaient au rang de chiens couchants, de ces chiens que le monarque aimait à caresser le soir, avant d'entrer dans sa chambre. Quand on voit un Boileau s'écrier :

Grand Roi, cesse de vaincre ou je cesse d'écrire,

un Molière allusionner les malheurs du marquis de Montespan en lui assurant qu'

Un partage avec Jupiter
N'a rien du tout qui déshonore,

doit-on s'étonner de voir un La Feuillade ériger à ses frais une statue de marbre à la plus grande gloire du souverain régnant ? Cela n'alla pas sans quelques incidents plus ou moins scandaleux. Le bloc où l'on devait ciseler la statue était si volumineux que la

voiture sur laquelle on l'amena à Paris tenait toute
la rue Saint-Honoré : encombrement, bagarre, c'est
sous ces fâcheux auspices que le marbre arriva chez
M. de la Feuillade, « courtisan passant tous les courtisans passés ». La statue devait lui coûter la bagatelle de trente mille écus [1].

Elle représentait le Roi-Soleil, debout, revêtu du
manteau, foulant à ses pieds un Cerbère. Ce Cerbère
symbolisait la triple alliance (Angleterre, Hollande,
Empire). Une victoire couronnait le héros dont la
main droite tenait le bâton de commandement ;
comme attributs, la peau d'un lion, le Monde, la
massue d'Hercule et un casque. Le piédestal avait
vingt-deux pieds de haut; aux quatre coins, quatre
captifs étaient assis enchaînés.

Ce monument fut dressé sur la place des Victoires.
Son inauguration fut l'objet d'un cérémonial magnifique, auquel le roi eut le bon goût — ou le suprême
orgueil — de ne point paraître. Le dauphin, les
bâtards, les princes du sang se trouvaient à l'hôtel de
la Feuillade (sur la place même), drapé de tapisseries
splendides. Autour de la place, un grand nombre
d'échafauds et de balcons ; sur l'un d'eux, un orchestre de vingt-quatre violons avec des timbales, trompettes, fifres et hautbois. Sur les autres, le Parlement,
l'Académie française, toutes les personnes les plus
qualifiées de Paris.

Après une distribution de médailles commémora-

---

[1] M<sup>me</sup> DE SÉVIGNÉ. *Lettres.*

tives, on donna le signal du défilé : d'abord dix-huit
cents soldats, tambours battants, fifres sonnants,
conduits par leur colonel, le duc de la Feuillade. A
trois cents pas de la statue, le duc descendit de cheval,
prit la pique en main et, marchant vers le monument,
le salua de la pique d'abord, du chapeau ensuite,
geste imité par tous les capitaines, lieutenants et
autres officiers.

Puis ce furent messieurs de la Ville : le duc de
Créquy, gouverneur de Paris, et le président de Fourcy,
prévôt des marchands. Tous deux étaient à cheval,
environnés de laquais, précédés d'archers, suivis des
échevins et notaires. Mais ces braves bourgeois
étaient peu familiers de l'équitation. Un des échevins
tomba de cheval et s'embarrassa si bien dans sa
robe qu'il ne put se relever. Qu'on juge ici jusqu'où
peut aller la veulerie d'un courtisan esclave. L'historien auquel nous empruntons ces détails ajoute :
« Je ne sçais pas s'il tomba pour ne pas savoir se tenir
à cheval ou pour quelque autre accident ; pour moi,
je crus qu'il le fit exprès, afin de faire connaître à
Monseigneur le Dauphin par cette profonde révérence
qu'il étoit le plus humble de ses serviteurs [1]. »

Quant aux chevaux de la cavalcade, surpris par les
salves de mousqueterie et les acclamations, ils se
cabrèrent ; les uns prirent la fuite, les autres refu-
sèrent d'avancer ou de reculer ; il fallut les rouer de
coups pour leur faire vider la place.

[1] POMPE. *Dialogue entre deux personnes*, Paris, 1693.

La fête se termina par une collation à l'Hôtel de
Ville et une autre chez le duc de la Feuillade ; on tira
un feu d'artifice comme on n'en avait encore jamais
vu à Paris, et c'est ainsi que Louis le Grand put, dès
le lendemain, être admiré — en effigie — par les
Parisiens qui ne l'avaient guère revu depuis le jour
de sa fuite, au temps de la Fronde.

On ne devait pas s'en tenir là ; en 1699, on inau-
gura place Vendôme, une nouvelle statue du souverain. Le cérémonial fut le même, rappelant la consé-
cration des empereurs-dieux. Il n'y eut, dit Saint-
Simon, ni encens ni victimes, car il fallait bien donner
quelque chose au titre de roi très chrétien. Mais à
cette différence près, la pompe fut aussi solennelle,
aussi digne d'un monarque mégalomane et d'une
foule d'esclaves.

* *

La manie de construire, — d'aucuns l'appellent la
maladie de la pierre — dont fut atteint Louis XIV est
également un symptôme de son immense vanité. A
l'égal des Sésostris égyptiens, il voulut élever un
monument impérissable qui transmettrait aux siècles
futurs la gloire immortelle du Roi-Soleil. Il y réussit
admirablement, car Versailles, par la majesté de son
architecture, l'ordre imposant de ses bassins, le
dessin savant, mais quand même gracieux, de ses
jardins et de ses bosquets, Versailles à lui seul,
évoque la pompe solennelle de la cour du Grand Roi
Louis XIV ne pouvait évidemment pas construire un

château discret, caché, comme Fontainebleau au cœur
de la forêt; il lui fallait, à ce Jupiter, un Olympe
grandiose.

Ne nous en plaignons pas, puisque cette merveille
est encore debout et que, par un hasard miraculeux,
elle a échappé au vandalisme des révolutionnaires...
et des conservateurs. En 1690, elle avait coûté la
bagatelle de 87 millions, et la chapelle n'était point
encore bâtie, or on sait tous les trésors d'art qui
s'y trouvent. Les peintures, sculptures, tableaux et
dorures se chiffrèrent néanmoins par 8 millions, — ce
qui est relativement peu, étant donnée leur profusion.
Les artistes à la mode ne devenaient pas alors des
barons de la finance. Les jardins demandèrent deux
millions et demi (non compris, bien entendu, les
fouilles de terre et les convois). On dépensa 3
millions pour la machine de Marly et 8 millions
pour les travaux de l'Eure et de Maintenon dont
l'aqueduc ne fut jamais achevé. Quant à la nuée
d'ouvriers qui, du matin au soir, pendant près de
trente ans, furent courbés sur cette œuvre gigantes-
que, on lui distribua généreusement 1.581.701 livres,
16 sols, 8 deniers, mais, par contre, les inspecteurs,
contrôleurs et autres fonctionnaires se partagèrent un
million. La main-d'œuvre ouvrière fut à peu près le 70e
de la dépense totale; d'après ce calcul, on peut penser
ce qu'il en coûterait aujourd'hui d'édifier un nouveau
Versailles, au tarif des *prix de séries* et des syndicats!

Dans sa manie de construire, Louis XIV apporta les
mêmes principes qui réglaient sa politique ou sa vie

amoureuse. De quelqu'un de rien il faisait, par sa
seule volonté, un puissant personnage. De même, là
où il n'y avait rien, et où il semblait qu'il ne pût
jamais y avoir rien, il établissait un Eden. Versailles,
avant les immenses travaux qui le bouleversèrent,
était un petit repos de chasse. Saint-Simon en fait
cette description, corroborée par tous les témoignages
contemporains : « Le plus triste et le plus ingrat de
tous les lieux, sans vue, sans bois, sans eaux, sans
herbes, parce que tout y est sable mouvant ou maré-
cage, sans air par conséquent qui n'y peut être bon. »
Mais Louis n'aurait pas été de droit divin, disons
mieux, d'essence divine, s'il n'avait, sans conteste,
possédé le pouvoir de créer. Il força, il dompta, il
tyrannisa la nature, la plia à ses désirs et à ses desseins, puisqu'aucune force ne pouvait être opposée à
la sienne. Il s'occupa lui-même de l'agencement des
lieux, ainsi qu'en témoigne une note manuscrite de
sa main, placée aujourd'hui sous cadre dans le château. Il se crut à coup sûr l'égal du grand Architecte
de l'Univers, à cette différence près que son œuvre
eut plus d'un défaut, à commencer par celui de n'être
pas terminée.

Ce furent les bassins qui coûtèrent le plus d'efforts :
l'eau manquait toujours, en dépit des réservoirs. Le
détournement des eaux de l'Eure fut une entreprise
folle et vaine. « Qui pourra dire, écrit Saint-Simon,
l'or et les hommes que la tentative obstinée en coûta
pendant plusieurs années, jusque-là qu'il fut défendu,
sous les plus grandes peines, dans le camp qu'on y

avoit établi et qu'on y tint très longtemps, d'y parler des malades, surtout des morts, que le rude travail et plus encore l'exhalaison des terres remuées tuoient? Combien d'autres furent des années à se rétablir de cette contagion ! Combien n'ont pu reprendre leur santé pendant le reste de leur vie ! »

Pour Marly, mêmes causes, mêmes principes, mêmes effets. C'était une grenouillère, « repaire de serpents et de charognes ». Louis en voulut faire un petit Versailles. Il y fallut planter de toutes pièces une forêt, dont les gros arbres venaient de Compiègne et végétaient ; on y creusa des bassins magnifiques, que l'on comblait sur un caprice du maître pour les transformer en jardins aux allées ombreuses. C'est par centaines de millions qu'il faut compter les dépenses de Marly [1].

Il en coûta beaucoup au trésor de satisfaire les desseins de cet insatiable constructeur. Du moins lui fut-il permis d'admirer une œuvre tangible, matérielle, et qui devait défier le temps. C'est dans ce cadre solennel que Louis allait pouvoir régler les minutieux détails de l'étiquette, — ce protocole du temps jadis — qui est la monnaie des vanités royales.

\*
\* \*

Les moindres détails de la journée étaient, à la cour du Roi-Soleil, réglés comme un pas de ballet. On

[1] SAINT-SIMON, *Mémoires*, VIII.

sait combien compliquée fut cette étiquette sévère
sous laquelle chacun était obligé de se courber. Ce
n'est pas le lieu de rappeler ici comment Louis XIV se
levait, mangeait, se promenait, allait à la chaise ou
se couchait : toutes fonctions qui nécessitaient le
concours de graves personnages, plus soucieux de
présenter la chemise au souverain que de courir les
camps ou de s'occuper de leurs terres. Le service de
la chemise était considéré comme une faveur insigne ;
les princes du sang avaient, eux aussi, — mais cela
n'allait pas sans quelques difficultés — droit à un
camérier. Une fois, Monsieur, qui voulait forcer
M. le Duc (fils du prince de Condé), courtisan récalci-
trant, à lui présenter le vêtement de nuit, fut obligé
d'agir de ruse avec lui au moment où il s'y attendait
le moins : Monsieur le fait entrer dans son appartement, ôte sa robe de chambre, cependant que le valet
tendait la chemise au duc : celui-ci se vit contraint
de s'exécuter.

Le roi n'avait pas besoin de recourir à de tels stra-
tagèmes, car celui-là qui présentait la chemise passait
pour le grand favori du monarque ; il ne manquait
point de candidats à cet office. D'autres s'occupaient
de la bouche, et ce n'était pas une petite affaire ;
l'appétit des Bourbons est resté légendaire. Louis XIV
ignora toute sa vie le délicat plaisir d'un repas intime.
La table royale était dressée pour un certain nombre
de convives, — pour des dames uniquement, car, le
roi, sauf à l'armée, ne mangeait jamais avec un
homme. Quand son frère venait le voir au cours du

repas, il faisait exception pour lui; il l'invitait parfois. Monsieur acceptait, se plaçait au bout de la
table. Les courtisans qui avaient droit d'assister au
repas se tenaient debout; les grandes dames désignées
pour cet honneur s'asseyaient. Au reste, toutes ces
fonctions étaient méticuleusement réparties, depuis
celle de l'écuyer tranchant jusqu'à celle, insigne, de
donner la serviette.

Il y avait à la cour douze maîtres d'hôtel — dont un,
le premier chirurgien du roi, Georges Mareschal; ils
étaient sous l'obédience du maître d'hôtel ordinaire,
placé lui-même sous l'autorité du premier maître
d'hôtel, lequel enfin dépendait du grand-maître de la
maison du roi, en l'espèce M. le Prince. Charge vénale
au reste; celle de maître d'hôtel ordinaire valait
environ 300.000 livres, celle de premier maître deux
millions.

Quant à leurs fonctions, voici comment elles étaient
définies : ces personnages, joints aux contrôleurs de la
bouche, aux clercs d'office, aux officiers de la bouche,
constituaient le bureau de la maison du roi. Le samedi,
ils établissaient le menu de la semaine; le lundi et
le mardi, ils arrêtaient le budget de la table royale.

Le personnel servant était réparti en sept offices :
le gobelet du roi (paneterie, échansonnerie); la cui-
sine-bouche du roi; la paneterie commune; l'échansonnerie commune; la cuisine commune; la fruiterie;
la fourrière.

Au lever du roi, le maître assurait le service du
bouillon et du gobelet; aux repas proprement dits le

cérémonial était plus compliqué. Nous en rapportons ici les détails d'après la monographie de Georges Mareschal de Bièvre, écrite par son descendant, le comte Gabriel de Bièvre [1].

Quand l'heure du repas approchait, on apportait sur la table la nef, le cadenas et les assiettes ; la nef renfermait les serviettes ; sur le cadenas, qui depuis Henri IV n'était plus fermé, le couteau et la fourchette de Sa Majesté.

Le maître d'hôtel de service, le gentilhomme servant et le contrôleur clerc d'office se lavaient les mains par les soins du *ser d'eau*, puis, selon l'antique usage, on faisait l'*essai* des aliments [2]. Le maître d'hôtel trempait deux mouillettes de pain dans le premier plat, en mangeait une et faisait manger l'autre à l'écuyer ; et ainsi pour chaque mets.

Puis le cortège de *la viande* se mettait en marche : en tête, deux gardes du corps, l'huissier de salle, puis le maître d'hôtel tenant à la main son grand bâton fleurdelisé ; derrière, le panetier, le contrôleur général, les porteurs de plats, l'écuyer de cuisine, le garde-vaisselle ; fermant la marche, trois gardes du corps, la carabine sur l'épaule.

Après un nouvel essai, on allait avertir le roi :

---

[1] *Op. cit.* Cette remarquable étude constitue un des documents les plus nouveaux et les plus curieux sur la cour de Louis XIV. En écrivant la vie de son aïeul, qui fut mêlé de très près aux événements de la cour, le comte Mareschal de Bièvre a apporté une puissante contribution à l'étude de la société sous le Roi-Soleil. (Plon. édit., 1906).

[2] Cf. sur l'*Essai* à la cour de France, *Poisons et Sortilèges*, t. II.

« Sire, la viande que Votre Majesté a commandée est prête. » Sa Majesté quittait alors son cabinet et passait dans la galerie ; il s'asseyait à la table, face aux fenêtres, sans personne devant lui. A droite et à gauche, les princes et les princesses du sang ; derrière, debout, le capitaine des gardes, le premier gentilhomme de la chambre, plusieurs gardes.

Le maître d'hôtel remettait alors son bâton et son chapeau dans les mains du chef du gobelet et présentait au roi une assiette d'or où était déposée une serviette imbibée d'esprit de vin, — l'antisepsie avant Pasteur. Le roi s'essuyait les doigts, puis dînait.

Le silence était presque absolu à table : « Le soir, écrit la Palatine, nous sommes cinq ou six à table ; chacun avale son affaire sans dire une parole, comme dans un couvent ; tout au plus dit-on tout bas quelques mots à son voisin. »

Cette cérémonie s'appelait le grand couvert. Elle n'avait pas lieu, à dire vrai, tous les jours, mais, même au petit couvert, l'étiquette obligatoire conservait un ton compassé et solennel. Jamais le grand roi ne connut à table l'heure intime des conversations familières. Sa grandeur ne lui permettait point de s'abaisser si bas.

En toutes circonstances, Louis XIV ne se départait point de cette insupportable règle. Celle-ci lui était douce, car elle flattait son orgueil. Il n'est point jusqu'aux actes les moins nobles de l'existence qui ne fussent réglés minutieusement. On reste étonné qu'un souverain si préoccupé des plus petites choses ait eu les moyens de gérer les affaires de son pays : c'est la preuve que, véritablement, il était d'une activité infatigable.

* *

Louis se plaisait surtout dans la société des femmes. Il semblait ne prendre qu'un médiocre plaisir à la conversation des hommes; mais il devenait enjoué et galant sitôt qu'il se trouvait dans un cénacle féminin : souvent il organisait une loterie dont il faisait tous les frais et distribuait ainsi de précieux cadeaux. Quand, au contraire, il allait à ses courtisans, c'était pour les inviter au jeu. On jouait gros à Versailles et à Marly; bien des seigneurs s'y ruinèrent. Mais là encore il faut voir un effet de la politique personnelle de Louis XIV. En flattant les passions des nobles, il les détournait des intrigues et des complots ; jamais la noblesse ne fut si peu turbulente que sous ce règne : il l'avait attelée à son char avec des roses.

Ce qu'on connaît moins, c'est le despotisme intransigeant et tyrannique du Roi-Soleil. Ceux qui furent appelés au suprême honneur de vivre à ses côtés en souffrirent cruellement. Quand il voyageait, il plaçait à côté de lui, dans son carrosse, les plus belles femmes de la cour. On pense si cette faveur était recherchée. Mais quel n'en était pas le prix! Après une demi-heure de trajet, on faisait une collation. Le roi ne prenait jamais rien entre ses repas, mais il n'aurait pas toléré qu'une seule de ses compagnes de voyage refusât de manger et de boire; encore fallait-il qu'elles

parussent gaies et qu'elles le fissent de bonne grâce.
Pour le reste, c'était bien autre chose. Le voyage
devait-il durer de longues heures, personne n'avait le
droit de descendre. Tant pis pour qui subissait la torture d'un impérieux besoin. Une fois la duchesse de
Chevreuse fut prise au départ d'une importune colique
qu'elle ne put satisfaire. En cours de route, elle crut
défaillir à plusieurs reprises. Enfin on arriva. La duchesse, pâle comme un linge, mit pied à terre et, sou-
tenue par le duc de Beauvilliers, put disparaître un
instant pour aller se soulager... où elle put, c'est-à-
dire dans la chapelle de Fontainebleau qui recueillit
la malheureuse voyageuse.

Quant au roi, il ne se gênait nullement. Au moindre
besoin, il faisait arrêter le carrosse, descendait, cependant que les dames attendaient son retour, impa-
tientes souvent de ne pouvoir imiter leur royal
compagnon.

Cela, pour donner un exemple caractéristique de sa
tyrannie outrancière. Dans tous les actes de sa vie,
elle se manifesta cyniquement. Entrait-il dans une
pièce, il en ouvrait les fenêtres toutes grandes, —
parce qu'il lui fallait de l'air — sans nul souci, bien
entendu, des gens qui s'y trouvaient. Les plus grands
personnages, M.me de Maintenon elle-même, subissaient
ce joug. Rien ne pouvait fléchir son caprice. Que
M.me de Maintenon eût la fièvre ou non, qu'elle fût
couchée, en transpiration ou claquant des dents,
Louis, pénétrant chez elle, ouvrait les immenses croi-
sées. Jamais un programme ne fut modifié pour cause

d'indisposition de la favorite : « S'il devoit y avoir musique, la fièvre, le mal de tête n'empêchoit rien, et cent bougies dans les yeux. »

Pour les siens, même manque d'égards et de ménagements. Il imposa à la duchesse de Berry, alors enceinte, un voyage par eau de Paris à Fontainebleau : les tribulations de ce déplacement, qui faillit tourner au tragique par suite d'une collision au pont de Melun, furent cause que la duchesse de Berry fit une fausse couche. Peu importe, elle avait été exacte au rendez-vous. L'accident comporta des suites graves, puisque la fille aînée du Régent eut, par la suite, des accouchements très laborieux et que sa fin précoce, à vingt-quatre ans, fut provoquée autant par les excès de toutes sortes que par l'état de gravidité où elle se trouvait.

Ne quittons pas cette célèbre princesse, — trop célèbre! — sans observer qu'elle tenait de son grand-oncle un orgueil démesuré et qu'elle avait, elle aussi, la manie des grandeurs. Elle s'était octroyé quatre dames du palais, alors que les filles de France n'avaient droit qu'à une dame d'honneur et une dame d'atours. Elle exigea du Régent, son père, une compagnie de gardes qui précédaient son équipage, trompettes et timbales sonnantes. A l'Opéra, à la Comédie, elle avait fait placer un dais pour son auguste personne, flanquée de quatre gardes. Mais le public la siffla et, mordue au cœur par le dépit, la duchesse dut par la suite garder l'incognito[1].

[1] RAOUL VIGO. La Galanterie parisienne au XVIIIe siècle.

L'année de sa mort, n'a-t-elle pas l'audace de recevoir l'ambassadeur de Venise, placée sur une estrade haute de trois marches, ce que n'aurait pas fait une reine par alliance? Le corps diplomatique vengea l'affront en « boycottant » la duchesse.

Elle était d'une arrogance inouïe avec les personnes de qualité, mais couchait avec le premier laquais venu. Singulier duel de passions, où l'orgueil cédait à la débauche. Son grand-oncle haussait jusqu'à lui les femmes qu'il honorait de son désir; elle s'abaissait au rang de la vile populace pour satisfaire ses propres goûts crapuleux.

La duchesse de Bourgogne fut, elle aussi, victime du despotisme de son grand-père Louis XIV. Au temps où elle était enceinte (1708) le roi projeta d'aller à Fontainebleau : comme il ne pouvait se passer de la compagnie de la spirituelle enfant, celle-ci fut contrainte de se mettre en route, en dépit des observations de Fagon et de M^me de Maintenon qui représentèrent au monarque le danger d'un déplacement. Louis ne voulut rien entendre. Ses maîtresses l'avaient habitué à ne rien changer de leur régime quand elles portaient dans leurs flancs les bâtards royaux. L'inévitable arriva : la duchesse, qui avait déjà fait deux fausses couches, avorta encore une fois. Mais Louis XIV avait trop d'orgueil pour s'avouer capable d'une imprudence : « Est-ce qu'elle n'a pas déjà un fils? répondit-il avec éclat à un courtisan qui jugeait bon de se lamenter. Et quand il mourrait, est-ce que le duc de Berry n'est pas en âge de se marier et d'en avoir?

Et que m'importe qui me succède des uns ou des autres? Ne sont-ce pas également mes petits-fils?... Dieu merci, elle est blessée, puisqu'elle avait à l'être, et je ne serai plus contrarié dans mes voyages par les représentations des médecins et les raisonnements des matrones. J'irai et viendrai à ma fantaisie et on me laissera en repos. »

Ce trait d'égoïsme féroce peint le vieillard. Au fond, il n'aimait que lui et rapportait tout à soi. L'orgueil familial remplaçait dans son cœur l'affection pour ses enfants. Certes, il fut terriblement éprouvé, au déclin de sa vie, en voyant la mort faucher impitoyablement sa descendance. Mais était-ce une raison pour écrire ce testament, monument d'inconscience, qui dépossédait son neveu au profit de son propre bâtard, le duc du Maine? Jusqu'à la mort et par delà la mort, il voulait imposer ses volontés suprêmes, même quand elles blessaient l'amour-propre national.

L'exercice du pouvoir enivre plus encore que l'ambition d'y parvenir : Louis XIV fut le modèle des rois mégalomanes, aussi bien dans sa vie privée que dans sa vie politique, surtout la politique extérieure.

L'orgueil fut érigé par lui en système de gouvernement. Depuis les *affaires de préséance*, qui ouvrirent son règne, jusqu'à la succession d'Espagne qui le clôtura, tout, dans ses relations avec les États voisins, fut subordonné à la vanité. On en connaît le résultat: l'appauvrissement pitoyable de la France, après l'éclat factice de la gloire militaire. Pour installer sur le trône d'Espagne un enfant de France, auquel on impo-

sait de tout oublier de la France, Louis XIV poursui-
vit cette guerre néfaste qui le conduisit, lui et son
royaume, à deux doigts de la perte. C'est là un des
traits les plus frappants de sa mégalomanie politique.

Satrape occidental, grand Turc des chrétiens, ainsi
que l'appelaient spirituellement les Hollandais, Louis
peut être considéré comme un souverain d'une intelligence rare, à vues élevées, mais dominé par ce terrible défaut, l'orgueil. Lui aussi fut, par la césarite,
frappé à son point faible. Il lui eût fallu un Mentor,
sincère modérateur de sa vanité; il n'eut que des
courtisans dont la seule occupation était de l'aduler.
« Sans la crainte du diable, dit Saint-Simon, que Dieu
lui laissa jusque dans ses plus grands désordres, il
se seroit fait adorer et auroit trouvé des adorateurs. »
C'est ainsi que la césarite pervertit les hommes les
mieux doués, fausse les intelligences les plus éveil-
lées. Avec ces dons personnels, Louis XIV eût pu mé-
riter véritablement le surnom que l'Histoire lui a
donné : Louis le Grand. Au recul des années on
s'aperçoit qu'on devrait le baptiser : Louis le Mégalomane.

# LA NÉVROSE MYTHOMANIQUE

## I

## Mythomanes et Imposteurs

Chez les névrosés, le mensonge est une règle pour ainsi dire absolue. Mensonge conscient ou inconscient. Les uns altèrent pertinemment la vérité, les autres, et ce sont les plus nombreux, inventent des fables qui sont, pour ainsi dire, l'extériorisation de leurs rêves, de leurs chimères. Pour eux, le D$^r$ Dupré a créé le pittoresque vocable de *mythomanes*, individus présentant une tendance d'action, une forme d'esprit les conduisant à la simulation, à l'invention romanesque [1].

Ces mythomanes sont innombrables. Ce sont tous les Tartarins, tous les hâbleurs, tous les vantards. A un degré plus élevé, ce sont les auto-accusateurs, inventant des crimes pour s'en dire les auteurs, des

[1] D$^r$ ERNEST DUPRÉ. *La Mythomanie,* étude psychologique et médico-légale du mensonge et de la fabulation morbides.

attentats pour s'en prétendre les victimes. Ce sont
aussi les mystificateurs, Lemice-Terrieux et autres,
obsédés par le besoin de créer des fictions stupides,
de mentir pour le plaisir de mentir. Ce sont aussi les
escrocs à l'héritage, que nous avons vus dans une
affaire récente et retentissante, qui échafaudent sur
un mythe tout un système, toute une fabulation qu'ils
s'attachent à rendre vraisemblable. En histoire, nous
trouvons aussi des dégénérés atteints de cette tare :
ce sont les imposteurs.

Ce qui caractérise le mythomane, c'est l'inconscience des conséquences de son mensonge. L'enfant
menteur fera envoyer un innocent au bagne, sans se
douter de la monstruosité de son acte. De même les
Tartarins inventent des fictions absurdes, sans mettre
en doute leur réalité. Mieux, ils y croient eux-mêmes,
ainsi que Daudet nous l'a fort justement montré.
Son célèbre héros à force de raconter comment il
avait fait « Pan, pan, par la fenêtre sur les Tartares, »
finissait par être convaincu que c'était arrivé; personne n'eût pu l'en faire démordre; c'est cette sincérité dans le mensonge qui donne au détraqué un
accent persuasif, entraînant un pouvoir considérable
de suggestion. C'est ce qui explique la fortune extraordinaire de certains imposteurs, en dépit de l'invraisemblance de leurs récits.

En effet, depuis que le monde est monde et que ses
empires sont constitués, il s'est trouvé des imposteurs
dont l'ambition consiste à revendiquer le pouvoir en
se prétendant inspirés de Dieu ou descendants légiti-

mes d'une race royale, ou ressuscités des cendres d'un
héros. Leur histoire est émaillée d'événements extraordinaires et parfois fantastiques; elle est intéressante
à un double point de vue: elle ajoute en effet un chapitre à la psychologie des foules, crédules et naïves,
transportées d'enthousiasme pour le surnaturel ; elle
montre par quels moyens ces personnages, parfois
inconscients, parfois conscients, ont acquis une autorité considérable et pu mettre en échec celle qu'ils
voulaient usurper.

Car c'est un fait curieux que la plupart des imposteurs sont parvenus à se créer des partisans déter-
minés. Plus grosse était la bourde à avaler, plus
solides étaient les convictions de ces partisans. La
masse populaire contient ainsi un grand nombre
d'individus, au tempérament mystique et superstitieux, qui n'ajouteront pas foi aux vérités les plus
simples et les plus flagrantes, mais qui accueilleront
comme paroles d'Évangile les calembredaines et les
légendes invraisemblables des imposteurs.

Les événements romanesques, surnaturels même,
sont toujours en grande faveur auprès du peuple.
Celui-ci accepte difficilement le prosaïsme de la vie.
Il le corrige par la poésie de la fiction. Aussi la fiction
a-t-elle bien plus de chance que la vérité d'être pro-
clamée, propagée, enseignée. Au lendemain de la
révolution de palais qui mit fin aux jours d'Alexandre II de Serbie et de la reine Draga, certaines infor-
mations tendancieuses annoncèrent que le malheureux
monarque avait échappé à la mort, qu'un autre

personnage avait été pris pour le souverain et massacré en son lieu et place, et qu'enfin le véritable Alexandre vivait retiré dans un couvent discret. Cette nouvelle n'avait d'autre but que d'accréditer la légende d'une survivance, légende dont se serait emparé un imposteur pour revendiquer ultérieurement ses droits à l'héritage du roi Milan.

Ceci, pour montrer que, même au xx° siècle, l'imposture est possible. La superstition étant pourchassée et traquée, les procédés d'information permettant la politique au grand jour, il est évident que cette supercherie est plus difficile qu'autrefois. Néanmoins, le peuple adore toujours les histoires d'enfants changés en nourrice, et les gogos sont toujours nombreux. Mais, comme les théories de droit divin sont aujourd'hui méconnues et que, en raison du contrôle des démocraties ombrageuses, le pouvoir offre moins d'attraits aux ambitieux, ceux-ci se tournent vers la puissance du jour, vers l'argent. Et là encore, ils peuvent avec fruit exercer leurs talents. On croira éternellement aux mines de diamants d'Asnières et au testament des Crawford. Le tout est de savoir jouer adroitement de cette vieille guitare et d'en tirer des airs nouveaux.

On a dit de la bêtise humaine qu'elle était insondable ; la crédulité de l'homme, sa superstition est aussi incommensurable que les constellations visibles et invisibles de notre ciel. L'histoire des faux Messies et des faux grands hommes en fournit la preuve éclatante.

# II

## Les faux Messies

Les populations chrétiennes n'attendent plus le Messie, puisqu'il est venu. Les musulmans croient également que Jésus-Christ fut bien l'envoyé de Dieu sur la terre [1]. Par contre, les Juifs attendent toujours le rédempteur promis par les prophètes; aussi ont-ils eu des faux Messies à la douzaine. Des personnages ambitieux, d'autres poussés par une folie mystique, se sont déclarés les envoyés de Dieu et se sont mis à prêcher un nouvel Évangile. Ils ont surtout apparu au moment où le peuple juif subissait les plus cruelles

[1] Les musulmans admettent la naissance miraculeuse, la mission et le procès de Jésus, mais ils repoussent la version de sa mort sur la croix. Pour eux, Jésus aurait été enlevé de la terre comme Elie. Voici, du reste, les articles du Koran, relatifs à ce sujet :

« 155. Ils (les Juifs) n'ont point cru à Jésus; ils ont inventé contre Marie un mensonge atroce.

» 156. Ils disent : « Nous avons mis à mort le Messie, Jésus, fils de Marie, l'envoyé de Dieu. » Non, ils ne l'ont point tué; ils ne l'ont point crucifié; un autre individu qui lui ressemblait lui fut substitué et ceux qui se disputaient à son sujet ont été eux-mêmes dans le doute. Ils n'en avaient pas de connaissance précise, et ce n'était qu'une supposition. Ils ne l'ont point tué réellement. Dieu l'a élevé à lui, et Dieu est puissant et sage. »

Cf. à ce sujet. P. DE RIGLA. *El Kitâb des lois secrètes de l'amour*, ch. II.

persécutions, et cette circonstance s'explique par
cette conviction populaire que le Messie attendu
devait restaurer la puissance temporelle juive. Il
n'est pas inutile, au surplus, de faire remarquer que
l'espérance du Messie n'est pas spéciale au peuple
juif ; on l'a signalée chez les Égyptiens, chez les Perses
(culte de Mithra), chez les Chinois, chez les Indiens
(culte de Brahma), mais nulle part cette conception
théologique n'a été plus précisée que chez les Juifs [1].

Aussi ont-ils eu la spécialité des faux Messies.

Les premiers apparurent dans le deuxième siècle
de notre ère alors que le peuple d'Israël était l'objet
de persécutions inouïes de la part de la puissance
romaine. Une guerre farouche de religion avait éclaté
entre l'omnipotent empereur Hadrien et le peuple juif,
chassé, traqué, annihilé. Des horreurs inouïes marquèrent cette lutte sauvage. En Chypre, 24.000 personnes périrent. Les esprits étaient tellement exaltés
que, non contents de tuer, les combattants mangeaient
la chair humaine, se faisaient une ceinture des intes-
tins de leurs ennemis et se frottaient le visage avec
leur sang. Ces faits sont à ajouter au martyrologe des
guerres de religion, les plus odieuses que les hommes
aient jamais menées.

Ainsi persécutés, les Hébreux ne durent leur salut
qu'à l'exaltation de leur foi et à la vitalité intense de
leur race. Un de leurs chefs montra tant de courage
et d'audace que, trompés une fois de plus par l'éter-

[1] Abbé Bertrin. *Art. Messie* du Dict. Larousse.

uelle illusion, les Juifs virent en lui le sauveur promis, l'*Étoile qui devait sortir de Jacob*; aussi le proclamèrent-ils Bar Kokaba, le fils de l'Étoile [1].

Celui-ci était un habile général, mais qui employait, pour augmenter son prestige auprès du peuple, des procédés d'un charlatanisme non équivoque: il avalait des étoupes enflammées. Singulière façon d'opérer des miracles. Sur ces entrefaites, notre Messie entrait en campagne pour mettre les armées romaines en déroute : c'était le meilleur moyen de prouver sa divinité. Hélas! après quelques succès, il fut écrasé sous le nombre. Le Fils de l'Étoile périt en combattant, et ses coreligionnaires payèrent les frais de la guerre: 985 bourgs incendiés, 58.000 hommes tués, les prisonniers vendus à vil prix, la Judée transformée en désert. Le faux Messie n'avait pas porté chance à ceux qui l'avaient consacré ; il avait menti à sa mission divine.

Mais l'espérance messianique était tellement ancrée dans le cœur des Israélites qu'aucune déception ne pouvait l'ébranler. Plus tard, au $v^e$ siècle, un prophète se leva dans l'île de Crète, alors habitée par les Juifs. Il se disait Moïse en personne, expliquait qu'il avait jadis trav... la mer Rouge à la tête des tribus, que Dieu l'avait ressuscité afin qu'il conduisît de nouveau son peuple vers la terre promise. Pendant toute une année, il parcourut l'île, et sa parole était si éloquente, si persuasive, que la foule

[1] Victor Duruy. *Hist. des Romains*, t. IV.

des croyants augmentait sur ses pas. Un jour enfin,
le nouveau Moïse rassembla tous ses fidèles et, les
amenant sur un promontoire, leur annonça qu'ils
allaient traverser la mer — comme autrefois — à
pied sec et sans aucun danger. Il leur ordonne de se
précipiter délibérément à l'eau, affirmant que les
abîmes vont s'entr'ouvrir pour leur frayer un passage.
Les malheureux, aussi fous que le faux prophète, se
jettent à la mer; les uns sont brisés sur les rochers,
d'autres se noient. Un certain nombre fut recueilli
par des pêcheurs ou se sauva à la nage. Quant au prétendu Moïse, il disparut soudain. Convaincu lui-
même de son impuissance, il préféra se soustraire à
la colère populaire qui voulait lui faire payer cher
son imposture. La foi, dit-on, transporte des montagnes; voilà qui prouve que la superstition la plus
niaise peut conduire un peuple entier aux pires
extravagances.

Somme toute, le faux prophète ne diffère pas sen-
siblement de l'authentique. Il possède le même
pouvoir suggestif, il inspire la même confiance ;
comme lui, il subit des hallucinations, comme
lui, c'est un dégénéré mystique [1]. Mais les circonstan-

---

[1] Voici la conclusion d'une remarquable étude du Dr Binet-
Sanglé, sur la mentalité des prophètes juifs :

« En résumé, le prophète juif, issu d'un pays montagneux ou
viticole, fréquentant les lieux saints, apparenté à des dégénérés
mystiques ou criminels, présentant, malgré une bonne constitution physique qui peut le conduire à la vieillesse, de l'hyperes-
thésie du sens météorique, de la réceptivité télépathique, des
crises convulsives ou délirantes, soumis, dès l'âge le plus tendre,
aux suggestions religieuses de ses proches ou de son milieu

ces ne lui sont pas favorables et un jour vient où sa puissance tombe en poussière, c'est ce jour-là qu'on le dit faux prophète. Quant à sa bonne foi, elle est, la plupart du temps, entière, — quoiqu'on ne doive pas oublier que, sous ce rapport, les névrosés, mystiques ou non, ont réservé plus d'une surprise. Les faux Messies qui succédèrent à ce faux Moïse présentent le même caractère et la même mentalité; la plupart se signalent par des extravagances qui dénotent leur dégénérescence propre. L'un, nommé Serenus, souleva l'Espagne, en 745; il persuada également à ses coreligionnaires de le suivre en Terre sainte. Un grand nombre quittèrent leur ville, leur foyer, et s'enrôlèrent dans la croisade israélite. Naturellement, leur chef, bien qu'il se prétendît le Messie, ne les mena pas loin. Les uns périrent en route; les autres, revenant au pays, trouvèrent leurs biens confisqués et leurs maisons vendues.

Parfois, c'est une véritable épidémie de faux Messies qui sévit sur le peuple juif. Au xii⁰ siècle, on n'en compta pas moins de dix; l'un vécut

pénétré des dogmes et des mythes courants de la peuplade juive, en proie à des rêves intenses, à des hallucinations visuelles et surtout verbales, atteint de délire théomégalomaniaque, parfois intelligent, habile ou astucieux, toujours égoïste et d'un orgueil extrême, triste, haineux, jaloux, vindicatif, impulsif et parfois criminel, se plaisant dans la conspiration, la rébellion, l'insurrection, le coup d'État, et doué d'un pouvoir suggestif considérable qui lui attire l'admiration et la crainte des foules, nous apparaît comme un dégénéré mystique qui ne diffère de ceux de nos asiles et de nos monastères que par ses caractères ethniques. » (Dᴿ BINET-SANGLÉ. *Les Prophètes juifs*, Dujarric, édit.)

en France sous Louis le Jeune qui profita de cette
circonstance pour abattre quelques douzaines de
synagogues et maltraiter les enfants d'Israël. Un
autre vit le jour en Perse et réunit une nombreuse
armée qui livra bataille au chah des chahs ; il fut
tué dans la bataille. Un troisième, Espagnol, attira
sur ses frères un redoublement de persécutions.
L'historien Maimonidès affirme que les Juifs espagnols sont plus crédules que les autres, ce qui explique
pourquoi ce troisième fut suivi, sans plus de succès,
de plusieurs autres. L'un d'eux était tellement sûr de
son fait que, fait prisonnier, il demanda en grâce
qu'on lui coupât la tête, afin de lui permettre de res-
susciter. On accéda à son désir, mais le malheureux
n'eut pas le pouvoir d'exécuter la seconde partie du
programme. Ses partisans, convaincus qu'au bout de
quelques jours il allait sortir du tombeau, montèrent
vainement la faction pour assister au miracle attendu.

Une autre fois, c'est un lépreux qui, en une nuit,
guérit tout seul. Plus de doute, ce n'est peut-être que
le Messie ; à son tour, il réunit un nombre considérable de sectateurs.

Un autre qui parut en Perse était si habile qu'il
parvenait à se rendre instantanément invisible aux
yeux des hommes ; ce Robert Houdin du xiie siècle
souleva littéralement les foules aux yeux de qui un
tel homme ne pouvait être qu'un envoyé de Dieu.
Néanmoins, toute supercherie finit toujours par être
découverte. Il ne put, en dépit de son art, échapper
au bourreau.

Le plus fort de tous fut un nommé Aldavid, sujet
du roi de Perse. Se présentant à son souverain, il se
déclare le Messie. Pour toute réponse le roi le fait
jeter en prison, en lui disant que, s'il est Dieu, il saura
bien en sortir. C'est ce qui arriva effectivement. On
court après lui, on l'aperçoit qui séparait avec son
manteau les eaux d'un fleuve et le passait à pied
sec (?) Après bien des péripéties, il perdit la partie.
Invité par son beau-père à un repas de famille, celui-
ci le grisa et lui coupa la tête, afin de toucher la
prime.

Il en fut ainsi pendant de nombreux siècles ; tantôt
c'est en Espagne, sous Charles-Quint, tantôt en
France, tantôt en Allemagne que des faux Messies
prêchent un nouvel Évangile, et surtout tentent
d'établir une puissance temporelle. Mais celui qui
détient le record de l'outrecuidance fut le célèbre
Schabtaï Cevvi (Sabatéi Sevi) dont les exploits
retentissants illustrèrent l'Orient, dans le milieu du
XVIIe siècle.

C'était un Juif turc, très intelligent, très instruit, et
fort au courant de la théologie. Il vit rapidement le
parti qu'il pourrait tirer en s'appropriant certaines
prophéties hébraïques et en les exécutant. Il n'osait
pas se proclamer le Messie, mais il suggéra à une
Bernadette de l'endroit (Galata) des visions mystiques.
Cette fille assura à ses parents, « qu'elle avait vu un
ange, environné d'une admirable clarté, ayant en
main une épée flamboyante qui lui avait dit que le
véritable Messie était venu, qu'il se manifesterait sur

les rives du Jourdain, qu'il fallait se disposer à le recevoir et à aller lui rendre hommage ». Les parents, ravis que leur fille eût été choisie comme truchement divin, répandirent la bonne'nouvelle. Un des disciples de Sabatéi, — était-il de bonne ou de mauvaise foi ?— proclama son maître le Messie, devant une foule de juifs enthousiastes[1].

Sur les entrefaites, notre Homme-Dieu s'en va à Smyrne, préparer les populations au grand événement. Son disciple lui adressa dans cette ville une

[1] C'est toujours par l'intermédiaire de jeunes filles plus ou moins hystériques que s'accomplissent les miracles, que les visions célestes se manifestent, que l'intervention divine se révèle. Faut-il rappeler le fait suivant dont beaucoup de contemporains, assurément, n'ont pas perdu le souvenir. Il y a une vingtaine d'années, dans un couvent de Paris, vivait une religieuse qui, un jour, prétendit entendre des voix et affirmait recevoir les stigmates sacrés. De fait, elle se couchait sur son lit de cellule, dans un simple appareil, les paumes vers le ciel, et attendait. Pendant ce temps de nombreuses personnes venaient la visiter, s'agenouiller devant elle, lui rendre les plus humbles hommages, baiser son front et ses mains. A la vérité, la nonne présentait du dermographisme, comme saint François d'Assise, mais peut-être s'agissait-il d'une supercherie ; quand même il n'y eût eu aucune simulation, il n'y avait pas là de quoi révolutionner les fidèles, car la médecine moderne connaît et explique parfaitement ces troubles trophiques, fréquents chez les hystériques. Dans les cliniques nerveuses, on rencontre fréquemment des malades porteurs de cette tare. Mais les compagnes de la nonne, moins éclairées que les neurologues, menaient grand tapage autour du prétendu miracle. L'archevêque de Paris, le cardinal Guibert était moins crédule ; il était de ceux qui estiment que de tels événements sont préjudiciables à la religion ; il interdit formellement aux fidèles d'aller visiter la prétendue stigmatisée ; il fit partir celle-ci dans un couvent éloigné de province, et aussitôt l'agitation cessa.

Ceci prouve le rôle considérable que jouent les hystériques en matière miraculeuse. Le faux messie Sabatéi Sevi sut fort à propos jouer de cette guitare.

lettre, qu'il déclarait lui avoir été dictée par Dieu, et dans laquelle Dieu lui-même déclarait Sabatéi le vrai Messie et lui enjoignait d'exercer son office. Cette missive est des plus curieuses. D'abord la suscription :

« Le 22 kefvan de cette année, au roi, notre roi, seigneur de nos seigneurs, qui ramasse les dispersés d'Israël, qui nous rachète de captivité, l'homme élevé au-dessus de ce qu'il y a de plus haut, le messie du Dieu de Jacob, le véritable messie, le lion céleste, Sabatéi Sevi, dont l'honneur soit exalté et la domination élevée en fort peu de temps, et pour toujours. Amen ! »

Suit un dithyrambe élogieux des vertus du nouveau Dieu, et des protestations de fidélité de la part de ses apôtres : « Nous sommes courageux et notre cœur est un cœur de lion ; nous ne demandons pas la raison des choses que vous faites, parce que vos œuvres sont merveilleuses... Qui nous donnera des ongles de fer pour être dignes de demeurer sous l'ombre de votre aile ? Ce sont ici les paroles du serviteur de vos serviteurs qui se prosterne pour être foulé par la plante de vos pieds. »

Ce langage, d'un mysticisme ampoulé, jette un jour particulier sur la mentalité de l'apôtre, — Nathan Benjamin, — qui rêvait de jouer le rôle de saint Pierre auprès du nouveau Christ. Celui-ci était un esprit positif et sensé qui voyait le parti à tirer d'une situation aussi privilégiée. La masse du peuple juif se laissa prendre aux harangues enflammées de Nathan

Benjamin. Au reste, les enfants d'Israël, malgré leur conception pratique de la vie, ne laissent pas d'être sentimentaux et d'aimer le symbole; l'Ancien Testament est bourré de paraboles, ce qui montre combien la fable, la fiction était nécessaire pour faire adopter la loi par le peuple juif. Aussi les Israélites de Smyrne ajoutèrent-ils foi à la parole enflammée de l'apôtre Benjamin; quant au Messie, il se laissait faire, non sans être inquiet des conséquences de l'aventure.

En effet, les rabbins, voyant grandir cette autorité intempestive, délibérèrent sur le cas du Messie et, restant fidèles à la tradition, le condamnèrent à mort. Mais le peuple était tellement toqué de son nouveau maître que la sentence ne put être exécutée. Une formidable émeute aurait, au cas où le Messie eût été mis à mort, balayé les rabbins et le gouvernement ottoman de l'île.

Enhardi par cette impunité, le faux Messie rêva d'un trône; maître à peu près absolu de l'île, il s'intitula le roi des rois d'Israël et sut tenir en haleine la piété fervente de ses sujets. Il s'appliquait les oracles de l'Ancien Testament et, annonçant que, suivant la prophétie d'Elie, il devait s'élever sur des nues, il fit avouer à ses disciples bénévoles qu'ils l'avaient vu au cours de cette ascension. De jeunes enfants étaient dressés à rester en extase devant lui et à clamer qu'il était le vrai Messie. Quelques miracles adroitement exécutés, quelques guérisons de vieilles folles ajoutèrent à sa popularité divine; on assurait qu'il ne

prenait pas d'aliments, qu'il était vierge, quoique
marié, et autres fariboles semblables.

L'ambition le perdit. Qui trop embrasse... Il émit
la prétention d'aller à Constantinople, d'en chasser le
sultan et de s'asseoir sur le trône de Mahomet. Mais
le grand-vizir, peu soucieux de lui céder la place, le
fit jeter en prison. Grand émoi parmi les fidèles. Ils
virent, dans les supplices où leur Messie allait périr,
une preuve de plus de son caractère divin, puisqu'enfin
la rédemption allait s'accomplir. Aussi se soumirent-
ils à des pénitences extraordinaires ; on ordonna des
prières publiques, des jeûnes : les Juifs d'Alep
restèrent trois à quatre jours sans manger, imposant
cette pénitence aux nourrissons qui furent mis à la
diète pendant le même temps. D'autres, tout nus se
jetaient dans l'eau, en plein hiver.

Sabatéi avait été enfermé dans une geôle des Darda-
nelles ; une nuée de barques transporta dans le détroit
une foule enthousiaste, venue contempler le Sauveur
du monde, ou du moins les murs derrière lesquels on
le tenait enfermé. On l'envoya alors à Andrinople, où
il comparut devant le Grand Seigneur.

Sabatéi comprit alors qu'il avait partie perdue. Le
Grand Turc l'aurait assurément envoyé à la mort s'il
avait persisté à se dire le Messie. Avec une désinvol-
ture charmante, il affirma qu'il n'était nullement le
Messie, mais que les Juifs ne l'avaient proclamé tel
qu' « à cause de quelques petits talents et de quelques
connaissances au-dessus du commun ». Il n'y a pas
de manière plus acrobatique de se débarrasser d'un

manteau divin lorsque celui-ci commence à se changer en tunique de Nessus. Le sultan, étonné de ce démenti catégorique, lui répondit : « Voilà qui est bien ; mais, pour réparer le scandale que tu as donné au peuple de cet empire et pour désabuser ceux de ta nation, il est à propos que tu te fasses musulman, ou que tu te décides tout de suite à mourir. »

Le parti de Sabatéi fut vite pris. Il préféra le turban à la corde. Mais au préalable que de se déclarer bon musulman, il lui fallut reconnaître que Jésus-Christ, fils de Marie, vierge, fut un grand prophète et le véritable Messie envoyé de Dieu. Il ne mit aucune mauvaise grâce à cette reconnaissance qui laissa les Juifs singulièrement ahuris et profondément désabusés. Sabatéi Sevi troqua son nom contre celui de Handi Mhammud Aga et fut nommé *napidgé bagi* (portier du sérail) aux appointements de 4 livres 10 sols par jour[1]. Il mourut à quelque temps de là dans la peau d'un fidèle fils de l'islam, sans avoir manifesté de nouvelle velléité messianique. Mais sa royauté éphémère l'avait enrichi ; il y gagna plus de 1.500.000 livres en argent, en or et en pierreries.

Cette aventure sembla avoir calmé l'ardent désir des Juifs de croire à la venue du Messie. Chat échaudé craint l'eau froide, Sabatéi les ayant bernés et volés, ils devinrent plus circonspects. Leur crédulité se tempéra. Ils ont renvoyé leurs espérances à des jours

---

[1] *Les Imposteurs démasqués et les Usurpateurs punis*, Paris, 1776.

meilleurs et, en attendant le Sauveur promis qui les
rachètera, ils répandent à travers le monde leur esprit
industrieux et leurs capacités commerciales : notre
époque n'est plus celle du mysticisme, et ils sont
trop avisés pour perdre leur temps à espérer sans
espoir. Qui sait cependant ? L'âme des foules est si
complexe, si impulsive qu'il suffirait peut-être d'un
thaumaturge quelconque pour justifier de leur part
un nouvel emballement. Le Christ a eu des imitateurs,
il en aura peut-être encore...

# III

## Fausses Jeannes d'Arc.
## Faux Dauphins

Les Français ont toujours eu l'esprit trop clair et trop sceptique pour permettre à de faux grands hommes de se réclamer d'une origine illustre et, à la faveur d'une généalogie obscure, de se coiffer d'une couronne ou de ceindre une armure de preux. Le pays de Rabelais n'est guère celui des imposteurs. Quelques cas isolés, çà et là, nous rappellent toutefois que la mythomanie est une forme fréquente de la névrose et que les Tartarins peuvent passer dans l'histoire.

Néanmoins, nous ne quitterons pas le moyen âge sans signaler que trois Jeannes d'Arc apparurent successivement après la mort de la Pucelle, en 1431.

La première se présenta à Metz: elle se fit reconnaître des frères de Jeanne, auxquels elle raconta qu'une autre était montée à sa place sur le bûcher de Rouen. Les frères de Jeanne tombèrent dans le panneau, ce qui montre qu'ils n'avaient qu'un vague souvenir des traits de leur sœur; ils lui firent épouser un gentilhomme de la maison des Armoises, puis,

l'ex-Pucelle s'en alla à Orléans où on la reçut avec
tous les honneurs dus à la libératrice de la ville. Elle
eut le bon goût de ne pas pousser plus loin la plai-
santerie et de ne pas en tirer d'autres profits. Elle y
avait gagné un titre de noblesse; elle jugea que
c'était suffisant.

Une autre, à quelque temps de là, tenta la même
aventure, mais fut moins heureuse. Les Parisiens ne
gobèrent pas l'amorce; on l'attacha aux degrés de
marbre du grand palais et on exigea d'elle amende
honorable. A ce prix elle s'en tira, mais elle avait
risqué gros, car le choix des supplices était grand :
elle eût pu être brûlée vive, comme la vraie Jeanne,
ou battue au cul de la charrette, ou bouillie dans la
chaudière, ou enfouie vivante, ou essorillée, ou pen-
due, à moins qu'on n'eût préféré lui percer la langue
et lui couper les oreilles.

Quant à la troisième, elle ne niait point que Jeanne
n'eût subi le supplice. Mais elle prétendait être ladite
Jeanne ressuscitée, et, comme telle, elle obtint
audience de Charles VII. Celui-ci, qui flairait la
supercherie, recourut à un stratagème habile :
« Pucelle, ma mie, lui dit-il, soyez la très bien revenue
au nom de Dieu, qui sait le secret qui est entre vous
et moi. » A ce mot de secret qu'elle devait seul
connaître avec le roi, la Pucelle reste coite. Pressée
de questions, elle voit qu'il ne lui sert de rien de
continuer la comédie; elle se jette aux pieds de
Charles en implorant sa grâce, qui lui fut accordée,
touchant son profond repentir.

Si nous avons rapporté ces trois aventures un peu oubliées, c'est qu'à l'époque elles cadraient bien avec la mentalité populaire. Le peuple ne pouvait croire que sa Pucelle, qui avait bouté l'Anglais dehors, eût péri comme une criminelle : Dieu, certainement, avait fait un miracle, et la malheureuse avait survécu à son infâme procès. Les aventurières avaient alors beau jeu d'exploiter ce sentiment très respectable, mais le rôle était difficile à tenir et elles n'y ont guère réussi.

Plus tard, à la fin de la Ligue, un imposteur se leva, qui se prétendit le fils légitime de Charles IX et d'Élisabeth. Un événement singulier pouvait accréditer ses dires : quand la reine accoucha de l'unique enfant qu'elle eut du roi Charles, on enleva rapidement le bébé pour l'envoyer en nourrice, en Touraine. On s'émut beaucoup, dans le peuple, de ce brusque départ qui ressemblait fort à un rapt. Voulait-on donc donner le change sur le sexe de l'enfant qu'on avait annoncé être une fille ?

Bref, sous Henri IV, un fou se déclara le fils de Charles IX, enlevé par surprise quelques heures après sa naissance ; on lui aurait substitué une fille, mais Dieu lui avait révélé sa propre naissance, car il avait entendu des voix, — tout comme Jeanne, — et ces voix ne trompent point. Il eut de chauds partisans et se mit en route pour Reims où il comptait se faire sacrer. Mais, à ce moment, on était en 1696, Henri IV avait assis sans conteste la nouvelle autorité royale. Il fit pendre haut et court le pauvre diable, un mythomane visionnaire, doublé d'un halluciné.

*<br>* *

Il nous faut arriver jusqu'à la Révolution et au XIXᵉ siècle pour trouver des prétendants plus ou moins audacieux qui se réclamèrent d'une origine royale et se présentèrent comme autant de Louis XVII. De tous, le plus fameux est Naundorff qui sut rallier un parti imposant : les naundorffistes sont nombreux aujourd'hui, et des esprits éminents s'accordent à reconnaître la légitimité des revendications des héritiers Naundorff. Aussi n'entreprendrons-nous pas dans ce court chapitre un historique de cette question, laquelle est tellement d'actualité qu'une revue — *la Revue de la Question Louis XVII*, éditée par Daragon, — vient de se créer pour permettre aux partisans et adversaires de faire connaître leurs arguments. Un volume ne suffirait pas aujourd'hui à exposer le problème sur toutes ses faces.

Cependant, on nous permettra un mot à ce sujet : Nous pensons que la plupart des naundorffistes ont été purement et simplement séduits par le romanesque de l'aventure dont leur « prince » aurait été le héros. Nous ne parlons pas évidemment de ceux dont la conviction s'étaie sur l'étude de documents passés au crible de la critique ; ils ont droit que leurs opinions soient respectées, puisqu'elles sont raisonnées. Mais combien d'autres, — aux côté de Jules Favre, d'Otto

Friedrich ou de Sardou, qui ont acquis une conviction véritablement *historique* — combien se sont pris
de sympathie irréfléchie pour le malheureux fils de
Louis XVI, tout simplement parce que leur imagination était agréablement flattée au récit des malheurs
du petit dauphin et qu'entre deux versions ils ont
d'emblée choisi la plus romanesque et la moins vérifiée! L'évasion mystérieuse hors du Temple du royal
prisonnier, ses avatars multiples, ses procès retentissants, tout cela n'est-il pas de nature à rappeler les
contes de fées ? Il y a tant de gens qui aiment les
contes de fées !

Laissons donc de côté Naundorff, dont nous décla-
rons ne pouvoir déchiffrer le secret, et passons la
revue de tous ceux qui, avec une rare inconscience
ou un imperturbable aplomb, se déclarèrent autant
de Louis XVII authentiques et inconnus.

*
* *

Le premier fut le fils d'un tailleur de Saint-Lô ; il
s'appelait Jean-Marie Hervagault ; il manifesta de
bonne heure un goût très vif pour les substitutions
d'état civil; il se faisait tour à tour passer pour un
Montmorency, un Longueville ou un Monaco. En 1798,
alors qu'on commençait à douter de la mort réelle du
dauphin, il résolut de jouer le tout pour le tout. Il se
trouvait alors en Champagne, il s'y fit connaître sous
le nom de Louis XVII.

L'histoire qu'il inventa pour justifier son assertion,

est celle que successivement, les faux dauphins racontèrent par la suite : pendant qu'il était au Temple, on l'aurait fait évader et mis en son lieu et place un enfant endormi avec de l'opium, on l'aurait ensuite déguisé en fille et envoyé en Vendée ; il aurait été reçu par Charette, puis dirigé vers l'Angleterre, puis sur Rome, puis en Portugal, puis en Russie, puis en Suisse, puis enfin à Paris, où il se trouvait le 18 Fructidor.

Le Directoire ne parut pas ajouter grande foi à son récit, d'autant que le prétendant avait une vie privée qui justifiait mal ses revendications intempestives. Il fut convaincu d'escroquerie et condamné à quatre ans de prison par le tribunal de Vitry. Il sombra finalement dans la démence — ce qui tendrait à prouver qu'il fut lui-même dupe du mirage — et mourut à Bicêtre. Ce malheureux était doué d'un pouvoir suggestif spécial : il réunit, en effet, dans toutes les classes sociales, un grand nombre de partisans aveuglés par la fantasmagorie des aventures dont il faisait complaisamment le récit. Ce fut un Tartarin de la survivance, et, comme le héros de Daudet, il finit par être convaincu que « c'était arrivé ». Ces sortes d'individus sont au reste, les plus dangereux, car ils ont sur les foules un empire redoutable. Plus ils affirment l'invraisemblance et mieux ils sont crus, car le peuple a pour maxime favorite le vers de Boileau :

Le vrai peut quelquefois n'être pas vraisemblable.

Mais pour lui, le *quelquefois*, c'est toujours.

Deux ans plus tard, en 1800, se présenta un nouveau Louis XVII. Celui-là offrait un témoignage irrécusable de sa royale naissance ; il portait, tatoués sur la cuisse droite, la couronne, le monogramme et la fleur de lis des Bourbons; singulier lieu d'élection pour placer ces emblèmes souverains ; d'aucuns l'eussent fait graver sur la région précordiale; notre homme préférait la cuisse droite, — question de goût.

Un des plus amusants dans cette galerie de faux dauphins fut le fils d'un sabotier de Vezins, sabotier lui-même, et dont le véritable nom était Mathurin Bruneau. Dès l'âge de onze ans, il se faisait passer pour l'enfant du seigneur du village, le baron de Vezins. La supercherie avait si bien réussi qu'il fut admis dans l'intimité d'une très noble famille, les Turpin de Crissé. Mais il avait une conduite si déplorable qu'il se vit expulsé de ce château hospitalier. Ceci se passait en 1795.

A quinze ans, il part pour son *tour de France*. De temps en temps on l'incarcère pour vagabondage. Après un court séjour à l'armée, il s'expatrie en Amérique, d'où il revient, riche... de chimères et d'ambitions.

Il joue au naturel, la scène du *Flibustier* chez une famille bourgeoise. Mais moins honnête que le héros de Richepin, il se révèle, lorsqu'il se décide à faire connaître son identité, sous le nom de Charles de Navarre, puis bientôt de Louis XVII, Charles de Bourbon, roi de France et de Navarre par la grâce de Dieu.

On l'arrête, on l'enferme à Bicêtre (1818). Là, il

fait des prosélytes ardents; il a une petite cour. Le
bruit de sa résurrection se répand dans Paris, lui
attire d'autres partisans. Il raconte complaisamment
sa prétendue évasion du Temple et imagine une vie
d'aventures fantastiques pour expliquer comment il
a traversé les longues années du Directoire, du Consu-
lat, de l'Empire et de la Restauration.

Son procès fut pour lui une déroute complète.
Louis XVII ne savait ni lire ni écrire et s'exprimait
dans une langue de savetier, — pardon, de sabotier.
On en jugera par ces extraits de son interrogatoire :

— Comment vous nommez-vous?

— Louis-Charles, duc de Provence.

— Votre âge?

— Je n'en sais sacredié rien ; allez-vous en à Versailles, vous le saurez à la Bibliothèque ou aux Tui-
leries.

— Quelle est votre demeure?

— Ma foi, pas d'asile, je suis voltigeur.

— Votre état?

— Ma foi, je suis chef de tous les états : tantôt meu-
nier, tantôt charpentier ; j'ai fait des chefs-d'œuvre.

— Vous êtes fils légitime de Bruneau et de Jeanne
Ténier?

— Je suis fils légitime de Louis XVI. Je suis assez
mince pour sentir le bonbon.

— Vous vous êtes sauvé de chez votre beau-frère
comme un petit misérable?

— Comme un petit misérable, pas trop; j'étais
gentil.

Au sujet de son séjour au château de M<sup>me</sup> de Turpin et de son expulsion :

— Vous avez été reconnu par Delaunay et sa femme ?

— Ces gens-là m'ont élevé, mais je ne suis pas de leur famille. Ils sont descendus comme moi d'Eve et d'Adam.

— Que dites-vous ?

— Que la perruque espère profiter de l'argenterie de mon père, mais qu'elle n'en profitera pas.

— Vous avez servi de jouet aux petits enfants.

— J'en sers à présent au public.

— Bruneau, je vous ordonne de vous lever.

— Mais, sacredié, je suis fatigué ; d'ailleurs, je ne suis pas Bonaparte.

— Ecoutez-moi, Bruneau.

— J'ai l'oreille bien percée.

— Regardez-moi en face.

— Ce n'est pas honnête de regarder quelqu'un dans le plus profond de la face.

— Etes-vous réellement fils d'un sabotier ?

— Il y en a bougrement de sabotiers ; Carnot pourrait bien en être un, car il avait un fourneau à chaux.

— N'avez-vous pas fait partie de l'équipage de la *Cybèle* ?

— Oui, et de la *Constitution*, et quand j'ai été à Cherbourg, ce n'était pas pour des prunes ; je ne suis pas le bœuf gras, ni l'éléphant.

— Où avez-vous débarqué ?

— A Saint-Malo, sans naufrage, comme M. Dumolet.

Puis, comme le président lui demandait si ce n'était pas un de ses serviteurs qui cachetait ses dépêches :

— Oui, répondit-il, c'était un de mes serviteurs, et meilleur que vous ; car je vous f......... mon épée dans le ventre. Je me f... d'un président qui a été évêque.

On voit par ce rapide extrait quelle distinction native parait le prétendu fils de Louis XVI; son histoire ne tenait pas debout. Reconnu par plusieurs de ses compagnons d'enfance, il n'en persista pas moins dans ses dires.

Le tribunal le déclara coupable :

1° De vagabondage;

2° De s'être attribué publiquement des titres royaux, même pendant les séances et les débats, en disant qu'il était Charles de Navarre, fils de Louis XVI, et Louis XVII;

3° D'avoir, en faisant usage de faux noms et de fausses qualités et en faisant naître l'espoir de succès et d'événements chimériques, en employant des manœuvres frauduleuses, escroqué des effets, habillements et des sommes considérables en argent à plusieurs individus;

4° D'avoir outragé, pendant les débats de la cause, les membres de ce tribunal, étant dans l'exercice de leurs fonctions, et à l'audience publique.

Mathurin Bruneau fut condamné : à 3.000 francs d'amende, cinq ans de prison pour escroquerie, deux autres supplémentaires pour ses outrages au tribunal et à la surveillance administrative pendant un temps illimité à l'expiration de sa peine.

Louis XVIII, *son oncle*, pouvait enfin respirer !

*⁎*

Notre intention n'est pas de passer en revue tous les imposteurs qui se sont donnés pour Louis XVII. Leur histoire ne varie guère. Elle s'inspire toujours du fameux roman le *Cimetière de la Madeleine* qui accrédita, le premier, la version de la survivance; mais ce qu'il est curieux de noter, ce sont les stigmates quasi anthropométriques dont se réclamaient les faux dauphins.

L'un, hanté de ressemblance bourbonienne, montrait une cicatrice qui devait établir son identité; il se nommait Dufresne (1820); un autre, nommé Mèves, faisait remarquer sa ressemblance frappante avec Louis XVI, malgré qu'il eût les cheveux d'une autre teinte que ceux du dauphin; il exhibait également la marque d'une blessure qu'Hébert lui aurait faite en le poussant violemment contre une porte. La plupart étaient fous à lier; on sait au surplus que les mégalomanes qui peuplent les asiles se croient volontiers de grands personnages; dans les bastilles d'aliénés on trouve toujours quantité de papes, d'empereurs ou de notabilités aussi distinguées. Rien d'étonnant par conséquent qu'au moment où la survivance du dauphin alimentait toutes les conversations et faisait travailler les imaginations, rien d'étonnant que tant de

Louis XVII se soient levés, de très bonne foi, pour emplir le monde du bruit de leurs réclamations. On en vit éclore jusqu'en Amérique.

D'autres étaient d'effrontés imposteurs, qui riaient sous cape et se taillaient facilement une popularité profitable. Mais nul ne fit tant de bruit que le fameux Charlemont, qui s'intitulait duc de Normandie, fils de Louis XVI. C'était un personnage de vie profondément crapuleuse, qui pensait que l'éclat de ses débauches était la marque irrécusable de sa royale origine. En 1831, il publia des *mémoires* et promulgua une Constitution basée sur le suffrage universel, l'électivité à toutes les fonctions publiques et la séparation de l'Eglise et de l'État. Ainsi ce descendant des Bourbons se réclamait de l'appel au peuple et d'un programme radical ! En dépit de l'invraisemblance de ses assertions et du roman d'aventures qu'il disait avoir vécu depuis sa prétendue évasion du Temple, Charlemont, — connu également dans l'histoire sous le nom d'Hébert — groupa d'ardents défenseurs parmi les anciens émigrés, voire parmi les anciens serviteurs de Louis XVI, dont l'âge avait sans doute altéré quelque peu la raison.

Fort de ces solides appuis, notre prétendant conspira. La monarchie de Juillet fut le temps idéal des conspirations. Richemont n'avait ni perruque blonde ni collet noir, mais, cachés dans son logis, un uniforme de général, un chapeau à plumes et des cachets à fleurs de lis. On l'arrêta et il passa aux assises à la fin de novembre 1834. Il adopta un système de défense

assez original. Comme l'accusation lui reprochait
d'usurper un titre auquel il n'avait nul droit — celui
d'ex-dauphin, — Charlemont riposta en ces termes :
« Si je ne le suis pas, dites-moi donc qui je suis. » Il
n'en fut pas moins condamné à douze ans de détention,
et enfermé à Sainte-Pélagie ; bientôt il s'évada de sa
prison. C'est alors que commença pour lui une ère de
difficultés autrement délicates que ses démêlés avec
la justice : voici qu'un nouveau prétendant se dressait
devant lui, ce n'était autre que Naundorff, Charles-Louis
duc de Normandie. La lutte fut âpre entre les deux
champions, s'accusant réciproquement de faux, d'es-
croqueries, d'imposture ; elle dura longtemps ; bien
entendu, la branche d'Orléans faisait les frais de cette
homérique rivalité, tous deux s'entendant pour l'accuser des pires forfaits. Sur les entrefaites, Naundorff
mourut en 1845 ; Richemont, qui s'était retiré dans
un petit logement, sale et misérable, de la rue de
Fleurus, survécut dans une grande gêne ; il mourut à
son tour en 1853. Mais le voile s'était déchiré : déjà
on avait reconnu la flagornerie. Si Naundorff reste un
personnage énigmatique et dont la naissance est
encore entourée d'un impénétrable secret, tout au
moins justice est-elle faite de Richemont qu'on s'ac-
corde à reconnaître comme un aventurier de haut vol,
mais de piètre destinée.

Depuis Richemont et Naundorff, une armée de faux
dauphins s'est levée : le rôle était bon à tenir, et il en
coûtait si peu de revendiquer une parcelle de l'héritage royal ! Ce fut un feld-maréchal russe, le comte

Diebitsch-Zabalkansky, un secrétaire d'ambassade, Junt, un horloger du nom de Trévison, un prêtre américain, Alléger William, qui vivait chez les sauvages et, à défaut de la couronne de France, avait conquis un sceptre de chef chez les quakers ou les Iroquois.

Mais l'aventure la plus extraordinaire, — la rose de ce bouquet d'impostures — fut celle dont on gratifia la demoiselle Savalette de Lange. Cette vieille fille qui mourut à Versailles en 1856, fut après sa mort reconnue du sexe masculin ; on voulut alors voir en elle le survivant du Temple, alors qu'en réalité ce fut un banal inverti qui sous une enveloppe masculine cachait des appétits et des goûts féminins.

Signalons enfin un personnage connu sous le sobriquet du Trappiste, un autre nommé Gruau, un moine, le frère Vincent ; le dernier en date s'appelait La Roche ; ce n'est qu'après sa mort (1882), qu'un érudit, M. Mauroy, s'avisa de révéler le secret de son illustre naissance ; le récit de ses aventures est une mystification qui ne le cède en rien aux précédentes.

La liste est-elle close ? C'est probable. De cette floraison de dauphins, il ne reste plus dans l'histoire que Naundorff. Les héritiers persistent dans leurs revendications. Non point qu'ils espèrent jamais recouvrer intégralement l'héritage de Louis XVI. Ils n'y tiennent sans doute point, car ils savent qu'à notre époque un trône n'est point un siège confortable ni stable... Mais, si leurs prétentions étaient reconnues légitimes, ils auraient droit à la fortune de leurs aïeux, — laquelle est détenue aujourd'hui par la maison d'Orléans. C'est en réalité, autour du magot que la lutte continue.

Encore une fois nous ne prétendons prendre parti ; pour les naundorffistes, l'affaire présente un intérêt purement spéculatif : elle est assez mystérieuse pour tenter la sagacité de ceux qui s'occupent à reviser l'histoire et à mettre les légendes au point. Mais l'histoire des faux Louis XVII n'en est pas moins intéressante à connaître, car elle montre quel succès peuvent avoir encore les impostures, quand la mise en scène est suffisamment dramatique et la pièce habilement montée. Le romanesque séduit toujours les masses; c'est par là qu'elles se vengent des décevantes réalités[1].

Quoi qu'il en soit, faux Messies, fausses Jeannes d'Arc, faux dauphins, — mettons Naundorff à part, — ont bien leur place dans les névrosés de l'Histoire. Ce sont en effet des dégénérés; leur tare, représente, suivant Dupré, un *mode d'infantilisme intellectuel* qui, par ses manifestations tardives, contraste avec le reste de leur mentalité et détonne avec l'ensemble de la personnalité adulte. Nous avions donc raison de les comparer aux enfants menteurs, et de les classer dans la même catégorie que les Tartarins, les Lemice-Terrieux et les Thérèse Humbert. Ils relèvent surtout de la clinique mentale.

[1] Pour cette étude, nous avons suivi de près la brochure de M. DE LA SICOTIÈRE sur *Les faux Louis XVII*, et qui parut à Paris en 1882.

# LES NÉVROSES SOCIALES

---

## La renaissance italienne

---

## I

### L'ART, FORME SUPÉRIEURE DE LA NÉVROSE

« Les productions de l'esprit humain, comme celles
de la nature, ne s'expliquent que par leur milieu. »
Par cette phrase, nette comme un axiome, Taine
prétend démontrer la corrélation étroite entre les
œuvres de l'artiste créateur et l'ambiance où il se
trouve.

Assurément la théorie est séduisante, à la condition
cependant d'y apporter quelques réserves dont, à nos
yeux, la plus importante est celle-ci : « L'art est une
fleur immortelle qui pousse non sur le terrain stérile
de la vertu, mais sur l'humus fécond des passions et
des vices. »

Est-ce à dire que l'artiste ne saurait être vertueux?
Toute règle comporte son exception, de nombreuses

exceptions, et il est plus d'un homme de talent doublé
d'un honnête bourgeois. Reconnaissons néanmoins
que gens de lettres, poètes, peintres, sculpteurs,
compositeurs ont souvent, comme on dit, mené une
vie de bâtons de chaise, au grand scandale du placide
M. Prudhomme.

Il y aurait une étude particulièrement piquante à
établir un parallèle entre l'œuvre et la vie des artistes; — surtout si cette étude s'appliquait à nos contemporains. Mais nous voulons porter ailleurs notre
observation et, sans vouloir nous restreindre à des
monographies individuelles, indiquer le rapport
étroit qui relie la mentalité d'une époque à sa pro-
duction artistique. On se convaincra sans peine, si
l'on veut bien passer une revue générale de l'histoire
de l'art, que les temps d'hypocrite vertu sont infé-
conds et que les siècles de superbe dérèglement
enfantent des génies.

Ici encore, nous trouvons un exemple frappant de
la loi universelle du déterminisme, plus particulièrement du déterminisme social : la tare psycho-pathologique paraît indispensable à l'enfantement du génie :
l'homme bien équilibré sera rarement marqué du
sceau divin.

On a dit que ce déséquilibre était le fait du surmenage intellectuel des artistes. Erreur manifeste :
c'est prendre l'effet pour la cause. En réalité, l'homme
ne peut penser, agir en artiste, que s'il présente une
disposition spéciale de ses facultés intellectuelles,
une sensibilité au-dessus de la normale, une faculté

d'imagination, un pouvoir d'observation pénétrante, concentrée pour ainsi dire dans son cerveau. Cette exagération de certains attributs psychologiques s'établit aux dépens de quelques autres : tantôt de la conscience morale, le plus souvent au détriment du pouvoir modérateur des passions, parfois aussi du simple bon sens, ce qui explique pourquoi certains penseurs sont si maladroits dans la pratique de la vie.

L'artiste ne ressent pas, ne réagit pas à la sensation comme le commun des mortels. « La manière de concevoir, a dit faussement Taine, règle en l'homme la manière de sentir. » C'est l'inverse qui est le vrai : l'homme conçoit suivant ses propres sensations. Or pour sentir autrement qu'un autre, il lui faut un développement insolite de ses facultés affectives, il faut, en un mot, qu'il soit mal équilibré.

L'artiste est donc un névrosé, ou tout au moins un candidat à la névrose. Un degré de plus, et c'est la folie, d'où les rapports étroits entre la folie et le génie. Qu'on n'aille pas s'indigner : ce n'est nullement diminuer l'artiste que de le considérer comme un dégénéré supérieur. Il n'est pas responsable au demeurant de cette tare enviable ; autrefois on appelait le génie un don de naissance ; aujourd'hui nous le considérons comme une forme d'héritage psycho-pathologique.

Il arrive parfois que ce n'est plus un seul individu, mais un peuple tout entier qui est frappé de cette fièvre d'art, de cette névrose aux sublimes manifes-

tations. Ce fut le fait de la société italienne du xvᵉ
siècle.

Or les sociétés, comme les individus, ont leurs
tempéraments, leurs maladies, leurs attributs psychologiques, leurs tares ancestrales. On peut appliquer
à leur étude la méthode médico-critique. Ainsi, on
constate les effets de la névrose sociale, collective,
en tout point semblable à celle qui frappe l'individu.

En passant rapidement en revue l'histoire des
mœurs de la Renaissance italienne, nous reconnaîtrons que jamais époque ne fut aussi fertile, depuis
l'antiquité, en scandales publics et privés, que le
dérèglement des mœurs atteignit un degré qu'on imagine difficile à dépasser, que la *roideur des vertus des
vieux âges* avait été emportée par le vent de folie volup-
tueuse qui soufflait sur la société.

Mais aussi quelle explosion d'art, unique dans
l'histoire de l'humanité ! Quelles merveilleuses conceptions du génie humain, jaillissant du choc des
passions furieuses. Si l'on compare le siècle de
Léon X à l'interminable nuit du moyen âge, quelle
décadence des mœurs, d'une part, quelle apogée de
l'esprit d'autre part ! Qui osera prétendre après cela,
que le Beau est frère du Bien ? A moins alors de ne
considérer le Bien, non plus comme issu de la règle
étroite chère à Joseph Prudhomme, mais comme la
manifestation suprême de la vie intellectuelle, en
dehors de tout principe de morale...

# II

## LES MOEURS SOUS LA RENAISSANCE

S'il fallait étiqueter par un surnom concis chaque siècle de l'histoire humaine, celui de la Renaissance italienne pourrait être appelé le siècle de la Débauche. Celle-ci règne en effet en souveraine, les hommes lui sacrifient le meilleur d'eux-mêmes, et la courtisane devient une puissance d'État, régnant sans conteste aussi bien dans la maison des bourgeois qu'au palais des papes.

Trévoux qualifie ainsi la courtisane, dans son Dictionnaire latin-français : « Femme livrée à la débauche publique, mais cependant jouissant d'une certaine considération et mettant un air de décence dans un métier qui n'en est guère susceptible. Au-dessous d'elle, la *meretrix* était universellement méprisée. »

Cette considération pour les courtisanes était, au XVe siècle, ratifiée, pour ainsi dire, par la législation courante. Sous Sixte IV, elles payaient patente et versaient à la caisse pontificale un jules d'or par semaine. Comme elles n'étaient guère moins de 7.000, on voit quelle jolie dîme elles versaient pour avoir la reconnaissance légale. En outre, on en comptait cinq à six mille qui exerçaient clandestinement leur métier et échappaient à l'impôt.

Il ne faut donc pas s'étonner si, à chaque page de l'histoire de la Renaissance, on trouve relatés des exploits et des hauts faits de courtisanes. Elles constituaient un des rouages les plus importants de la vie sociale et, par conséquent, encombraient non seulement les rues, mais aussi les palais, les prétoires, les fêtes. Elles étaient contraintes de se soumettre à des règlements rigoureux, non pas dans le but de préserver la santé de leurs clients, mais pour obéir aux coutumes et aux décisions. Le pouvoir pontifical n'interdisait pas leur commerce, puisqu'en définitive il en tirait un revenu, mais il leur défendait d'avoir des rapports avec des infidèles. Une d'elles, nommée Cursetta s'était amourachée d'un Maure, faute grave ! Ce Maure, afin de donner le change, s'habillait en femme. Mais quelqu'un trahit les amants. Tous deux furent conduits par la ville, en grand scandale, elle, vêtue d'une robe de laine noire, lui, dans des habits de femme relevés jusqu'à la ceinture, de manière à laisser exposé ce que la pudeur commande de tenir caché. La promenade faite, la Cursetta fut relâchée et le Maure envoyé en prison. On l'en tira quelques jours après et on organisa un petit cortège ainsi composé : en tête, à califourchon sur un âne, un sbire portant au bout d'une pique des testicules qu'on venait de couper à un juif quelconque pour le punir d'avoir eu des relations avec une chrétienne, puis

deux voleurs promis au supplice et enfin le Maure.
A l'issue de la cérémonie celui-ci fut lié sur un bûcher;
on y mit le feu, mais il pleuvait tellement que le bois
ne voulait pas brûler. Enfin, après longtemps, on
parvint à griller les jambes du malheureux qui
expira dans les pires tourments[1].

Il ne faisait donc pas bon pour un infidèle de se
laisser prendre aux charmes d'une prostituée paten-
tée; celle-ci n'encourait qu'une réprimande un peu
sévère, mais il en allait tout autrement pour l'imprudent amoureux. Cette indulgence à l'égard des courtisanes est d'origine gréco-latine. On se rappelle
l'estime dont les Phrynés et les Thaïs étaient autrefois
l'objet. On ne demandait à la femme que d'être belle ;
la beauté remplaçait la vertu. Au xve siècle, où
l'antiquité renaît de ses cendres, on ne pouvait se
montrer plus sévère. Aussi voit-on qu'on entourait la
courtisane d'honneurs prestigieux, pourvu qu'elle fût
fameuse par l'esthétique de ses formes et la grâce de
son esprit. L'une, morte à vingt-six ans, fut enterrée
en grande solennité dans la chapelle de Saint-Grégoire.
Sur sa pierre tombale on grava cette épitaphe : *Impe-
ria cortisana romana, quæ dignæ tanto nomine, rare
inter mortales formæ specimen, occidit. Vixit A. XXVI,
D. XII. Obiit MCCCCXI die XV Aug.*

Certaines passèrent à la postérité comme des modèles
de grâce et de beauté. Julie Farnèse, notamment, la
maîtresse du vieux pape Borgia (elle avait vingt-deux

---

[1] BURCHARD. *Diarium*, II, 442.

ans et son amant soixante-deux) était une femme
adorable : ses cheveux dénoués tombaient jusqu'à
terre. « Je n'ai jamais rien vu de pareil, écrivait
Laurent Pucci à son frère Giannozo ; elle a les plus
beaux cheveux du monde[1]. » Celle qu'elle avait rempla-
cée dans l'affection d'Alexandre VI, la Vanozza, n'avait
pas été moins belle. Aussi un artiste du temps fit-il
son portrait en sainte Vierge, et c'est ainsi que son
effigie fut adorée, dans une église de France, par la
foule prosternée.

On aurait tort de s'indigner démesurément. Au
fond, le xve siècle fut païen, essentiellement. Il eut le
culte de la beauté, et ce n'est pas nous qui le lui
reprocherons. Certes, la morale chrétienne ne trouvait pas son compte dans cette mentalité trop éprise
d'esthétique et pas assez conforme aux enseigne-
ments des apôtres. Mais n'oublions pas que l'Italie se
réveillait la première de la nuit du moyen âge et
qu'il lui fallait prendre conscience de ses destinées
nouvelles. C'est l'avis de M. Gebhart : « La notion du
bien et du mal, la loyauté, la bonté et la pudeur
étaient-elles donc abolies dans ces âmes superbes qui
menaient le chœur d'une civilisation de premier ordre
et rehaussaient la corruption de leurs cours de tout
l'éclat de la Renaissance? Je n'hésite pas à répondre
affirmativement[2]. »

Et pourtant, comme les prostituées de tous temps et

---

[1] GREGOROVIUS. *Lucrezia Borgia*, t. Ier.
[2] GEBHART. *Moines et Papes.*

de tous pays, celles de la Rome du xv<sup>e</sup> siècle n'étaient
guère intéressantes, férocement âpres au gain, inca-
pables d'aucun sentiment désintéressé, débauchées,
luxurieuses, mais non passionnées d'amour : elles
présentent la mentalité qui les anime partout, sous
n'importe quel climat. « Dès que tu leur offres quelque
chose, écrit le spirituel Arétin, elles te méprisent
autant qu'elles t'estimaient avant le cadeau. Elles ont
le miel à la bouche et le rasoir à la main. Elles
paraissent folles de leurs amants ; si l'un d'eux
s'éloigne, on lui moud du poivre par derrière et celui
qui reste s'imagine être le chouchou à sa maman[1]. »
Et il ajoute, plus mordant : « Une courtisane ne
serait pas courtisane si elle n'était coquine. Ce serait
une cuisinière sans cuisine, un repas sans foin, une
lampe sans huile, du macaroni sans fromage. »

Aussi se rendaient-elles coupables de toutes sortes
de méfaits qui restaient impunis, parce qu'elles
tenaient dans leurs filets nobles, prêtres et magis-
trats. Souvent, quand elles donnaient l'hospitalité à
un amant de rencontre, celui-ci se faisait accompa-
gner par son valet dans la demeure de la belle. Là, il
se déshabillait pour la nuit. Le valet emportait alors
les vêtements et les rapportait le lendemain matin :
prudente précaution contre l'entôlage qui était de
règle.

Celui qui se laissait piper et qu'on soulageait de
son pourpoint brodé ou de son haut-de-chausses

---

[1] L'ARÉTIN. *Ragionamenti*, III.

n'avait même point la ressource d'implorer justice à la cour prévôtale : la *Corte Savella* le renvoyait toujours tête basse et les dépens sur le dos.

\* \*
\*

Dans les palais épiscopaux, même souveraineté absolue de la courtisane. La corruption de l'Église, sous la Renaissance, faillit faire basculer dans la boue le trône de saint Pierre. Il faut dire aussi que la société du xv° siècle n'avait pas du prêtre l'idée que nous nous en faisons aujourd'hui. Nous voulons que le serviteur de Dieu soit, comme son Maître, à l'abri du péché : la Renaissance fut moins sévère ; elle vit surtout dans la passion du Christ et dans le martyrologe des premiers chrétiens d'admirables sujets de tableaux. Ce fut sa manière de perpétuer l'enseignement de l'Église que d'en fixer sur la toile des souvenirs impérissables.

Néanmoins les prélats auraient pu vivre très librement, sans pour cela se faire, comme la plupart, tenanciers de maisons de débauche. Le scandale alla si loin qu'en 1488 Innocent VIII crut devoir renouveler une bulle de Pie II qui interdisait aux prêtres de tenir des boucheries, des brelans, des cabarets et des lupanars, et de se faire, pour de l'argent, entremetteurs de prostituées. Deux ans plus tard, un vicaire général défendit aux laïcs et aux clercs, sous peine d'excommunication, de garder près d'eux une concubine. Le pape cassa l'édit et réprimanda sévè-

rement son vicaire, « car la vie des prêtres et des
gens de curie est ainsi faite qu'il serait difficile d'en
trouver un qui n'ait sa concubine ou du moins une
courtisane à la gloire de Dieu et de la religion chrétienne[1] ». Au reste, à cette époque, les lois de l'Église
autorisaient le concubinat des prêtres et des laïcs
moyennant salaire. On voit que, si le dogme est resté
immuable à travers les siècles, par contre, la règle a
subi quelques variantes.

Du haut en bas de la hiérarchie ecclésiastique,
même licence, mêmes désordres dans la vie privée.
Chanoines et chapelains n'avaient rien à envier aux
évêques ; leurs mœurs étaient aussi dissolues. Clémengis les qualifie d'ignorants, de simoniaques
cupides, ambitieux, envieux, ivrognes, bavards, tuant
le temps à des bagatelles, vivant en somme, suivant
le précepte d'Horace, comme des porcs du troupeau
d'Épicure. Le plus grave reproche qu'aient encouru
les prélats de la Renaissance, c'est d'avoir drainé

[1] BURCHARD. *Loc. cit.*, II (Notes).
Nous aurons souvent l'occasion de nous rapporter au chapelain Burchard. On pourrait sans doute le taxer d'exagération ou
d'inexactitude. Mais nous pouvons nous couvrir de l'autorité
de l'éminent M. Gebhart qui parle ainsi de Burchard : « Il
nous a rendu, comme un miroir et un écho tout ce qu'il a vu,
tout ce qu'il a entendu dans le cours des trois pontificats terribles de Sixte IV, d'Innocent VIII, d'Alexandre VI... Ce qui le
rend précieux, c'est une absence désolante de sens moral...
Certes, cet homme est incapable de nous tromper sciemment.
Il ne raconte rien dont il ne soit très sûr. Il ne commente
jamais les faits qu'il rapporte... Retenons donc auprès de nous,
comme un témoin perpétuel, le pauvre sire... Il a contemplé de
la coulisse le drame entier, dont les autres n'ont vu qu'un acte
ou une scène. » (GEBHART. *Moines et Papes.* Les Borgia.)

l'argent et d'avoir fait flèche de tout bois. La fameuse *Taxe des parties casuelles du pape* [1] fait état de toutes les dispenses accordées à titre onéreux : ceux qui ont fait vœu de chasteté peuvent l'enfreindre moyennant 16 tournois, 3 ducats, 6 carlins. L'absolution pour actes de paillardise commis par un clerc, fût-ce avec une nonnain, coûtait 36 tournois et 9 ducats ; le tarif était le même pour la nonnain. Quand un clerc entretenait une concubine *à pot et à feu*, il en était quitte pour 21 tournois, 5 ducats et 6 carlins. Le principe de la vénalité étant admis, on conçoit jusqu'à quel point la morale devait se relâcher ; aussi le prude Clémengis pouvait-il s'écrier sans exagération : « Quel est le diocèse où les curés, ayant acheté l'indulgence des prélats, n'entretiennent pas publiquement des concubines ? où leurs excès, leurs vices et tout ce qui doit être soumis à la justice ne s'achètent pas publiquement [2] ? »

\*
\* \*

Le pape donnait l'exemple pour se procurer les quantités considérables d'argent nécessaires aux besoins de sa politique ; il créa et vendit des offices inimaginables. Les titulaires de ces offices essayaient

---

[1] *Taxe des parties casuelles du pape*, imprimée pour la première fois à Lyon, en 1564.

[2] NICOLAS CLÉMENGIS. *De corrupto Ecclesiæ statu*, causa 22.

Roscoe écrit également : Ils ne rougissent pas de recevoir de l'argent des concubines, ils supportent de se souiller dans la fétidité. (ROSCOE. *Vie et pontificat de Léon X*).

LE TITIEN. — LA VANOZZA, MAITRESSE DU PAPE ALEXANDRE VI.

de rattraper le prix de leurs charges et extorquaient tant et plus. On sait, au reste, que ce genre d'impôt indirect était d'un usage courant : pourquoi le pouvoir pontifical aurait-il agi autrement que les États voisins ?

En matière de licence et de débauche, le pape Alexandre VI donnait un exemple efficace. On l'a, à vrai dire, accusé de bien des horreurs, ce malheureux Borgia, notamment d'avoir commis l'inceste avec sa fille Lucrèce. Rien n'est moins prouvé, et l'historien Gregorovius s'est attaché à détruire cette légende[1]. Ce qui est plus probable, c'est qu'il ne se gênait guère devant elle pour satisfaire sa lubricité et que cette princesse, élevée fort librement, fut de bonne heure initiée aux stupres de la cour.

Burchard raconte froidement l'extraordinaire aventure que voici : « Un jour un marchand entrait en ville, conduisant deux juments chargées de bois. Arrivent des « stipendiés du pape » qui cambriolent le chargement et mènent les animaux sur la place intérieure du palais ; puis ils vont quérir quatre étalons qui, en présence des juments, se jettent les uns sur les autres et se déchirent à coups de dents et de sabots ; les vainqueurs possédèrent sur-le-champ les

[1] Roscoe s'est fait l'écho de cette légende en affirmant que Lucrèce fut fille incestueuse d'Alexandre son père et maîtresse de ses frères. Les épitaphes satiriques ne manquent pas qui nous rappellent cette horrible accusation :

Hic jacet in tumulo Lucretia nomine, sed re
Thaïs, Alexandri filia, sponsa, nurus (Pontanus).
Ergo te semper cupiet, Lucretia, Sixtus ;
O fatum diri nominis, hic pater est.

juments (*edirunt eundis*) cependant que des fenêtres situées au-dessus de la porte du palais, le pape et sa fille assistaient au spectacle, riant et se délectant[1]. »

La jeune fille savait donc à quoi s'en tenir le jour de son mariage, si tant est qu'elle n'eût pas déjà offert à un galant sa fleur virginale. Pour son malheur, elle épousa un impuissant, si bien que, devenue duchesse de Ferrare, elle eut besoin de consolations extraconjugales. Mais le jour de ses noces fut l'occasion de saturnales fantastiques, sans précédent peut-être dans l'histoire. La table était dressée pour un nombre considérable d'invités; chacun, — pape, cardinaux ou dignitaires, — était flanqué de deux courtisanes sommairement vêtues de mousseline et de guirlandes fleuries. A la fin du repas, ces femmes, les plus belles de Rome, payèrent leur écot en exécutant des danses lascives; à un signal de la mariée les voiles tombèrent et les danses continuèrent aux yeux ravis des convives. Puis on passa à d'autres jeux : on plaça sur le plancher douze rangées de candélabres allumés, et Lucrèce jeta à la volée des poignées de châtaignes; les courtisanes, entièrement nues, marchant sur les pieds et sur les mains, le corps plié en deux, coururent après les châtaignes, telles des truies... Les plus habiles reçurent des prix : robes de soie ou bijoux. On devine comment la saturnale se termina.

Non seulement la débauche, mais encore l'inversion sexuelle était monnaie courante dans la société de la

---

[1] BURCHARD, III.

Renaissance. L'Arétin — et avec lui tous ses contemporains, écrivains de mœurs, — abondent en détails d'une telle précision que le doute n'est plus permis. Point d'orgie sans pédérastes : telle était la règle à peu près absolue. Les uns, comme l'Arétin, s'en amusent; d'autres, comme Burchard, en donnent le témoignage sans broncher; d'autres enfin s'indignent.

Le chapelain d'Alexandre VI, Burchard, parle souvent dans son *Diarium* des bougreries dont il fut témoin. Son commentateur ajoute : « Le pape et les cardinaux entretiennent des concubines et poussent l'impudence jusqu'à avoir un beau Ganymède. » Enfin on connaît ce fait, maintes fois rapporté, d'un prélat demandant au Saint-Père l'autorisation de posséder un mignon : « Il faut être bon prince, répondit le pape Borgia, et en conscience nous ne pouvons refuser à nos sujets une autorisation que nous nous sommes tant de fois accordée. »

L'auteur anonyme de la célèbre *Taxe des parties casuelles du pape* n'omet pas de parler aussi du vice contre nature. Nous n'ignorons pas que ce libelle est violent et souvent injuste, mais le fait est à retenir : dans la revue générale qu'il passe des revenus pontificaux, il a soin de parler des pénitences pécuniaires infligées aux pédérastes et aux invertis : « Si y a absolution de bougrerie, dit-il, et péché contre nature, et fut-il fait avec les bestes brutes, il faut 90 tournois, 12 ducats, 6 carlins. » Poursuivant son enquête, il examine le cas d'un clerc convaincu de bougrerie. Il conclut que le crime est tolérable, s'il reste secret.

Dans ses sermons de l'Avent de 1423, Savonarole tonnait contre l'impudeur du siècle et dénonçait les ignominies de la société italienne. Pic de la Mirandole écrivait à Léon X : « Très Saint-Père, ne voyons-nous pas les temples sacrés ouverts aux souteneurs et aux pédérastes, que les meilleures brebis du Pasteur sont données aux pires loups, que les retraites jadis réservées aux vierges sont devenues dans la plupart des villes des endroits de débauches et des tanières obscènes[1]. »

Dans son fameux pamphlet *De corrupto Ecclesiæ statu*, Nicolas Clémengis[2] passe en revue les vices des prélats ; ouvertement et sans circonstances atténuantes il les accuse de pédérastie, tout en notant que leur passion contre nature n'excluait nullement chez eux la recherche de la femme. L'expression *porci Epicuri* qui revient sous sa plume n'est pas trop forte, assurément, eu égard aux débauches variées dont ils rompaient la monotonie de leur ministère.

Nous pourrions multiplier les citations si nous ne craignions pas de nous répéter. En tout cas, le fait est patent que l'inversion sexuelle était non un accident, mais un élément de la vie normale dans

[1] Dans son discours sur la réforme des mœurs, il ajoute : « Parlerai-je de ces délices et des troupeaux de courtisanes et de pédérastes?... »

[2] Nous devons à la vérité de reconnaître que certains auteurs considèrent ce pamphlet comme apocryphe, et n'étant nullement l'œuvre de Clémengis; quoi qu'il en soit, il n'en reste pas moins un des réquisitoires les plus formidables qu'on ait dressés contre la société ecclésiastique du xve siècle.

la haute classe du xvᵉ siècle. Il ne s'agit pas ici de
la lui reprocher ou de l'en absoudre. Cette inversion était, d'une part, un héritage de la Rome impériale, et, d'autre part, concordait avec la dissolu-
tion des mœurs. Aussi était-elle répandue dans toute
l'Italie; ces fières républiques oligarchiques, ensanglantées durant de longs siècles par des guerres
civiles qui n'avaient nullement la liberté comme
objectif, étaient, comme la Rome papale, souillées de
stupre. La bougrerie y sévissait au même titre que la
luxure : les passions s'y trouvaient à tel point exaspérées qu'elles subissaient une déformation anormale;
la société, pressée de jouir parce qu'elle savait l'incertitude de son sort et la brièveté de la destinée
humaine, s'étourdissait dans les plus ardentes
débauches. Or l'inversion en est l'aboutissant fatal.
Quand l'homme a épuisé la coupe de tous les plaisirs licites ou à demi licites (suivant l'hypocrisie
des conventions sociales), il tombe fatalement dans
l'erreur de la perversion. D'amant il devient sadique, de sadique, pédéraste. Les femmes sui-
vent la même pente avec plus de facilité. Et quand
l'homme n'est plus pour elles le jouet qui satisfait
leur luxure, elles s'embarquent pour Lesbos où les
attendent les longues ivresses et les durables pâmoi-
sons.

C'est dans les couvents de femmes que la prostitution la plus dégradée s'était réfugiée. Le vertueux
Clémengis les appelle prostibules immondes de Vénus,
lieux propices aux débauches des lascifs et impu-

diques seigneurs[1]. Pic de la Mirandole, Savonarole
font chorus avec lui. En réalité, un couvent n'était
rien autre qu'un lupanar à l'usage des clercs comme
des laïcs. L'Arétin fait de la vie des religieuses un tel
tableau que, même en latin, nous ne saurions l'esquisser. Seule la langue italienne peut se permettre ces
audaces.

Évidemment nous avons aujourd'hui grand'peine à
concevoir une telle règle monastique. Il ne faut pas
oublier cependant que la rigueur des cloîtres est de
date relativement récente et qu'auparavant, en
France comme en Italie, les couvents vivaient de la
vie du siècle, — et Dieu sait quelle était la vie de
plaisirs et de voluptés au xve siècle! Donc, l'indignation serait hors de propos.

Les vertus et les vices d'une société relèvent de
causes très complexes et échappant toujours au libre
arbitre. Quant aux chefs, ils sont de leur époque. Que
leur demander de plus? Aussi bien n'est-ce ni une
plaidoirie, ni un réquisitoire que nous dressons ici,
mais une esquisse, au cours de laquelle nous avons
montré le rôle social de la luxure sous la Renaissance.
Nous pouvons en tirer une première conclusion psycho-pathologique. Toute l'époque est dominée par
cette passion, généralement passion individuelle,
devenue passion sociale : la luxure. Signe certain de
déséquilibre.

Chez l'individu normal, l'appétit sexuel dérive

[1] NICOLAS CLÉMENGIS. *Op. cit.*

parfois en fringale inassouvie, en boulimie inextinguible; c'est la preuve évidente d'un détraquement
mental, analogue à celui qui pousse les morphino-
manes ou les alcooliques. Quand l'homme ne trouve
plus dans les ressorts de sa volonté l'énergie nécessaire pour se retenir sur la pente fatale, c'est qu'il
devient la proie d'une passion prédominante contre
laquelle tous ses efforts s'épuisent. Quant à l'individu
anormal qui a toujours été le jouet de ses passions,
le déséquilibre mental est sa loi. Dans le premier cas,
le déséquilibre est accident, dans le second permanent; chez tous deux la dégénérescence se manifeste.

Il en va de même pour les sociétés; celle de la
Renaissance nous donne l'exemple d'un corps social,
muré pendant longtemps par la scolastique du moyen
âge, abîmé dans la philosophie contemplative dont
l'*Imitation* est la suprême émanation. Mais bientôt il
ouvre les yeux à la belle lumière, et le voici qui vit
intensément, foulant toute morale aux pieds, avide
de sensations nouvelles, lâchant la bride à ses instincts trop longtemps comprimés: ceux-ci le guident,
le dominent, deviennent sa seule loi; le pouvoir modérateur des passions disparaît de son esprit, après
avoir régné en souverain : dégénérescence supérieure,
mais dégénérescence quand même.

La luxure ne s'installe jamais seule au foyer d'une
société. Autour d'elle viennent graviter des passions
satellites, dont une de première grandeur : la cruauté,
ou pour mieux dire, le sadisme.

# III

## LE SADISME, SUCCÉDANÉ DE LA DÉPRAVATION

Luxure et cruauté sont en effet cousins germains dans l'arbre généalogique des passions humaines. Le sadisme est l'aboutissant inévitable de la débauche; tous les peuples voluptueux ont été des peuples cruels, précisément parce que la cruauté est pour eux une volupté nouvelle.

Les Italiens de la Renaissance ne faillirent pas à cette loi. La page où leur histoire est écrite est souillée de sang; ce ne sont que massacres et tueries au cours des guerres, soit étrangères soit civiles. César Borgia le fils d'Alexandre, acquit dans cette spécialité une réputation de bon aloi. Partout où il passait il laissait la dévastation et la ruine : le sac du Palatinat, sous Louis XIV, fut un jeu d'enfants comparé à l'œuvre de destruction entreprise par ce sadique hyperexcité: Entrait-il dans une ville à la tête des troupes pontificales, c'était le signal du carnage. Les populations fuyaient devant lui comme devant un nouvel Attila. Un jour il pénétra dans une bourgade où il ne trouva plus que deux vieillards et quelques vieilles femmes. On les suspendit par les bras et on alluma un feu doux

sous leurs pieds, afin de prolonger leur misérable
agonie.

« C'était une si grande jouissance pour lui de voir
couler le sang, dit Burchard, qu'à l'exemple de Commode il s'exerçait à tuer pour entretenir sa rage de
tigre. » C'est bien là du sadisme, pur de tout mélange.
Il ne se contentait pas d'ordonner le massacre, il voulait y participer lui-même. Et quel cynisme, quelle
lâcheté dans sa cruauté! Ne fit-il pas enfermer une
fois dans la place Saint-Pierre close de palissades une
fournée de prisonniers de guerre, hommes, femmes,
et enfants, tous garrottés? Lui, à cheval, entra dans ce
tournoi d'un nouveau genre, puis à coups de hache,
de sabre, de lance, d'escopette, il tua, il hacha; sous
les pieds de son cheval il culbuta les derniers; en
moins d'une demi-heure, il caracolait seul dans
une mare de sang, au milieu des cadavres, pendant
que son père et sa sœur, non moins assoiffés de
sadisme, contemplaient la scène avec ravissement[1].

C'était là plaisir de prince, et depuis longtemps
l'opinion publique y était accoutumée. César Borgia
apporta seulement quelque dilettantisme et une note
d'élégance à un jeu d'où l'art avait été jusqu'alors
banni. Sous le règne précédent d'Innocent XIII, la
persécution des Vaudois avait été l'occasion de violences aussi atroces. Comme les malheureux héré-
tiques s'étaient enfuis avec leurs enfants et réfugiés
dans les cavernes de leurs montagnes, le légat les fit

---

[1] BURCHARD. (Cité par PERRIN, *Histoire des Papes.*)

chasser comme des renards. Chaque fois qu'une
cachette était découverte, on en fermait l'entrée avec
des fascines de paille ou de bois sec et on y mettait le
feu. Si les malheureux, asphyxiés par la fumée, essayaient de sortir, ils étaient aussitôt lardés par les
soldats et repoussés dans les flammes. La terreur fut
telle parmi les persécutés qu'ils préférèrent se rendre le commun service de s'entretuer pour échapper
à ce supplice infernal. D'autres fois, les soldats se con-
tentaient de murer les cavernes; enfermés vivants
dans la tombe, les Vaudois périrent de faim. Après le
départ du légat, on retrouva huit cents cadavres d'enfants étouffés dans les bras de leurs mères, mortes
comme eux de famine ou d'asphyxie.

Sur six mille Vaudois qui avaient osé se grouper en
une secte schismatique, il n'en échappa que six cents.

On voit, par cet exemple, quelles étaient, à cette
époque, les lois de la guerre. Nous considérons d'habitude les guerres d'Italie à travers la loyauté d'un
Bayard, les prouesses d'un François Ier. Pourtant les
armées françaises se comportaient aussi indignement
que celles du pape. Jean d'Auton a raconté les excès
qui suivirent la prise de Capoue par les Français :
« Toutefois les Français emportèrent la ville d'assaut,
et entrèrent dedans avec bruit tumultueux, occision
de peuple et effusion de sang. Les gens de pied qui
des premiers entrèrent comme les plus légèrement
armez, meirent à sac tous ceulx que devant eulx trouvèrent par les rues en armes et mussez par les maisons, sans pardonner à nul de quelque estat qu'il

feust, et tant que le long des rues, à grands ruisseaux,
couroit le sang des morts... Mais diray que avec la
tuerie des hommes furent maintes filles et femmes
violées et forcées, ce qui est le comble du pis de tous
les excez de la guerre[1]... »

Les Vénitiens, en guerre contre Ferdinand, furent
victimes d'égales atrocités : à la suite d'une bataille
où beaucoup de nobles furent faits prisonniers, les uns
furent brûlés, d'autres pendus, l'un d'eux fut écorché
vif, sa peau étendue sur une feuille de palmier et son
cadavre renvoyé à Venise[2]. C'était bien l'antique *Væ
Victis !* qui présidait aux destinées des vaincus. Les
guerres saintes étaient aussi effroyables ; en Espagne
plus de deux mille Maures furent brûlés en quelques
mois.

Le viol des filles était aussi admis que le meurtre
des prisonniers. Chaque fois qu'une ville tombait au
pouvoir de l'ennemi, les soldats et leurs chefs assou-
vissaient leurs âpres désirs sur les plus belles femmes
qu'ils arrachaient à leurs foyers. Puis on les relâchait
et elles rentraient chez elles comme elles pouvaient,
traversant le camp à la merci du premier sbire, excité
par leur démarche d'oiseau blessé.

Pendant les guerres civiles, le désordre était encore
plus grand : la férocité et la déloyauté étaient les armes
favorites des partisans. La conspiration des Sforza à
Milan, l'assassinat, dans la cathédrale, du duc Jean

[1] JEAN D'AUTON. *Chronique de Louis XII*.
[2] MURATORI. *Infessura*.

frappé par derrière au cours d'une imposante cérémonie religieuse sont des souvenirs inoubliables de cette barbarie. Lorsque ce malheureux prince fut mort, des enfants attachèrent une corde au pied du cadavre; pendant trois jours ils le traînèrent dans la ville et les faubourgs, le lardant de coups de couteau et le lapidant ; ils le jetèrent dans les oubliettes du château, l'en retirèrent et enfin le pendirent par les pieds à la tour de Broves[1]. Cette profanation ne souleva nulle part d'indignation : le tyran était vaincu, il subissait la loi du vaincu, *dura lex, sed lex.*

Enfin, en dehors de toute guerre, les actes de cruauté faisaient partie de la vie sociale et privée. Princes ou manants, bourgeois ou clercs étaient cruels par manière d'être habituelle. Les *diaria* du xv<sup>e</sup> siècle, ces éphémérides qui ont noté les événements au jour le jour fourmillent d'exemples de ce sadisme général. Il serait fastidieux de les énumérer tous, et la nausée prendrait le lecteur à la gorge, avant qu'il arrivât à la fin de cette liste funèbre. Alexandre Borgia était aussi curieux que son fils des souffrances d'autrui, du sang répandu, des plaies béantes, du râle des agonisants. Apprenait-il que deux de ses soldats se prenaient de querelle, aussitôt il les faisait venir devant lui, leur donnait sa bénédiction, puis commandait le duel : celui-ci ne se terminait que par la mort d'un des deux combattants, mais le pape, du haut de sa fenêtre, en suivait passionnément les péripéties comme jadis

[1] MURATORI. *Diarum de Parme.*

César Imperator présidait aux combats de gladiateurs.

On sait, au reste, que le pape Alexandre VI n'a jamais passé pour un doux et paisible fils de saint Pierre, mais comme un souverain autoritaire et violent. Son œuvre politique fut considérable, et il gouverna en roi conscient de sa force et pénétré du but à atteindre. Les moyens qu'il employa ont soulevé la réprobation, et ses ennemis ne l'ont guère ménagé : il fut de son temps, c'est à la fois la raison et l'excuse de ses actes.

Dans la vie privée, le citoyen de la Renaissance ignorait la clémence et la bonté. La justice était implacable et le châtiment suprême était la punition fréquente de délits parfois minimes. Les voleurs étaient pendus, bien entendu quand ces voleurs étaient des pauvres diables de brigands. A la tête d'une armée, ils avaient le droit de piller et de razzier sans que personne songeât à leur en faire un reproche. Les iconoclastes subissaient un supplice infamant. Un sbire ayant frappé de sa pertuisane l'effigie du Christ, on lui coupa les deux mains, on les ficha au mur, au-dessus de l'effigie du crucifix, puis on pendit le sacrilège aux fourches de Nagone[1].

En dépit de ces dispositions sévères, les villes d'Italie étaient tous les jours le théâtre de drames ténébreux. Tueries, estocades, rapts, viols, empoisonnements, — toute la lyre vibrante d'un romantisme échevelé. Dans tous les métiers, dans toutes les classes

---

[1] MURATORI. *Loc. cit.*

de la société, la vie passionnelle, brutale, enfiévrée enivrait les âmes comme un maléfice irrésistible. Nulle part la douceur, la grâce alanguissante d'un amour calme et limpide comme les eaux d'un large fleuve; nulle part la tendresse, l'idylle, la bonté, mais partout des voix rudes disant les désirs exaspérés, des clameurs couvrant les cris de détresse, le rut insatiable d'hommes et de femmes pressés de jouir, pressés de vivre, ignorant le prix du bonheur et la précarité d'une existence qu'ils s'appliquaient à abréger encore. Et cependant, dominant cet orchestre discordant, une musique ailée emplissait l'air, grandissait dans une sublime symphonie, éclatait bientôt en accents éternellement sonores : car, sur cette fange sanglante, l'Art venait d'éclore; jamais chant plus pur et plus divin n'avait inspiré les hommes. La loi des contrastes se précisait, triomphante, et affirmait que, seuls, les cœurs abîmés de passion étaient capables de comprendre l'Infini.

# IV

## UNE SOCIÉTÉ ÉPRISE DU BEAU

Nous n'avons pas l'intention d'écrire ici l'histoire de l'art sous la Renaissance. D'autres plus compétents que nous ont dit quelle a été l'évolution de la pensée humaine au cours de cette éblouissante période. Nous croyons même inutile de rappeler des noms éternellement illustres : Michel-Ange, Raphaël, Léonard de Vinci, Le Pérugin, Mantegna, Pétrarque, Boccace... quelle liste glorieuse pourrait-on dresser, telle qu'en aucun siècle l'histoire ne pourrait retrouver de pareille ! Mais si ces artistes ont pu voir leur génie se développer librement, c'est qu'ils vivaient dans un milieu épris de beauté. Une société a les artistes qu'elle mérite. Il ne suffit pas que quelques généreux clients les encourage: il faut que les aspirations répondent à celles de leurs contemporains; ce sont les bergers qui guident vers l'idéal les troupeaux fidèles marchant dans leur sillage. Aussi est-il curieux d'envisager, non pas la vie de tel ou tel maître dans sa sèche monographie, mais l'élan de tout un peuple au goût affiné, professant plus le culte du beau que pratiquant la religion du bien.

Ce n'est pas que l'accord fût toujours parfait entre les admirateurs du génie : souvent de violentes querelles, de basses jalousies venaient attrister l'âme sensible du peintre ou du poète. Pétrarque lui-même, qui reçut de son vivant des honneurs divins, connut les souffrances morales — pires que la douleur physique — que lui causèrent des détracteurs ardents : « O envie, s'écrie-t-il, la pire de toutes les maladies de l'âme, on dit que tu as causé la mort du genre humain, et tu ne t'arrêtes pas ! Que veux-tu de plus ? Que te faudra-t-il, s'il ne te suffit pas d'avoir fait mourir ? O triste et malheureuse complexion des corps, mais plus malheureuse complexion des âmes[1]. » Mais n'est-ce pas précisément une des conditions de l'essor artistique que le déchaînement des passions humaines ? Ne faut-il pas souffrir pour créer ? Dans le recul des siècles, nous contemplons ces grandes figures et nous leur adressons l'encens de nos hommages unanimes parce que notre arrêt est pur de toute partialité.

Les contemporains sont la proie de sentiments obscurs qui altèrent leur jugement : jalousie, envie, rivalités d'écoles, querelles politiques ou religieuses. Aucun grand homme n'a échappé à cette loi humaine. Pourquoi les novateurs de la Renaissance eussent-ils été privilégiés ?

Un autre point est acquis : c'est que l'artiste, fatalement, inexorablement, fait litière des conventions morales ordinaires. Imagine-t-on un homme de génie

---

[1] PÉTRARQUE. *Lettre à Boccace.* Lettre XIII.

avec la mentalité de Joseph Prudhomme? Encore
celui-ci possédait-il plus d'une tare qu'il cachait soigneusement sous l'hypocrisie de son masque bourgeois. Le propre de l'artiste est d'être dévergondé,
soit en amour, soit en quelque autre passion. Les uns
usent et abusent de la femme et veulent sous les tres-
saillements de sa chair pénétrer l'infini mystère de son
cœur. Et comme un seul sujet d'expérience ne leur suffit pas, ils en prennent plusieurs simultanément.
D'autres cherchent à s'abstraire de la vie ambiante,
courent après le dédoublement de leur personnalité,
s'isolent dans la narcose des boissons alcooliques.
D'autres demandent à l'inversion sexuelle l'excitant
nécessaire. Une nature froide, dit M. Jean Libert, est
incapable de se montrer digne du premier rang ou de
faire une œuvre d'art parfaite[1].

Convenons donc que les mœurs dissolues, brutales
et raffinées dans la débauche conviennent mieux que
toutes autres à l'éclosion des artistes. L'exemple de la
Renaissance le prouve surabondamment. Mais aussi
quel peuple amoureux de la beauté que ces Italiens du
XVe siècle : beauté d'un sonnet de Pétrarque, d'une
fresque de Mantegna, d'une vierge de Raphaël, des
colossales figures de Michel-Ange, il comprend tout,
il admet tout : c'est l'éclectisme artistique le plus généreux et le plus fécond.

Depuis le souverain pontife jusqu'au plus humble
marchand de Rome, tous les habitants de la Ville

---

[1] J. LIBERT. *Impulsionnisme et Esthétique.*

éternelle étaient pénétrés d'esthétique. Il en était ainsi dans la plupart des cités d'Italie qui s'agitaient sous la poussée des révolutions permanentes. Seules les campagnes s'isolaient de cet essor artistique : au reste, les peintres italiens ont peu compris la poésie d'un paysage : c'étaient surtout des amoureux de la plastique humaine. Le Vatican était un foyer d'art accueillant et hospitalier. On y chantait quelquefois des chants sacrés, plus souvent des romances d'amour. On y faisait de la musique, on y dansait chaque soir. Le pape Alexandre VI aimait fort les divertissements chorégraphiques : sa fille Lucrèce y participait et c'était une occasion pour elle de mettre en valeur sa réelle beauté. César Borgia, ce monstre de sadisme et de cruauté, lui faisait parfois vis-à-vis, dans ces splendides ballets qui consacraient la rénovation de la danse. Ce n'était pas un banal spectacle que ce condottiere féroce exécutant une *riverenza grave* à quatre temps ou glissant un *passamezzo* avec une grâce suprême, cependant que les tambourins battaient la mesure et que les instruments à corde soupiraient l'élégie du ballet. Celui-ci figurait d'habitude une légende rustique : le Jugement de Pâris, la Naissance de Vénus, la Nuit, les Saisons, l'Expédition des Argonautes, le Siège de Troie.

Mais plus encore qu'au Vatican, à la cour des Médicis on se passionnait pour la danse. Ce fut, pour ainsi dire, le berceau de Terpsichore, au xv⁰ siècle : lorsque celle-ci fut grande et en âge de passer les monts, elle vint en France où on l'adula.

D'autres fois, pendant les fêtes somptueuses dont les seigneurs italiens possédaient le secret, on jouait la comédie. En latinistes lettrés qu'ils étaient, ils préféraient Plaute ou Térence, qu'on récitait dans le texte. C'est ainsi qu'en présence d'Alexandre VI on donna les *Ménechmes*, sans aucune suppression. Mais les oreilles n'étaient point chastes et ce qui avait fait la joie des contemporains de Plaute fit celle des invités du pape qui se délectèrent aux aventures de l'esclave, du parasite, de l'entremetteur et des deux jumeaux. Les entr'actes étaient remplis par des morceaux de musique et des *moresques*, ou pantomimes dansées. Celles-ci étaient exécutées tantôt par des gladiateurs, tantôt par des nègres qui tenaient dans leurs bouches des chandelles allumées, tantôt par des joueurs de luth, etc.[1].

Les féeries truquées étaient aussi en grand honneur ; elles nécessitaient une mise en scène habile et des effets difficiles. Elles représentaient d'habitude des églogues virgiliennes ou pindaresques. Il est curieux de constater combien ces spectateurs, qui avaient de la vie une si rude conception, se plaisaient à des spectacles douceâtres et lénifiants : contraste fréquent d'ailleurs : les sociétés les plus enfiévrées de passions sont celles qui se délectent le plus aux récits élégiaques et aux tendresses bucoliques [2].

Quant au peuple, s'il était quelque peu tenu à l'écart de ces représentations lyriques et dramatiques,

[1] GREGOROVIUS. *Lucrèce Borgia*, t. II.
[2] CABANÈS et NASS. *La Névrose révolutionnaire.*

du moins pouvait-il s'adonner entièrement aux jeux du
cirque. Ceux-ci n'étaient point comme les *circenses* de la
Rome impériale, ignominieusement sanglants. Ils pro-
cédaient plutôt des olympiades grecques. Dans l'arène,
on n'estoquait guère que des taureaux. La mode espagnole de la tauromachie était passée en Italie dès le
xive siècle, mais ne s'était généralisée qu'au siècle
suivant. Les Borgia, *aficionados* réputés, l'avaient
implantée à Rome. César Borgia était une *prima spada*
remarquable. Il ne plongeait point l'épée au garrot de
la bête, comme les toreros modernes, mais lui abattait
la tête d'un seul coup. Une fois il entra dans la lice,
à cheval, la lance au poing, pour soutenir le choc de
deux taureaux qu'on venait de lâcher[1]. Les picadores
d'aujourd'hui sont des apprentis, eu égard à cette
performance.

Ou bien c'étaient des joutes, combats singuliers,
mais qui n'entraînaient jamais mort d'homme. Pendant le carnaval notamment, les fêtes se multipliaient :
le peuple de Rome tout entier y prenait part. Il avait
liberté entière d'organiser les jeux comme bon lui
semblait. Aussi profitait-il de la permission sans le
moindre souci de la pudeur ou de la décence. Quelques orateurs sacrés tonnaient de temps à autre contre
ce qu'ils appelaient *fœdas laxationes carnis*[2], mais
on n'y prenait point garde et il eût fallu autre
chose que l'éloquence d'un Savonarole pour amener

[1] GREGOROVIUS.
[2] BOSSUS. *Lettre à Severinum Calchum.*

le peuple à renoncer à ses plaisirs favoris. Une partie de ces jeux — les plus honnêtes — sont encore pratiqués de nos jours : courses au bouclier, à la bague, aux oies, mâts de cocagne, etc.

Les sports athlétiques comprenaient principalement des courses. Celles-ci étaient les plus variées et les plus extravagantes qu'on puisse imaginer : Courses de juifs âgés de moins de vingt ans, courses de vieillards très court vêtus, courses d'estropiés aux trois quarts nus. Les coureurs juifs — haro sur Israël ! — étaient contraints au grotesque. On les couvrait d'oripeaux et on les bourrait copieusement avant le départ. Sur le parcours, des spectateurs leur donnaient des crocs-en-jambe, des cavaliers les aiguillonnaient de leurs lances; ou bien on leur choisissait comme stade un terrain boueux, un cloaque d'où ils ne pouvaient se dépêtrer[1]. D'autres fois, c'étaient les courtisanes qui faisaient les frais de la fête et se disputaient le *bravium*, pièce de soie cramoisie, verte ou rose, qui était considérée à l'égal du plus glorieux trophée.

Les courses d'animaux étaient également en grand honneur : chevaux sauvages, buffles, ânes et enfin chevaux dressés à cet effet. Ceux-ci couraient sans cavaliers; ils étaient habillés de caparaçons bizarres, garnis, à l'intérieur de pointes mousses. « Quand le chemin était ménagé, raconte un contemporain, les trompettes sonnaient, la corde s'abaissait et les chevaux abandonnés par les palefreniers se précipitaient

---

[1] RODOCANACHI. *Les Courses en Italie au bon vieux temps.*

en avant. Excités par les pointes qui leur battaient les flancs, et les clameurs de la foule, leur ardeur était extrême; ils semblaient mieux se piquer d'honneur; on en vit qui mordaient le cheval qui les précédait afin de l'écarter; cependant le passage que leur laissait la foule était si étroit que le plus souvent le cheval qui, au début, prenait la tête, ne pouvait être dépassé[1]. »

Le piquant de ce sport ingénieux, c'est que le public devait lui-même arrêter les chevaux quasi emballés. Le premier des assistants qui saisissait un cheval à son arrivée recevait un *testone*. Accidents fréquents, bien entendu, mais on n'y prenait point garde. Ces jeux durèrent longtemps, dit M. Rodocanachi; les grands et les belles gentifames que Montaigne admirait tant à Rome y prenaient un plaisir que ne leur ont point rendu, à beaucoup près, les courses actuelles, où le danger n'est que pour les jockeys.

A côté de ces sports innocents figuraient les saturnales les plus fantastiques que jamais n'aurait rêvées la Rome païenne. Le carnaval était l'occasion de débauches monstrueuses et savantes. Une joie hilarante — quelque chose comme le rire formidable d'un faune paillard et enivré — secouait la ville en une formidable convulsion. Alors, plus de classes sociales dans la promiscuité de la bacchanale; chacun se coudoyait, se heurtait. Les cardinaux eux-mêmes figuraient dans les cortèges burlesques.

---

[1] Cité par Rodocanachi. *Op. cit.*

Le masque était de rigueur. Il affectait les formes les plus saugrenues et les moins décentes. Le plus recherché était un faux nez d'allure priapique, que, sans vergogne, s'adaptaient les clercs, et dont les jeunes Romaines se délectaient. Ces *cavalcades* (car beaucoup de masques formaient des cavalcades à cheval ou à ânes) ne chevauchaient pas sans faire quelque tumulte. Au carnaval de 1499, à la suite d'un accident dont faillit être victime un camérier secret du pape, il fut interdit au clergé de se masquer. Prohibition illusoire : prêtres et évêques étaient les plus fervents de ce sport carnavalesque. Le pape, qui, en bon politicien qu'il était, savait que le peuple jetait sa gourme une fois l'an, se réfugiait dans l'une de ses vignes et « se réjouissait à sa façon avec des intimes des deux sexes[1] ».

Cependant, l'Italien de la Renaissance, tout en s'adonnant aux traditionnelles saturnales, n'oubliait jamais qu'il détenait l'héritage artistique des Grecs et des Latins. Toute occasion lui était bonne pour donner essor à ses goûts esthétiques. En dehors de la peinture, de la sculpture, de l'architecture, ces trois piliers de l'art, il apportait un souci délicat et constant au choix des costumes, des bijoux, par lesquels la beauté humaine était relevée.

---

[1] Le candide Burchard, rendant compte jour par jour d'un carnaval, énonce toutes les courses et cavalcades qui eurent lieu à Rome pendant les fêtes du carême. Son récit sec et dépourvu de fleurs de style donne la liste des *bravium* et des *pallium* qui furent décernés. La ville n'était guère tranquille et les copieuses libations des citoyens leur échauffaient la tête. « Plusieurs hommes furent tués et blessés, dit-il, mais il n'y eut aucun désordre. » (BURCHARD, *Op. cit.* D. 240.)

Jamais, peut-être, l'habillement do la femme, des prêtres et des soldats ne fut plus élégant, plus riche, mieux approprié. Aux noces de Lucrèce Borgia, on vit une telle débauche de soie, d'or et de brocart qu'il est impossible aujourd'hui d'en estimer approximativement la valeur. La fille du pape portait une robe de drap blanc brodé d'or sur laquelle était jeté un fourreau de velours brun garni de martre, les manches en brocart d'or étaient étroites et coupées de biais à la mode espagnole. Sa coiffure était en crêpe vert entouré d'un mince filet d'or et de deux rangs de perles; autour du cou courait un gros collier de perles enrichi d'un rubis balais non monté. Pour ses fiançailles elle était vêtue de brocart d'or et de velours cramoisi garni d'hermine, les manches de sa robe tombaient à terre, la queue en était portée par quatre dames d'honneur. Un ruban noir serrait sa chevelure blonde, couverte d'une étoffe or et soie.

Nous avons vu plus haut quels excès furent commis à l'occasion de ces noces célèbres. Cependant immédiatement après les fiançailles, le pape se fit apporter cinquante coupes d'argent qu'on remplit de vin pur, et en signe de grande joie on les versa dans le sein des plus belles femmes « à l'honneur et à la gloire de Dieu tout-puissant et de l'Eglise romaine[1] ». Singulière destinée du brocart et de l'hermine que d'être souillés par le vin!

Car Lucrèce n'était pas seule à porter des vêtements

[1] Burchard. *Op. cit.*, II, 48.

somp[tueux. Les invitées assurément n'avaient pas,
comme elle, consacré 15.000 ducats à leur robe, et
leur trousseau ne comportait pas deux cents chemises
de cent ducats pièce[1]. Néanmoins, leurs costumes
étaient d'une richesse inouïe, et chacune, ayant à cœur
de surpasser ses voisines, avait prodigué les étoffes
rares et les bijoux précieux.

Ce fut l'occasion de cavalcades merveilleuses à
Rome et dans les villes que Lucrèce, devenue duchesse
de Ferrare, traversait pour se rendre à sa nouvelle
résidence. Partout des arcs de triomphe, des trophées,
des réceptions grandioses, ménagées avec une connaissance parfaite des effets scéniques. A Foligno, le
cortège passe devant une statue animée — une femme
superbe sous les traits de la Lucrèce romaine et montée
sur un piédestal. Elle récite un dithyrambe par lequel
elle déclare céder le pas à la nouvelle Lucrèce qui
symbolise la modestie, la sagesse, la constance et...
la chasteté (?!!). Sur une place, le berger Pâris
témoigna que, s'il avait eu Lucrèce parmi ses justiciables divines, il n'eût pas hésité un instant; bref il
retirait la pomme d'or à Vénus pour l'offrir à Lucrèce.

L'entrée solennelle à Ferrare fut un des plus brillants spectacles de l'époque. La cavalcade comprenait:
75 archers à cheval portant les couleurs d'Este, blanc

---

[1] Chaque manche de la robe de fiançailles de Lucrèce coûtait
300 ducats, car elle se trouvait garnie de franges d'or et d'autres
ornements du même genre. Le chapeau était estimé 10.000 ducats. En six mois on employa plus d'or à Rome et à Naples
qu'en deux ans en temps ordinaire. (GREGOROVIUS. *Op. cit.*)

et rouge; 80 trompettes et hautbois; la noblesse de la ville, les maisons de Mantoue et d'Urbin, puis le marié, don Alphonse, en velours rouge, toque noire enrichie d'un ornement en or repoussé. Il portait des gamaches et des bottines incarnat; son cheval, un caparaçon en velours cramoisi et or. Derrière venaient 14 voitures de gala pour les dames d'honneur splendidement habillées; puis deux mules blanches et des chevaux blancs couverts de velours, de soie et d'or et 86 mulets portant la garde-robe de la mariée. Celle-ci chevauchait un superbe destrier qui prit peur et désarçonna sa cavalière : elle eut plus de frayeur que de mal, remonta sur un cheval plus docile et put assister aux scènes toujours mythologiques qui avaient été préparées pour sa réception : une troupe de nymphes entourant leur reine montée sur un taureau roux, tandis que des satyres gambadaient alentour. Plus loin, ce furent des acrobates, des danseurs de corde qui, à leur façon, vinrent souhaiter la bienvenue à l'épousée.

Par cet exemple, on voit combien les contemporains de Michel-Ange étaient friands de spectacles esthétiques et de luxe princier. C'est ce qui étonna le plus les Français quand, descendant le versant italien, ils prirent contact avec ce peuple ami du beau et du raffiné. A Gênes, ils furent reçus par trois mille dames de la ville, « toutes vestues et accoutrées de satin, damas ou taffetas blanc qui estoit une chose qu'il faisoit beau voir. N'y a-t-il pourtant de merveilleusement beaux visages et d'autres belles filles que j'ay point

veu nulle part ailleurs[1] ». Dans les moindres détails
de la vie ce peuple s'efforçait d'être élégant. Une véritable éclosion d'art se manifestait au réveil de l'Italie.

Contraste étrange entre ses mœurs et son idéal, contraste symptomatique d'un déséquilibre moral très
accentué. C'est donc bien une observation de névrose
sociale que l'on établit en pénétrant l'âme de la
Renaissance italienne. Si l'on portait cette étude sur
les époques que l'on pourrait qualifier de parallèles,
— les siècles de Périclès ou d'Auguste, — on abouti-
rait également à cette double conclusion : que, d'une
part, l'éclosion artistique d'un peuple coïncide toujours avec une rupture de l'équilibre de ses facultés
mentales, lequel se traduit par la violence de ses passions et l'exaltation de ses instincts ; par conséquent
le génie d'une société est essentiellement facteur de
son état de dégénérescence, si l'on doit entendre par ce
mot l'ensemble d'une série de tares pathologiques.
D'autre part, on aboutit à cette loi que c'est le vice
et non la vertu qui conduit à l'art. La vertu pousse les
hommes vers la voie monotone de l'imitation, de la tradition, de la banalité. Le vice exalte leurs passions. L'art
n'est autre chose que le cri d'un cœur ardemment passionné, déchiré par la volupté normale ou anormale.

« L'artiste est un être organisé pour la seule jouissance... L'artiste est un monstre dans une humanité
immorale...[2] »

[1] SAINT-GELAIS. *Histoire de Louis XII.*
[2] J. LIBERT. *Impulsionnisme et Esthétique.*

# LA NÉVROSE RELIGIEUSE

---

## I

## Mysticisme, névrose et démonomanie

« Il y a des grandeurs dans le xviiᵉ siècle, écrit Taine[1], des établissements, des victoires, des écrivains de génie, des capitaines accomplis, un homme supérieur qui sut travailler, vouloir, lutter et mourir. Mais les grandeurs sont égalées par les misères... »

Ces misères, qui compensent les grandeurs, Saint-Simon s'en est fait l'historien potinier, mais fidèle. Cependant, son observation amusée ne s'exerçait que sur les grands et leurs satellites : le noble duc a négligé le peuple qu'il ne coudoyait pas. Et pourtant ce peuple, lui aussi, connut la lutte et la souffrance; c'est lui qui, en définitive, fit par son courage la gloire des Condé et des Turenne; qui, par l'éveil de son sens esthétique, consacra Corneille et Racine; mais combien son esprit était-il encore aveuglé dans

---

[1] TAINE. *Essais de critique et d'histoire.*

les ténèbres de l'ignorance! L'exaltation de son mysticisme lui fit méconnaître la méthode cartésienne et le bon sens de Pascal, et son histoire, au xviie siècle, est une page d'illuminisme apeuré et maladif.

C'est Michelet qui, de tous les historiens du grand siècle, a le mieux compris l'âme populaire de cette époque, âme naïve où la foi se mêlait à la superstition et qui semble dominée par ce puissant mobile de bien des actes sociaux : la peur. Les pages de la *Sorcière* sont peut-être celles que Michelet a le plus senties et le plus fortement pensées. Il y montre magistralement comment s'est transmis au xviie siècle l'héritage du moyen âge et de la Renaissance, et comment alors les foules et les individus furent aussi tenaillés de sorcellerie que leurs ancêtres.

Au reste, si l'on y réfléchit bien, le mysticisme est, en France du moins, notre apanage. A travers les différentes périodes de notre histoire, il s'est manifesté sous les formes les plus diverses, mais de même origine. Mysticisme, les emballements des fidèles à la parole d'un saint Bernard ou d'un Pierre l'Ermite; mysticisme, la vogue des devins et astrologues qui encombrèrent le xvie siècle ; mysticisme, les possessions démoniaques du siècle suivant ; les interminables discussions théophilosophiques sur le jansénisme ou le quiétisme; mysticisme, l'œuvre de Jean-Jacques, les cultes nouveaux de la Révolution ; mysticisme, les miracles modernes... La foi, qui ne raisonne pas, livre l'âme à la superstition, à l'interprétation imaginative de l'inconnu ; la peur s'empare bientôt de cette âme, affecte sa mentalité, y ensemence la névrose fatale.

Si la sorcellerie tend à disparaître aujourd'hui, c'est que les hommes, aussi curieux qu'autrefois des énigmes de l'univers, les voient peu à peu résolues par l'intervention de la science. Ils craignent moins les forces mystérieuses dont ils ont asservi quelques-unes. Dans le domaine médical et psychique, ils sont éclairés sur la valeur de phénomènes morbides qui autrefois les épouvantaient et leur faisaient croire que les fous étaient des élus marqués d'un sceau surnaturel. Nous considérons l'hystérique comme un malade banal et curable ; nos aïeux voyaient en lui un possédé que seule pouvait guérir une intercession extraordinaire. En définitive, les progrès de la raison humaine font reculer la sorcellerie et la superstition.

Qu'on n'aille pas croire, aussi bien, que nous fassions ici le procès de la foi : Pasteur a montré qu'on peut être croyant et savant ; c'est affaire à chaque tempérament mental de concevoir sa métaphysique comme il l'entend. Mais l'idée de Dieu, elle-même, doit, pour conserver toute sa force, être dégagée de toute idée de superstition : elle veut être exclusive du sentiment de peur qui est instinctif chez toute âme inquiète et ignorante. Elle est acquise, — et non innée, — par l'éducation, par l'observation, par la discussion du problème des causes finales. Ce qui provoque la superstition, et son corollaire la sorcellerie, ce n'est point d'envisager cette redoutable

énigme, insoluble sans doute, mais d'ignorer le jeu
des lois naturelles et normales : tel phénomène de
physique, telle expérience de laboratoire, telle constatation de clinique médicale ont plus fait pour l'affran-
chissement de l'esprit que les dissertations à perte de
vue des philosophes, dont les doctrines ne reposaient
sur aucune base expérimentale.

Nous pouvons donc conclure que la sorcellerie fut
une conséquence inévitable de l'ignorance de nos
pères : il faut se garder d'en sourire, car, aux générations qui dans deux siècles seront appelées à la vie
éphémère, nous paraîtrons aussi naïfs que nous
semblent aujourd'hui les contemporains du Grand
Roi.

Nous n'avons point l'intention de refaire, après
Michelet, l'histoire de la sorcellerie. Ce serait, de
notre part, une outre cuidante fatuité. Cependant si,
dans son ensemble, la *Sorcière* reste une œuvre définitive d'observation patiente et de philosophie
humaine, tout au moins est-il permis d'apporter
encore quelques documents nouveaux qui corrobo-
reront les conclusions de l'écrivain.

De l'histoire hystérique du xviie siècle, Michelet a
mis en relief ces trois cas morbides bien précis :
Gauffridi, Urbain Grandier, Madeleine Bavent. Dans
la formidable épidémie de possession qui envahit
alors les couvents de femmes, ces trois *affaires*
furent parmi les plus sensationnelles. Notre excellent
confrère et ami le Dʳ Legué a donné de l'une d'elles
une monographie remarquable et abondamment

détaillée[1]. Cependant, comme toute épidémie, celle-ci eut, à côté de ses centres irradiants, de nombreux foyers secondaires : la tache d'huile se répandit bientôt et couvrit la France entière ; du nord au sud, de l'est à l'ouest, les couvents se contaminèrent. Ce fut dans les cloîtres un véritable vent de folie, une tempête hystérique qui se déchaîna, secouant les malheureuses nonnes de convulsions violentes, parfois burlesques, toujours dramatiques.

Pourquoi donc les couvents plutôt qu'une autre collectivité ? Et d'abord pourquoi une collectivité ?

C'est que celle-ci possède une mentalité singulière, faite de tous les instincts agrégés de chaque individu, mais non de leurs facultés intellectuelles additionnées. Une foule de gens intelligents n'est pas plus intelligente que le plus intelligent d'entre eux. Par contre, elle possède la somme à peu près complète de tous les instincts primitifs de chaque individu. Condition exceptionnellement favorable au développement de la névrose. Celle-ci, qui n'aurait peut-être pas prise sur chaque unité isolée, se greffe, pour ainsi dire, avec une surprenante facilité sur une collectivité composée de ces unités. La foule, par principe, est donc sujette à la névrose, au détraquement mental. Chaque fois qu'elle intervient dans l'histoire ou dans la vie sociale, elle commet des actes impulsifs, irré-

---

[1] L.-G. Legué. *Urbain Grandier et les possédées de Loudun.* V. également du même auteur, *Sœur Jeanne des Anges,* sur la même affaire de Loudun.

fléchis, témoignant d'un abaissement des forces psychiques normales.

La réunion des nonnes dans un couvent ne constitue pas, à proprement parler, une foule — en ce sens qu'elles ne sont pas ballottées par les courants et la houle, comme une assemblée de citoyens. Néanmoins, elles ont abdiqué, volontairement, toute personnalité propre, elles ont dépouillé leur mentalité individuelle pour adopter celle du cloître : elles n'ont, par conséquent, plus la même énergie que des laïques pour résister aux assauts impulsifs, à l'hétéro-suggestion et à l'auto-suggestion. Bref, elles sont prédisposées à recevoir la névrose, comme un cachet de cire tiède le sceau qui l'aplatira et lui donnera une forme nouvelle : elles sont la collectivité et présentent ces caractères psychologiques de la collectivité que nous venons de signaler. Rien d'étonnant, par conséquent, qu'elles se soient laissé contaminer en bloc par la possession démoniaque.

Mais pourquoi plutôt au XVIIe siècle qu'aux époques précédentes? Pourquoi la sorcellerie, l'hystérie épidémique a-t-elle à ce moment précis quitté le peuple des villes et des campagnes pour s'abattre sur les couvents? A cause, assurément, de la réforme des mœurs monacales. Les nonnes et abbesses, qui jusqu'alors avaient observé une règle fort élastique et avaient quelque peu scandalisé le monde de leurs excès, se trouvent brusquement réfrénées : elles passent d'un extrême à l'autre et, disant un adieu définitif au monde profane, elles se confinent dans l'ascétisme, l'austérité, la solitude, la contemplation. Rien ne pouvait mieux les préparer au détraquement mental : mystiques par vocation, par tempérament, elles exaspèrent ce mysticisme par des pratiques sévères, par la claustration perpétuelle, le jeûne, l'exaltation d'une foi qui n'est contrebalancée par aucun souci d'origine profane. Le changement fut brutal, comparable au renversement de la vapeur dans une machine en marche. Comment s'étonner, ensuite, de leurs hallucinations, de leurs convulsions, de leurs désordres mentaux conscients ou inconscients ?

Telles furent, à notre avis, les causes réelles de la possession démoniaque des nonnes. Au reste, elle avait déjà fait son apparition, au v° siècle, en un temps de mysticisme exalté, et Cassien l'avait décrite sous le nom d'*hystérie des cloîtres*. Sur tous les points de la France, dès le commencement du xvii° siècle, éclatent des accès de démonomanie. Le point de départ fut apparemment le pays basque dont les sorcières avaient acquis la réputation de mener le grand sabbat avec une maestria incomparable. Le midi de la France sembla privilégié : aussi bien c'est dans le Midi que les luttes religieuses furent le 'plus âpres, que, parallèlement, les méfaits de la sorcellerie furent le plus nombreux. Toulouse vit, au moyen âge, brûler des sorcières par centaines. Sous Louis XIII et Louis XIV, Marseille, Toulon, le Languedoc, l'Aquitaine eurent leurs couvents de possédées.

L'affaire la plus retentissante fut celle de Loudun

qui permit à Richelieu d'exercer une mesquine vengeance, puis celle de Louviers, dont l'héroïne, Madeleine Bavent, fut impliquée dans l'Affaire des Poisons[1].
Il en est une moins connue, et cependant ni moins
burlesque, ni moins odieuse, c'est la possession
d'Auxonne dont nous avons pu lire la relation sur le
manuscrit original qui l'a conservée.

[1] Dʳˢ CABANÈS et NASS. *Poisons et Sortilèges*, 2ᵉ série.

# II

## Une observation de démonopathie collective

### LA POSSESSION D'AUXONNE

Tout ce que l'hystérie peut suggérer à de pauvres
détraquées : mensonges, simulations, invraisem-
blances inouïes ; tout ce que la névrose peut provoquer chez elles : convulsions clownesques, somnam-
bulisme, phénomènes de télépathie, hallucinations,
toute cette gamme classique de symptômes, nous
allons la retrouver, en étudiant l'histoire de la possession d'Auxonne [1].

*<br>* *

Auxonne possédait un couvent de filles vertueuses,
dont on vantait « l'honeste establissement, la maison

---

[1] *Relation de ce qui s'est passé dans la ville d'Auxonne au mois
de novembre 1661 (Biblioth. de l'Arsenal*, mss. 2446). Nous devons
mentionner le travail du Dr Garnier, de Dijon, paru dans la
*Bibliothèque diabolique* du *Progrès médical*, sous le titre *Barbe
Buvée et la prétendue possession des Ursulines d'Auxonne*. Il convient d'ajouter que le Dr Garnier ne paraît pas avoir eu connaissance du manuscrit de l'Arsenal.

agréable, les bastiments commodes, la closture en
bon état, le revenu suffisant ». C'était une communauté heureuse : elle n'avait pas d'histoire.

Vers 1652, cependant, — bien après les affaires de
Loudun et de Louviers, — quelques nonnes éprou-
vèrent des malaises nerveux ; bientôt elles eurent des
hallucinations, elles virent des spectres, entendirent
des bruits extraordinaires ; une épidémie d'hystérie
venait d'éclater dans la maison.

La supérieure, en femme raisonnable, essaya de
faire le silence sur ces faits regrettables ; mais comment arrêter les progrès du mal ? Finalement elle
se vit obligée d'écrire à son évêque, car ses sœurs
préféraient « passer pour malheureuses que criminelles et avouer ingénument qu'elles étoient possédées, que de passer pour des friponnes et pour
des extravagantes, pour des vierges folles et insen-
sées ».

Le roi, devant le scandale public, délègue l'évêque
de Chalon avec pleins pouvoirs pour ramener le calme
dans les esprits. Le prélat se met en route pour
Auxonne, accompagné de huit ecclésiastiques et d'un
médecin de Chalon, nommé Morel, célèbre par son
expérience et sa probité.

L'évêque se méfiait à bon escient ; sans doute avait-
il déjà eu à solutionner pareille affaire ; il savait très
difficile la tâche de démêler le vrai du faux, la simulation des hystériques pouvant dépasser toute mesure ; aussi, pour éviter la supercherie (comme à Loudun), il sépare les exorcistes des exorcisées, il ordonne

des prières publiques, puis commence son enquête [1].

Toutes les possédées, nonnes ou séculières (l'épidémie s'était répandue du couvent dans la ville), présentaient les mêmes symptômes, extraordinaires aux yeux du médecin Morel : elles étaient secouées de convulsions terribles, se cognant la tête contre les pavés et les murs, « sans qu'elles en témoignent de douleur, ni qu'il paraisse ni sang, ni blessure, ni contusion ». Pendant la crise, elles se tenaient à genoux, la tête renversée en arrière, touchant presque le sol ; elles restaient dans cette position des heures entières, puis brusquement, faisant des mouvements de salutation, elles se penchaient en avant, se renversaient en arrière, trente et quarante fois de suite, « la fille demeurant à genoux et les bras croisés sur l'estomac ; puis quelquefois et dans le mesme état la tête renversée tournoit alentour du corps, en faisant comme un demi-cercle, en faisant des efforts apparemment insupportables à la nature ». En même temps, elles poussaient des hurlements aigus, pleuraient abondamment, les yeux complètement chavirés.

D'autres fois, elles rampent à terre, le corps arqué, ne touchant le sol que par les talons et la nuque,

[1] A Loudun, en effet, les exorcistes qui ne poursuivaient d'autre but que de convaincre Urbain Grandier de sorcellerie étaient, pour ainsi dire, de mèche avec les exorcisées qui accusaient Grandier de les avoir ensorcelées. Les uns et les autres arrêtaient de concert la mise en scène de la cérémonie d'exorcisme ; ils étaient complices des supercheries les plus grossières et les plus ignobles.

quelques-unes exagérant cette position caractéristique de l'hystérie, jusqu'à pouvoir baiser le sol et
faire un signe de croix avec la langue sur le pavé.

Enfin, il en est qui possèdent le don d'extérioriser
leur sensibilité ; leur *aura* devient sensible : « l'évêque
leur imposa les mains secrètement sans qu'elles
pussent le voir, et elles ont crié que cette main estoit
insupportable ». Ce sont donc, avant la lettre, les
expériences du colonel de Rochas.

Ce cas est assez curieux à rapprocher de ceux qui
ont servi à M. de Rochas pour étayer son ingénieuse
théorie de l'extériorisation de la sensibilité. En voici
notamment un qu'il rapporte et qui est juxtaposable
à celui des possédées d'Auxonne. Il s'agit d'un som-
nambule qui était en traitement à l'hôpital de Fréjus.
Pendant les accès du sujet, on ne pouvait ni le toucher ni toucher un objet près de lui sans provoquer
chez lui une crise d'autant plus violente que le contact
venait d'une personne qui lui était plus inconnue. Un
inspecteur qui visitait l'hospice ne voulut pas tenir
compte des avertissements qu'on lui donna à ce
sujet et, par curiosité sans doute, toucha les vêtements
de Louis D... Aussitôt celui-ci tomba à la renverse,
et l'inspecteur ayant voulu le prendre dans ses bras
pour le retenir, la crise devint terrible et laissa le
malade sourd pendant plusieurs semaines [1].

On le voit, les mêmes causes provoquent les mêmes
effets chez deux malades dont l'un est un de nos con-

[1] DE ROCHAS. *L'Extériorisation de la sensibilité.*

temporains et l'autre une religieuse cloîtrée du xviiᵉ siècle. En réalité, leur affection mentale est la même : l'hystérie, qui est une dans le temps et dans l'espace. Ce qui ne veut pas dire que tous les hystériques possèdent la propriété spéciale d'extérioriser leur sensibilité, mais que, seuls, ils sont capables de le faire.

Mais revenons à nos nonnes diaboliquement possédées. Bien entendu, le médecin Morel, qui suivait avec minutie toutes les phases de la crise collective, y perdait son latin. Il n'en pouvait, et pour cause, donner aucune explication scientifique. Aussi était-il contraint de se rabattre sur la seule hypothèse alors admissible : les démons avaient élu domicile dans le corps de toutes ces endiablées. Il ne restait donc plus, pour rappeler les religieuses à la santé physique et morale, qu'à expulser de leurs corps ces hôtes intempestifs et incommodes. D'où nécessité de l'exorcisme, conduit suivant toutes les règles de l'art et les formules ecclésiastiques.

\* \*

Par malheur, ces démons étaient nés malins. Non seulement ils se refusaient à sortir sur la simple prière de l'exorciste, mais encore ils manifestaient leur présence par des actes tellement fantastiques qu'on ne pouvait révoquer en doute leur puissance satanique. Ils étaient d'une science consommée : par la bouche des malheureuses nonnes, tombées en attaque, ils faisaient de grands discours, en latin classique, en grec, en irlandais même, alors que ces ignorantes filles ne pouvaient même pas lire le latin de la messe !

Nous n'aurons aucune hésitation à reconnaître que le cas est assez embarrassant à expliquer. Mais, — en admettant que nous n'ayons pas affaire ici à une supercherie grossière qu'il nous est impossible de dépister à distance, — peut-être peut-on invoquer un phénomène soit de télépathie, soit de dédoublement de la personnalité : l'un et l'autre de ces deux états mentaux pourraient justifier ce fait extraordinaire de possédées parlant l'hébreu sans le savoir [1].

Cette hypothèse — tout au moins celle de la télépathie et de l'ubiquité — est confirmée par ce fait que les nonnes avaient le don de double vue : l'une raconte à l'évêque des « choses fort secrètes », concernant ses intérêts domestiques; une autre s'adressait un jour à un des ecclésiastiques de Chalon, le raillant d'avoir eu de mauvaises pensées à son coucher, ce qui fait qu'il a passé une nuit « fort inquiète et sans dormir ». Enfin toutes sont facilement suggestionnables ; il suffit de leur adresser mentalement un ordre pour qu'elles l'exécutent immédiatement.

C'est surtout au cours des exorcismes que les crises éclatent, violentes, terribles : les convulsions sont atroces, surtout au moment de la communion, les possédées gardant l'hostie sur la pointe de la langue sans pouvoir l'avaler. Pendant la messe, elles sont

[1] Le cas des possédées d'Auxonne n'est pas unique : cette polyglottie imprévue, on la rencontre dans plusieurs possessions démoniaques de l'époque.

furieusement agitées, crachent contre l'officiant, blas-
phèment, montent sur les bancs ; mais, au commandement intérieur de l'exorciste, elles se remettent en
place et gardent un calme relatif.

Ces exorcismes provoquent parfois des scènes
étranges. Le 12 novembre, l'évêque exorcise la sœur
de l'Enfant-Jésus ; mais, comme le démon se refuse à
sortir, l'évêque lui demande de donner un signe
évident de sa présence : qu'il accomplisse un acte
surnaturel, par exemple « en suspendant le mouvement de l'artère et le battement du pouls, en sorte
qu'il restât tout à fait comme dans un corps mort ».
Le démon y consent ; Morel prend le pouls du bras droit
de la sœur et note que, peu à peu, il perd sa force ;
bientôt il devient imperceptible et s'arrête complètement : les assistants veulent également s'assurer du fait
et constatent, comme Morel, que le pouls du poignet
droit est complètement arrêté, alors que celui du poignet gauche bat normalement. Au commandement de
l'exorciste, le phénomène cesse et l'artère reprend
ses mouvements. Voilà qui était concluant : le démon,
une quantité de démons habitaient le corps.

Les physiologistes modernes ont donné une explication rationnelle du phénomène : on sait qu'avec ou
sans le concours de la volonté (c'est le cas chez une
hystérique), la contraction musculaire peut être assez
forte pour comprimer une artère et y faire cesser tout
battement. Les professionnels du magnétisme qui
donnent des représentations publiques où les expériences les plus terrifiantes tiennent le spectateur en

haleine ne manquent jamais de reproduire celle-là.
Ils affirment ainsi avoir la volonté d'arrêter les batte-
ments du cœur, de suspendre leur vie, suivant leur
désir, pour la laisser ensuite reprendre son cours
normal. La supercherie est facile à découvrir : en
réalité l'artère comprimée s'arrête seule de battré, pendant que le cœur continue son rythme régulier.
Mais le brave médecin Morel, en 1661, ignorait cette
particularité, et l'on conçoit son effarement en sentant
le pouls de la possédée diminuer peu à peu, disparaître tout à fait, pour revenir, aussitôt le charme
rompu.

Une autre fille, Denise Lamy, va se prêter à son
tour à l'exorcisme. Le démon manifestera sa présence
en rendant la fille absolument insensible. Et, de fait,
on pique le bras de la patiente, on enfonce profondément des épingles entre l'ongle et la chair ; la possédée ne ressent aucune douleur : « Brusle, perce
comme tu voudras, dit le démon, la créature ne le
sentira pas : c'est Dieu qui me contraint aujourd'hui
d'obéir quoy que par force... Veux-tu du sang ou
n'en veux-tu pas ? je le ferai couler ou je le ferai cesser comme l'on voudra ; perce hardiment et ne crains
point. » L'exorciste continue à enfoncer les pointes,
les plaies ne saignent pas, puis, sur son désir, le
sang coule et s'arrête spontanément.

\* \*

Mais les démons ne se contentent pas de manifester

leur présence : ils discutent, ils ergotent avec
l'évêque et les exorcistes; ils veulent bien sortir,
mais qu'on leur laisse le choix du jour et de l'heure.
C'est ici que la simulation apparaît : en quittant la
possédée, le démon devait *donner une marque* de sa
sortie : briser une vitre, vomir un crapaud ou un
sortilège, etc. Il fallait donc que l'hystérique eût le
temps de préparer sa supercherie : c'est pourquoi le
démon demandait un jour de répit.

En attendant leur délivrance, les possédées racontent
à l'évêque comment les démons se sont introduits
dans le couvent et les ravages qu'ils y causent. Nous
retrouvons ici ce qui s'est passé à Loudun : les possédées désignent nettement un magicien comme la
cause de tous leurs maux, de même que M^me de Bel-
ciel et les Ursulines accusaient Urbain Grandier
devant Laubardemont. Les hystériques, tourmentées
par le besoin de mentir, racontent les invraisem-
blances les plus inouïes; aussi leurs accusations ne
semblèrent pas sérieuses à l'évêque qui les rejeta :
grâce à lui, personne ne fut brûlé à Auxonne pour
avoir ensorcelé ces malheureuses nonnes. Enfin, peu
à peu, toute la légion des démons consent à se reti-
rer : Belzébuth, Averrine, Astriomodoc, Belphégor,
Asmodée, Lucifer, Elioch et leurs innombrables
troupes forcent les nonnes à se rendre à un dernier
sabbat; c'est dans une cérémonie analogue que les
hosties ont été maléficiées et que les démons ont pris
possession du couvent. Ce sabbat se tiendra dans le
monastère. Effectivement, le jour même, vers minuit,

l'évêque disait la messe dans la chapelle, lorsqu'il
entendit, dans le jardin, un bruit confus, accompagné de voix inconnues et de sifflements, entrecoupés
de grands cris inarticulés; au même instant, des
pierres furent jetées contre la fenêtre de l'église,
dont les vitres furent brisées. Effroi des assistants.
Deux ecclésiastiques sortent pour éclaircir ce mystère,
et, en place de sabbat, trouvent simplement deux
possédées, l'une montée sur un arbre, l'autre au pied
de l'escalier : ce n'étaient pas des nonnes, mais des
séculières, habitant en ville. On les interroge, et l'une
d'elles répond qu'elle était sortie de son logis à six
heures du soir; que les démons l'avaient transportée
sur la tour du Cygne et l'avaient sollicitée de se donner à eux : elle était restée là une demi-heure, s'ac-
crochant après les tuiles pour ne pas tomber; puis ils
l'avaient reprise et transportée sur une autre porte,
la porte du Comté, puis sur la place des Locherets,
où cent personnes étaient assemblées; enfin ils
l'avaient précipitée dans ce jardin, et toujours elle
s'était refusée à ces démons qui voulaient la violen-
ter : d'où les traces de lutte qu'elle portait sur le
visage.

Il fallait la robuste conviction de l'évêque et des
exorcistes pour avaler de pareilles bourdes; pas un
ne douta cependant de la sincérité de ces paroles. Le
prétendu sabbat n'avait existé, — est-il besoin de le
dire? — que dans l'ardente imagination des pauvres
détraquées.

Le lendemain, les démons commencèrent leur sor-

03

BREUGHEL. — QUELQUES TYPES DE DÉMONS.

IDEM IMITAVIT A DEO VII MAGVS A DÆMONIBVS DISCERNLLIT

tie ; chacun rejetait un sortilège : l'un, « un os de la jambe d'un enfant servi au sabbat » ; un autre, une hostie sanglante couverte de cheveux et de cire. Averrine casse une vitre ; Belzébuth donne, en signe de sortie, *sine spe revertendi*, un petit os, rempli de mousse et de cheveux ; un autre rend un sortilège composé d'un os de sorcière morte, d'un morceau de suif, de cire blanche, de la chair d'un enfant mort-né, de cheveux de magicien, et de soufre. Astriomodoc donne un petit bandeau blanc, sur lequel est écrit JÉSUS-MARIA-JOSEPH. Elioch manifeste sa sortie en laissant un morceau de graisse de sorcier, etc.

Pas une fois la supercherie ne fut découverte, même quand une nonne vomit un crapaud ! L'évêque était si zélé que le démon lui dit, par la bouche d'une nonne : « Tu as trop de zèle, évêque, j'ai à te dire de la part de Dieu que tu te modères. » Cependant il devait finir par avoir raison de toutes ces possédées. A force d'exorcismes, d'imprécations, de malédictions, à force d'imposer le saint sacrement et les reliques de saint Hubert sur le front des possédées, celles-ci se calmèrent.

Elles furent donc guéries par suggestion, de même qu'elles avaient été contaminées mentalement par suggestion. Bien convaincues que les démons les avaient quittées pour toujours, elles reprirent leur existence tranquille et paisible.

En définitive, tout, dans ce cas de possession collective, est caractéristique de l'hystérie, depuis l'origine du mal jusqu'à sa guérison, en passant par la symptomatologie détaillée. Mais, aux yeux du naïf Morel chargé de veiller aux supercheries, il s'agissait de phénomènes surnaturels — explication suffisante à ceux qui craignent de pénétrer plus au delà dans l'inconnu, explication qui ne satisfera jamais ceux qui à un fait matériel veulent assigner une cause matérielle : duel éternel entre l'ignorance et la science ; mais — ceci dit pour qu'on ne nous accuse pas de sectarisme — duel où la véritable foi n'est pas en jeu, car elle a véritablement mieux à faire qu'à s'occuper de pauvres illuminées, affolées par la suggestion d'un démon imaginaire.

*
* *

Toutes ces histoires de possession démoniaque dont nous venons de donner une observation à peu près complète relèveraient donc entièrement du domaine de la bêtise insondable des hommes, si elles n'étaient réclamées par la médecine mentale. Un de nos meilleurs écrivains d'occultisme, M. Ch. Lancelin, écrit en manière de conclusion à ses deux volumes sur l'*Histoire de Shatan*[1] : « Les manifestations extérieures s'expliquent par des théories purement scientifiques ; quant au fait lui-même, il n'existe que par les manifestations en question ; mais compris en son essence démoniaque et envisagé sous sa forme satanique, il

---

[1] CH. LANCELIN. *L'Histoire mythique de Shatan*; du même, le *Ternaire magique de Shatan*.

ne possède pas ombre de réalité — sinon à un seul point de vue, il est la névrose particulière et protéiforme que soignent, aujourd'hui, tous les aliénistes, sous le nom générique de *démonopathie,* laquelle est — scientifiquement — l'unique manière d'être de Shatan. Oh ! la lamentable fin de l'épopée satanique que celle-là !... »

Encore n'avons-nous vu dans la relation d'Auxonne que le maléfice, le charme et l'incantation. La présence du démon — ou plutôt l'illusion du démon, — l'apparence du démon, la peur du démon se traduisaient parfois par d'autres phénomènes plus lamentables encore pour la dignité humaine : en dehors de l'*envoûtement* et du *vampirisme*, il y avait : le *beauciel-Dieu* qui affecte les animaux ; le *philtre*, breuvage suggestif d'amour impur ; la *charge,* procédé d'empoisonnement extranaturel ; le *loup garou*, métamorphose d'une forme humaine en forme animale ; le *sortilège* de magie noire ; le *nœud de l'aiguillette* redouté des amants ; la *main de gloire,* charme de stupeur ; la *jettatura*, ou jet de mauvais sort, etc. [1]. Mais la spécialité de la possession des nonnes, c'était la grande crise d'hystérie et l'état mental spécial aux hystériques : mensonge et supercherie grossière. Le reste était surtout l'apanage du peuple crédule et superstitieux qui veut une cause surnaturelle quand la cause naturelle échappe à son étroit entendement.

Un des caractères les plus singuliers de la démo-

---

[1] LANCELIN. *Op. cit.*

nomanie hystérique, c'est le mensonge auto-accusateur. Sorcières ou possédées avouaient, non pas sous la torture, non pas même sous la pression de l'interrogatoire, mais librement, spontanément, des horreurs qu'elles n'avaient jamais commises, mieux, n'avaient jamais pu commettre. Ainsi s'est accréditée la stupide légende du sabbat où se perpétraient, au dire de celles qui prétendaient y être allées, de stupides infamies.

Ce besoin de s'accuser soi-même fait partie des attributs psychologiques de l'hystérique. Aujourd'hui que le sabbat ne ressuscite plus de ses cendres froides, l'hystérique invente des crimes imaginaires dont il se déclare l'auteur. Les annales judiciaires abondent en auto-accusations de cette nature. Au temps de la névrose religieuse, c'était de sorcellerie que les hystériques s'avouaient coupables.

Évidemment, les hallucinations de la vue ou de l'ouïe formaient la base de ces auto-accusations. Beaucoup de ces malheureuses se graissaient avec des onguents contenant du haschisch, de la mandragore, de la belladone et autres drogues propres à développer les hallucinations, à faciliter les suggestions de toutes sortes [1].

C'est ainsi que des milliers d'individus — surtout des femmes — furent, du xive au xviie siècle brûlés comme sorciers, coupables d'avoir ensorcelé, tué, violé, mangé de la chair humaine, etc. Les

---

[1] Dr Dupré. *Les Auto-accusateurs au point de vue médico-légal.*

unes, — dit le D<sup>r</sup> Dupré, l'éminent spécialiste du Dépôt, — avouaient par suggestion réflexe, inconsciente; d'autres étaient des *mélancoliques délirantes* qui avouaient tous les crimes possibles et demandaient elles-mêmes leur supplice. D'autres, enfin, se lançaient dans la voie des pratiques diaboliques, suggestionnées par les récits qu'elles entendaient autour d'elles, puis dénoncées au tribunal ecclésiastique, se condamnaient elles-mêmes par leurs auto-accusations au bûcher libérateur.

« Toutes les psychoses caractérisées par des hallucinations surtout motrices et génitales, le dédoublement de la personnalité et le délire de possession revêtaient chez elles la forme de la démonolâtrie, de la démonopathie externe et interne, de la démonomanie, de la lycanthropie, et entraînaient nécessairement à leur suite des auto-accusations sincères, qui étaient pour leurs auteurs autant d'arrêts de mort. »

Cependant, — et ceci est à l'honneur de la corporation médicale, — à défaut d'une explication rationnelle et satisfaisante des abominations sabbatiques ou des phénomènes de possession, — certaines gens refusaient de croire à une intervention démoniaque. De ce nombre étaient les médecins.

La Faculté de Montpellier fut un jour saisie de la question. On lui énuméra sept chefs de possession dont : l'enflure de la gorge, les attitudes clownesques, les convulsions, l'anesthésie, etc., et on lui demanda si c'étaient là « signes certains de posses-

sion ». Elle répondit négativement, sinon scientifiquement[1], mais la foi du charbonnier est tenace, on
passa outre l'avis de la Faculté et l'on continua d'allumer les bûchers.

[1] LOCARD, *Crimes de sang, Crimes d'amour au XVII\* siècle.*

# III

## Incubes et succubes

Un des signes les plus probants de la possession
démoniaque était le crime connu sous le nom de
démonialité, ou commerce charnel avec le diable,
*copula cum dæmone.* Pendant longtemps, les théolo-
giens ont cru à l'incarnation réelle de Satan, qui sous
les traits d'un *incube* ou d'un *succube* venait tourmenter de désirs exaspérés jeunes filles et jeunes gens.
Parfois cependant il se présentait à eux sous la forme
d'une bête. On voit par là quelle excuse facile les
aberrés du sens génésique pouvaient invoquer lorsqu'ils étaient pris en flagrant délit de bestialité avec
un animal quelconque : c'est le diable qui s'était logé
dans le corps dudit animal.

Quant au péché avec les incubes et les succubes, il
donna lieu à de savantes controverses. Saint Augustin
fut sans doute un des premiers à poser la question :
« C'est une opinion très répandue, écrit-il dans *la Cité de
Dieu,* et confirmée par les témoignages directs ou indi-
rects de personnes absolument dignes de foi, que les
sylvains et les faunes, vulgairement appelés incubes,
ont souvent tourmenté et sollicité les femmes pour le

commerce charnel. Il y a même des démons, nommés
par les Gaulois duses ou lutins, qui se livrent très
régulièrement à ces pratiques impures : ceci est attesté
par des autorités si nombreuses et si graves qu'il y
aurait impudence à le vouloir nier[1]. »

Le P. Sinistrari d'Ameno, des mineurs réformés
de l'étroite observance de saint François, s'est attaché
à tirer au clair ces obscurs attentats du Mauvais Esprit,
et, pour l'édification de ses semblables, il a écrit un
*Traité de la démonialité* qui résume clairement toutes les
connaissances théologiques et scientifiques touchant
les incubes[2].

Il pose d'abord en principe que le démon peut avoir
deux sortes de maîtresses : les sorcières, qui se livrent
à lui pendant le sabbat et qui ont conclu avec lui un
pacte solennel, rappelant celui de Faust et de Méphis-
tophélès; puis les femmes absolument étrangères à la
sorcellerie et qu'il a choisies pour victimes, principalement dans le monde des couvents.

La grande question est de savoir comment le diable
s'y prend pour posséder réellement une femme. Ce à
quoi la théologie répond : les anges, bons ou mauvais
ne sont pas tous de purs esprits, tant s'en faut. Ainsi
l'a décidé le concile de Nicée : « L'avis réel de l'Église
catholique est que ce sont des intelligences, mais non
tout à fait dépourvues de corps et insensibles; elle
leur reconnaît au contraire un corps subtil, de la

---

[1] Saint Augustin. *Cité de Dieu*. t. XV, ch. XXIII.

[2] Sinistrani d'Ameno. *De la démonialité* (1753), traduction Li-
sieux (1802).

nature de l'air ou du feu... Il est impossible de dire que les anges, les démons et les âmes sont incorporels ; car ils sont apparus nombre de fois revêtus de leur propre corps à ceux dont le Seigneur a daigné ouvrir les yeux[1]. »

Donc les incubes existent réellement, en chair, en os et en âme. Aussi bien, ils ont fait leurs preuves, car ils ont procréé des enfants. Ceux-ci ont pour caractères ancestraux d'être très grands, très robustes, très audacieux, très superbes et très méchants. Ils s'appellent Romulus et Rémus, Servius Tullius, sixième roi des Romains, Platon, Alexandre le Grand, Seleucus, roi de Syrie, Scipion l'Africain, César, Aristomène, Merlin l'Enchanteur, né d'un incube et d'une religieuse, fille de Charlemagne, et enfin... Martin Luther[2].

Ces démons amoureux sont tantôt mâles, tantôt femelles. Ils empruntent le sexe opposé à celui de leur complice ou de leur victime, car ce sont des gens corrects qui ne s'égarent point dans les sentines de l'amour antiphysique. Mâles, ils sont incubes, femelles succubes. Ce sont des succubes notamment qui venaient tenter saint Antoine dans sa retraite, en compagnie de faunes, de satyres et d'un troupeau démoniaque plus ou moins provocateur. Par contre, c'étaient des incubes qui venaient tourmenter les religieuses dans leur cellule.

[1] Concile de Nicée. Proposition de Jean de Thessalonique, adoptée à l'unanimité.
[2] SINISTRARI D'AMENO, Op. cit.

Voici une observation précise de démonialité rapportée par le P. Sinistrari. Nous sortons cette fois de
l'histoire biblique ou romaine. Une vierge de noble
famille vivait dans un monastère. Elle y était ardemment sollicitée au mal par un incube qui nuit et jour
lui apparaissait, la suppliait, la tentait. La sainte
femme résistait de son mieux, à force de pénitences,
jeûnes et mortifications. Mais l'incube tenait bon et
persistait. On recourt aux exorcismes d'usage : impo-
sition de reliques, flambeaux ardents la nuit; l'incube
s'en moquait comme de sa première farce. Il conti-
nuait à tourmenter la nonne, en empruntant les
traits d'un beau jeune homme, élégant et de grande
allure.

On consulte alors un théologien; celui-ci, après
examen du cas, conclut que, la jeune fille étant d'un
tempérament flegmatique, l'incube devait être un
démon aqueux et que dès lors il céderait la place
devant des vapeurs aromatiques. On place aussitôt
dans la chambre de la religieuse une grande marmite
où, dans trois litres d'eau-de-vie macèrent une once
de canne, de cubèbe, d'aristoloche, de cardamome, de
gingembre, de poivre, de caryophylle, de cinnamome
de cannelle, de macis, de muscades, de storax, de
benjoin, d'aloès,... de quoi faire éternuer et filer
tous les suppôts de Satan. L'incube ne se le fit
pas dire deux fois. Il n'osa plus franchir le seuil de la
porte ou de la fenêtre; mais, sitôt que la jeune nonne
sortait de la pièce, vite il accourait, lui apparaissant
alors qu'il restait invisible aux autres; il l'enlaçait,

lui arrachait des baisers, « ce qui, ajoute le narrateur, faisait cruellement souffrir cette honnête pucelle ». Le théologien ordonna alors à la vierge de porter sur elle de petites boulettes composées de musc, ambre, civette et baume du Pérou. Cette fois l'incube était vaincu : il ne pouvait plus l'approcher; il se mordilla le petit doigt, comme pour méditer une vengeance, puis disparut pour tout de bon.

Est-il bien nécessaire de mettre au point ce cas banal d'hallucinations hystériques de la vue et d'auto-accusation ? Sans être secouée de crises violentes, comme les nonnes de Loudun ou d'Auxonne, la religieuse qui se croyait persécutée par un incube n'était, comme beaucoup de ses compagnes recluses, qu'une névropathe, à l'imagination exaltée par les récits abracadabrants qu'on lui faisait sur les incarnations possibles du démon.

Cette hallucination du beau jeune homme élégant n'est point autre chose que le souvenir inconscient d'un épisode de la vie profane de ces détraquées : la vie monacale avec ses exigences, ses mortifications et ses tendances mystiques ne pouvait que développer une prédisposition naturelle à l'hystérie que le théologien avait involontairement constatée en notant le tempérament lymphatique de la nonne. La plupart des cas de démonialité ne sont point autre chose qu'une forme banale et peu accentuée de l'hystérie des cloîtres.

Parfois cependant on rencontre l'inévitable supercherie : il est si facile de mettre sur le compte du

démon la faiblesse d'une chair qui se refuse à l'absti-
nence sexuelle ! Témoin le cas suivant :

Dans un monastère, il y avait une nonne, qui, en
dépit des préceptes de la charité chrétienne, était
brouillée avec la sœur qui occupait la cellule voisine
de la sienne. Cette dernière passait son temps à espion-
ner son ennemie. Un jour elle s'aperçut qu'au lieu
d'aller, comme à l'habitude, se promener dans le jardin, après le dîner, la nonne remontait seule à sa cellule dont elle fermait la porte à double tour. Aussitôt
notre fine mouche réintègre sa chambrette, colle son
oreille au mur et écoute... Justes cieux, qu'entend-elle ?
Un certain bruit de frottement, des gémissements,
des soupirs, des craquements du lit... Elle fit le
guet pour avoir la clef du mystère, mais quand
la nonne, son ennemie, sortit, elle était seule. Un
galant vivait-il donc caché dans la cellule, qu'on ne
l'en voyait point sortir ? La supérieure fut prévenue.

C'était une femme très judicieuse qui savait de
quoi sont capables des jeunes filles privées des hommages du sexe fort. Après s'être par elle-même rendu
compte des bruits équivoques qu'on lui avait signalés,
elle fit le recensement de tout son troupeau, afin de
s'assurer qu'aucune brebis n'était enfermée avec la
sœur dans un but que l'on devine aisément. Cette
hypothèse écartée, elle ordonne d'ouvrir la porte de
la cellule, la nonne de l'intérieur refuse, on parle-
mente, l'abbesse commande d'enfoncer l'huis avec un
levier. Alors, seulement, la religieuse se décide à
ouvrir. On pénètre dans la cellule, on fouille tous les

coins : personne. La vertu triomphait, la médisance
était confondue.

Mais la rivale ne se tenait pas pour battue. Peut-
être savait-elle par expérience ce que signifiaient ces
bruits de frottement et ces soupirs *quasi concubentium*.
Voulant en avoir le cœur net, elle perça un petit trou
dans la cloison qui séparait sa cellule de celle de son
ennemie. Elle risqua un regard, et, chose horrible à
voir pour une religieuse, aperçut sa compagne volup-
tueusement couchée dans son lit avec un élégant jouvenceau. Toute la communauté défila derrière le per-
tuis propice à la trahison. Bientôt l'évêque fut saisi
d'une accusation étayée sur des preuves écrasantes. La
nonne coupable voulut nier encore, mais, sous la
menace de la torture, elle finit par avouer qu'elle avait
commerce avec un incube.

Le P. Sinistrari qui rapporte l'aventure ne doute
point un seul instant de l'authenticité de l'incube.
Nous serons plus sceptiques que lui. En tout cas, la
religieuse avait bien joué sa partie, car elle en fut
quitte pour quelques passes d'exorcisme, alors que, si
elle eût été convaincue de paillardise, elle eût cruellement expié sa faute.

Voilà une preuve que, si la sorcellerie compte à son
actif bien des crimes, elle a pu, dans certaines circonstances sauver la mise à d'imprudentes maîtresses.
Quelle belle excuse pour une femme, surprise par
son époux en flagrant délit, que ces mots : « Vous
vous trompez, mon ami, ce n'était point un amant, mais
un incube... Qu'y puis-je ? » Et le mari s'estimait heu-

reux, soit qu'il possédât une dose suffisante de philosophie pour savoir ce que vaut la vertu des femmes,
soit qu'il eût la foi du charbonnier.

Comme le sable de la mer, la bêtise humaine est
incommensurable.

———

1. Il y avait, une fois, un peuple nègre qui végétait, absolument inculte, barbare dans une civilisation tout à fait inférieure.

2. Les bons allemands prirent pitié de lui, et firent en sorte de l'initier aux bienfaits de la civilisation.

3. Mais les sauvages se montrèrent cruels et ingrats envers leurs bienfaiteurs.

4. Si bien que ceux-ci furent contraints de leur montrer leurs sentiments véritablement humains.

5. Par la douceur et la bonté, ils leur témoignèrent de tendres consolations.

6. Et ils eurent la satisfaction de voir bientôt fleurir magnifiquement, en Afrique, la civilisation allemande.

LA CIVILISATION ALLEMANDE EN AFRIQUE

(Extrait du *Wahre Jacob*, de Stuttgard, communiqué par M. J. Grand-Carteret.)

# LA NÉVROSE COLONIALE

Lorsque, voici quelques années, éclata le drame Voulet-Chanoine, ce fut, dans toute l'Europe et plus particulièrement en France, une stupeur inouïe. Certes, l'indignation avait sa large part dans ce mouvement de l'opinion publique. Cependant chacun cherchait la cause d'un pareil geste de lèse-patrie. Le prétexte d'ambitions déçues, de rivalités d'officiers paraissait insuffisant, eu égard à l'énormité d'un tel crime : une troupe commandée par des officiers français faisait feu, par leur ordre, sur un colonel français !

On n'était qu'au début des découvertes : on savait bien, parbleu ! que les forêts africaines gardaient dans leur impénétrable silence plus d'un secret mystérieux ; on était loin de se douter que la France du XXe siècle ajoutait à son histoire une page sanglante qui portera comme titre : les atrocités coloniales.

Lentement la lumière s'est faite ; les nègres ont parlé ; les Indo-Chinois ont révélé les procédés modernes de colonisation. Exécutions sommaires, agrémentées de raffinements atroces, morts lentes sur un pal

exposé en plein soleil, suppositoires à la dynamite ;
— nous en passons et des meilleurs, — tous les
procédés d'un sadisme fantastique ont été mis en
œuvre par les fonctionnaires et les colonisateurs.

Non pas qu'ils soient tous coupables. Mais il faut
convenir que, depuis quelques années, le martyrologe
colonial (celui des indigènes, s'entend) s'est enrichi
de fastes dont nous n'avons guère à nous enorgueillir.
Ne croyons pas cependant que ces horreurs datent
d'hier. Il en a été ainsi de tout temps.

L'histoire des guerres de colonisation est de tout
point semblable à celle des *pénétrations pacifiques*,
si fort à la mode aujourd'hui. Il est démontré que
l'état de guerre développe les instincts de brutalité
du soldat ; mais ceux-ci trouvent un aliment bien plus
excitant encore dans les expéditions coloniales.

Nous n'avons, au reste, aucun monopole de barbarie ou de cruauté. Tous les peuples d'Europe rivali-
sent à cet endroit, lorsqu'ils tentent soit la conquête,
soit la colonisation d'un pays prétendu fermé à la
civilisation. L'Angleterre nous a même dépassés et il
nous sera difficile de la rattraper jamais sur ce terrain.
Elle a emprunté à l'antique Rome ses moyens, ses
procédés d'assimilation des pays annexés, de sorte
que, chez elle, la cruauté est calculée, voulue, systéma-
tisée, tandis que, chez nos coloniaux, elle n'est que
l'explosion d'instincts brutalement déchaînés.

Le Dr Corre raconte l'anecdote (?) suivante qui eut
pour théâtre Madagascar, avant que l'île fût occu-
pée par les Français. Les Anglais voulaient se débar-

rasser d'un prince qui gênait leur politique. Le
supprimer eût été maladroit ; le faire supprimer plus
habile. Il s'agissait donc de fomenter une petite
émeute au cours de laquelle le prince serait sacrifié
par ses propres partisans soulevés contre lui. Comme
ceux-ci ne paraissaient pas disposés à écouter les
méthodistes qui les poussaient à la révolte, les Anglais
recoururent à un procédé des plus ingénieux : ils
distribuèrent à la population pauvre des infusions de
plantes excitantes, propres à faire éclore chez les
malheureux une véritable maladie nerveuse. En
quelques jours, la ville et les villages voisins furent
peuplés de convulsionnaires. Pousser ces possédés à
la révolte, puis à l'assassinat était désormais facile,
ce qui eut lieu. Cependant les plus fous reculèrent
même devant le meurtre de leur prince : celui-ci dut
être égorgé par les propres mains de l'instigateur de
cette épidémie populaire.

Certes, nous n'avons pas à notre actif pareil crime
de lèse-humanité, crime d'autant plus grave qu'il est
nettement politique et nullement atténué par des considérations d'ordre psychique. Ce n'est pas un fou
celui qui échafaude une combinaison aussi machiavé-
lique.

Au contraire, les atrocités dont certains coloniaux
français rendent, de temps en temps, compte à la
justice ne sont pas des actes réfléchis et dictés par la
raison d'État. Lorsque nous en lisons le récit, nous
ne pouvons nous empêcher de penser que ce sont là
des actes de détraqués. Aussi convient-il d'examiner

attentivement cette criminalité spéciale et de rechercher comment la mentalité de certains hommes peut se modifier du tout au tout, par le seul fait de leur séjour sous l'Équateur.

Nous croyons pouvoir avancer qu'il existe réellement chez le colonial un état d'esprit particulier et que ce dernier est soumis aux conditions climatériques nouvelles pour lesquelles l'Européen n'est pas adapté. Cette mentalité se traduit par des troubles de la sensibilité (au sens psychique du mot), par une obnubilation du jugement, par un retour aux instincts ataviques, par une diminution, en un mot, des facultés intellectuelles de l'homme. En résumé, il semble qu'il existe une névrose coloniale à laquelle échappent difficilement les sujets prédisposés.

Cette *névrose coloniale* n'est pas seulement un euphémisme plus ou moins élégant. Elle répond à une réalité exacte, à une entité morbide, pour employer le langage médical. Elle n'est pas autre chose, au fond, qu'une des formes de la subordination du moral au physique. Il est nécessaire de la connaître, afin de mieux évaluer le degré de responsabilité des colons ou des fonctionnaires criminels, afin aussi de prendre des mesures pour la combattre ; il convient qu'on ne puisse plus dire, comme il est légitime de le faire aujourd'hui : « La colonisation, c'est le meurtre et le vol. »

\* \*
\*

Nous ne reviendrons pas sur la série de crimes

odieux qui ont ensanglanté la brousse africaine et la rizière tonkinoise, et déshonoré là-bas le nom français. Cependant, il est bon de rappeler que ces crimes sortent tous de la banalité vulgaire et qu'ils se distinguent par une recherche persistante du raffinement et de la cruauté. Preuve qu'il ne s'agit pas là d'ambitions à satisfaire, de vengeance à perpétrer, de justice (!) à rendre, mais uniquement de passions à assouvir, — et la principale de ces passions, c'est le sadisme.

Quand un homme est torturé de sadisme, et qu'aucun frein ne peut l'enrayer, il se complaît à inventer de l'inédit, de l'original, du jamais vu. En matière de psychologie passionnelle, il est notoire que les désirs aisément assouvis donnent naissance à d'autres désirs plus impérieux et plus exigeants. Aussi lorsqu'un sadique a pris plaisir à décharger son revolver à bout portant sur un nègre, il lui faut aussitôt autre chose de plus pimenté : c'est alors qu'entrent en scène les écervèlements, les assommades brutales, ou bien, comme le fit ce fonctionnaire indo-chinois, les supplices lents et terribles : mise à la broche des indigènes, repassage de leur épiderme avec un fer brûlant, mutilations pour changer leur sexe, etc.

Il faut reconnaître que ces *déracinés* ont souvent sous les yeux des exemples engageants. Les pays où ils sont transplantés sont ceux qui ont mis en œuvre les tortures les plus savantes. C'est ainsi que l'Asie est, par excellence, la terre des supplices les plus inouïs. Peut-être dans la relation qu'Octave Mirbeau en a faite s'est-il glissé quelque exagération naturelle

au romancier, et sans doute son imagination est venue
renforcer sa documentation. On ne saurait nier toutefois la part d'observation et de vérité dans cette
œuvre puissante d'ignominie et de cruauté sadique
qui s'appelle le *Jardin des supplices*. Tous les voya-
geurs, tous les soldats qui ont fait campagne en
Extrême-Orient savent que la mort est cent fois préfé-
rable au martyre, lorsque le sort les fait tomber entre
les mains des pirates ou des boxers.

A l'encontre de ces faits, le nègre d'Afrique présente
un caractère moins raffiné, mais plus bestial. Le
meurtre est chez lui un souvenir atavique, un héritage ancestral. Mais on ne peut lui reprocher une
cruauté native plus grande que celle des gens poli-
cés. Il y a longtemps que Voltaire a accusé les
missionnaires d'avoir, à leur insu, propagé l'anthro-
pophagie, et les exemples ne sont pas rares de peupla-
des africaines qui autrefois étaient de mœurs douces
et quasi patriarcales et qui sont devenues féroces au
contact de la colonisation. Singulier effet de ce qu'on
est convenu d'appeler la civilisation !

Il ne suffit donc pas d'invoquer des exemples con-
tagieux pour expliquer le sadisme de l'Européen
devenu colonial, puisque, dans certaines contrées,
c'est lui qui a perverti l'indigène et a réveillé la brute
qui sommeillait au fond de sa poitrine. En réalité, il
faut surtout incriminer un facteur primordial, qui
semble déformer la mentalité la mieux équilibrée, et
ce facteur, c'est le climat.

Ce n'est pas là un point d'observation récente.

Hippocrate — il y a quelque temps de cela — a été le premier à parler du rôle joué par les conditions atmosphériques dans la formation du caractère. Bien des écrivains, après lui, ont brodé sur ce thème. Montesquieu lui a consacré tout un chapitre de l'*Esprit des lois*. Il a même voulu établir sur cette donnée des lois générales, ce en quoi il s'est fourvoyé, parce qu'en physiologie sociale l'absolu n'existe pas et que l'exception est aussi fréquente que la règle. Il a présenté les peuples du Midi comme timides et peu belliqueux, ce qui n'a pas empêché les Arabes d'être un peuple conquérant ; il affirme que les gens du Nord aiment la bataille, grave erreur, car le Lapon se refusera toujours à faire la guerre. Mais Montesquieu a parfaitement raison lorsqu'il constate que la sensibilité de l'homme est altérée dans les pays chauds, qu'il s'agisse de sensibilité au plaisir ou à la douleur. « Approchez du Midi, ajoute-t-il, et vous croirez vous éloigner de la morale même. Des passions plus vives y multiplient les crimes ; chacun cherchera à prendre sur les autres tous les avantages qui peuvent favoriser ces mêmes passions. »

De son côté, Cabanis qui a longuement étudié les rapports du physique et du moral de l'homme, insiste sur l'influence démoralisante des pays chauds. Aujourd'hui, de nombreuses observations psychopathologiques nous permettent de faire au facteur climatérique, et surtout au facteur *chaleur*, la juste part qui lui revient dans la perversion de la mentalité humaine.

*
* *

La chaleur est, par elle-même, un facteur important de criminalité et de folie. Sous nos climats, les crimes passionnels et les crimes de sang sont beaucoup plus nombreux en été qu'en hiver : les statistiques officielles le prouvent surabondamment.

A cela plusieurs raisons :

Tout d'abord l'alcoolisme. L'été est la saison chère aux dipsomanes qui étanchent leur soif inextinguible à coups d'absinthe et de boissons fortes. L'alcoolisme social subit donc de juin à octobre, un redoublement d'activité : l'épidémie est alors en pleine virulence.

Puis, l'amour, l'amour qui tue, et qui sévit surtout pendant les mois caniculaires. La chaleur est effectivement un excitant sexuel, un aphrodisiaque auquel on n'échappe guère. Nous en voyons de nombreux exemples : les peuples du Midi ne sont-ils pas plus passionnés, plus amoureux que les Norvégiens ou les Lapons? La polygamie n'est-elle pas caractéristique des mœurs orientales? L'amour normal est donc, dans les latitudes chaudes, beaucoup plus actif, beaucoup plus développé que sous les latitudes froides. Les aberrations sexuelles y sont également plus nombreuses; la pédérastie est fréquente, la bestialité n'est plus une monstruosité, si bien que le Koran la recommande aux hommes atteints de maladies vénériennes[1].

[1] Dr PAUL DE RIGLA. *El Kitâb des lois secrètes de l'Amour*, Michel, édit.

D'autre part, l'île de Lesbos, voisine de Cythérée, jouit d'un climat sinon africain du moins très méditerranéen. D'une façon générale, on peut conclure que les habitants des pays chauds sont des voluptueux. Or il est banal de dire que l'amour sous toutes ses formes est le prétexte, sinon la cause, de sévices, de violences, de meurtres, de ruines. Enfin les climats chauds semblent développer aisément cette aberration sexuelle étiquetée sous le nom de sadisme, et qui n'est autre que l'association de deux instincts, la cruauté et la volupté.

Ce qui ne veut pas dire que les peuples des pays chauds sont, par suite de l'ambiance climatérique, nécessairement voués au crime. Tout au plus, leur moralité est-elle inférieure à la normale, si toutefois la moralité consiste à réfréner ses instincts. Mais ces peuples se sont parfaitement adaptés à leurs conditions d'existence. Pour satisfaire leurs besoins génésiques, ils ont eu recours à la prostitution sacrée, puis à la polygamie; ils ont considéré et considèrent encore l'acte d'amour comme d'essence divine, mais ils ont eu soin d'exclure les passions brutales, — telle la jalousie, — qui conduisent au crime. Quant à l'alcoolisme, ils l'ont vigoureusement combattu par tous les moyens en leur pouvoir, et ils y ont aisément réussi, car la sobriété est une de leurs vertus naturelles.

Tout autre est l'étranger, l'Européen déraciné et transplanté sous les tropiques. Il y vient avec sa mentalité nationale, avec ses passions, ses besoins, ses vices, ses instincts. Il ne peut faire les frais d'une adaptation lente, progressive et sûre, car cette adaptation est possible à une race, non à un individu. Au physique comme au moral, il se trouve brutalement assailli et l'attaque est si inopinée, si soudaine, qu'il n'a guère le temps de se mettre sur la défensive.

Sous l'influence du climat colonial, les maladies du tube digestif et du foie se développent rapidement. De même l'anémie s'installe en permanence dans l'organisme. A ces causes d'affaiblissement vital vient la plupart du temps se joindre une troisième, redoutable, l'infection malarienne, qui, bien qu'exogène, est concomitante des deux premières. Ce n'est point ici le lieu d'ouvrir un chapitre de pathologie coloniale; mais, en raison des rapports étroits du physique et du moral, il est bon de rappeler que, la plupart du temps, c'est le corps, qui, avant l'esprit, se trouve touché par les atteintes du mal colonial.

Mais bientôt la mentalité du *déraciné* présente quelques modifications, indices précurseurs d'une prochaine altération, qui sera irrémissible. Il est juste de reconnaître que le climat n'est pas le seul facteur de ce changement dans l'équilibre mental de l'Européen transplanté.

L'alcoolisme y a sa bonne part de responsabilité. On boit, aux colonies, d'abord pour combattre la soif, puis par goût, bientôt par passion. Or il est indubitable que l'ingestion de l'absinthe, du tafia, de l'alcool de riz, etc., provoque sous les tropiques des désordres beaucoup plus grands que sous nos latitudes, où pourtant elle est une cause primordiale d'affaiblissement de la race. « Chez nous, dit le D^r Corre, l'alcool agit avec moins d'énergie sur la cellule cérébrale que dans les pays chauds parce que, dans les premiers, une grande dépense de force musculaire aide mieux à l'élimination que l'effort sudoral de l'organisme, limité par l'existence apathique, dans les seconds[1]. » On peut se faire une idée de la rapidité de l'empoisonnement alcoolique, sous l'Equateur, en consultant les statistiques des médecins coloniaux; à Saint-Pierre de la Martinique, les deux tiers des malades des deux sexes étaient atteints d'alcoolisme. En Afrique, l'ivrognerie est devenue un fléau social, et l'on sait combien le nègre est sensible à cette intoxication que les Anglais ont favorisée et développée de manière à obtenir une prompte et sûre dégénérescence de la race noire.

Il est donc avéré que cette funeste passion est bien plus dangereuse dans les colonies que dans la mère-patrie, et, par surcroît, tout y incite à boire : la chaleur extrême, le farniente, et la rapidité avec laquelle s'installe cette habitude devenue aussitôt une seconde nature.

En outre, l'alcoolisme colonial se traduit plus spécialement par des désordres nerveux, ce qui tient peut-être à la préférence des consommateurs pour l'absinthe. Quoi qu'il en soit, le delirium tremens, dernière étape de l'empoisonnement cérébral, y est fréquent, aussi bien chez le nègre que chez le colon, alors que les

---

[1] D^r Corre. *Ethnologie criminelle.*

autres formes d'alcoolisme, paralysies, névrites, cir-
rhoses, etc., sont plus rares. Pour employer l'expression populaire, c'est au cerveau que monte
l'alcool.

On comprend dès lors comment peut être affectée
la mentalité d'un Européen, habitué dans son pays à
une consommation inoffensive d'alcool; sous forme
de vin ou d'eau-de-vie à très légère dose, et qui, en
peu de temps, entraîné par la camaraderie, sollicité
par une soif persistante, devient un buveur immo-
déré d'absinthe ou de liqueurs fortes, alors qu'il devrait se transformer en hydropathe irréductible. Et
cependant, l'alcool n'est pas le seul poison qui va
modifier le cours de ses idées, déformer son jugement
ou réveiller des instincts endormis; une fois sur
la pente, le colonial ne s'arrête pas, et l'alcoolique
devient fumeur d'opium et de haschisch.

Par snobisme, par désœuvrement, l'Européen
résidant dans les colonies asiatiques se trouve fatalement entraîné à goûter cette ivresse spéciale que
seul procure l'opium. L'accoutumance s'établit encore
plus vite que pour l'alcool. Après quelques séances,
l'initié est devenu un vétéran de l'opiomanie. Beaucoup de fonctionnaires indo-chinois s'adonnent à cette
volupté nouvelle; rentrés en France, ils continuent à
fumer l'opium en cachette; c'est pour répondre à
cet impérieux besoin que se sont installées à Toulon
et à Brest des fumeries clandestines où les officiers
de marine, ceux de l'armée coloniale, les fonctionnaires civils en congé, impuissants à vaincre leur

détestable habitude, continuent à lui sacrifier leur santé corporelle et intellectuelle[1].

Puis quand le hasard des affectations les envoie, à leur tour d'embarquement, vers nos possessions africaines ou aux Antilles, ils y importent leur fatale passion et deviennent ainsi des agents de contamination. Notre empire colonial se trouve lentement infiltré par cette endémie sociale qui contribue, pour une large part, à déformer la mentalité humaine.

Même observation, mêmes conséquences pour le haschisch, à cette différence près qu'il est un poison du cerveau plus violent encore que l'alcool et l'opium. Les indigènes malgaches, indiens et indo-chinois, sous l'influence du *chanvre indien* sont la proie d'hallucinations, d'obsessions, de délire, tantôt mystique, tantôt furieux, qui les poussent à des actes d'une rare extravagance, à la folie pour tout dire. Le haschisch est consommé surtout aux jours de fête religieuse; c'est l'excitant qui monte leur esprit au diapason voulu de fanatisme, c'est grâce à lui que la soif des dieux peut être largement repue de sang humain. Cette ivresse, la pire de toutes, joue un rôle latent

[1] Cette funeste passion a été introduite, dans la plupart des ports de guerre, à Toulon notamment et à Paris, où elle compte un certain nombre d'adeptes par oisiveté, et surtout par snobisme. Elle est intimement liée à l'exploitation de la galanterie vénale. Ce sont, en général, les professionnelles relativement de marque qui organisent chez elles des fumeries d'opium, suivant le mode indo-chinois. De jeunes officiers, des fonctionnaires coloniaux en deviennent les habitués plus ou moins réguliers. (MORACHE. *La Responsabilité*. Les fumeurs d'opium en France.)

dans les innombrables tragédies qui souillent quoti-
diennement le sol indien [1].

On conçoit dès lors le ravage que le haschisch peut
exercer dans le cerveau d'un Européen qui adopte
l'habitude locale. Reconnaissons toutefois que le has-
chischisme n'a pas fait de progrès si étendus, parmi
nos coloniaux que le morphinisme. La raison en est
sans doute que l'Européen demande surtout au poison
un bien-être passager, un excitant de son esprit, et
non le délire [2] furieux d'un ébriant aussi terrible que
le chanvre indien. Quelques-uns cependant se laissent
tenter par la curiosité d'une volupté nouvelle : c'est
au prix de leur raison qu'ils l'achètent.

En dehors du climat et des maladies qu'il entraîne,
trois facteurs contribuent donc à modifier les facultés
psychiques du colonial : l'alcool, l'opium, le haschisch. Voyons maintenant quels désordres ils provoquent dans son cerveau et comment, sous leur
influence, s'établit la névrose.

---

[1] Corre. Op. cit. Le savant criminaliste ajoute : « Sous l'influence de cette drogue, l'Hindou se livre à des courses folles et
criminelles, frappe avec l'arme placée dans sa main par le
hasard les personnes qu'il rencontre, indifférentes ou représentant pour lui des ennemis implacables, s'acharne avec férocité
sur ses victimes, criant comme un forcené : Tue ! tue ! Avant
qu'on parvienne à l'arrêter il a quelquefois terrassé de nombreux passants, et il ne tombe lui-même qu'épuisé par l'effort. »

[2] L'intoxication morphinique, se traduit par deux phases suc-
cessives : une d'excitation, très agréable, une de dépression, se
traduisant par un sommeil de plomb. Malheureusement, une fois
sur la pente, le fumeur ne peut se modérer ; il ne s'arrête que
lorsqu'il tombe endormi.

*
* *

Nous avons vu plus haut que la chaleur était un aphrodisiaque plus sûr que toutes les drogues, philtres et poudres à aimer. Par conséquent, aux colonies, l'Européen va se trouver la proie de désirs génésiques impérieux et violents.

Or comment les satisfaire ? La femme indigène n'offre aucun des charmes de nos concitoyennes. Elle n'engage guère à l'amour, qu'elle soit de peau noire ou jaune, sèche ou huileuse.

Leurs formes inesthétiques, leur masque, intéressant au point de vue ethnographique, mais nullement empreint de grâce féminine, font d'elles de piètres échantillons de la beauté humaine. Sous ce rapport l'Européen est véritablement gâté, car la femme blanche réalise l'idéal qu'il se fait d'une partenaire amoureuse. Mais lorsqu'il se trouve en présence de la négresse, de la Malgache ou de l'Annamite, en dépit de son appétit surexcité par l'ambiance climatérique, force lui est de se réfréner : cependant, la faim augmentant, il se satisfait comme il peut et goûte à ce fruit exotique peu appétissant et parfois véreux. S'il a éprouvé quelque répugnance à se mettre à table, — c'est-à-dire au lit, — il en ressent bien davantage en consommant le repas qui lui est servi. La femme des pays chauds est d'une passivité désolante, qui n'apaise guère les sens exaspérés de l'Européen habitué à sentir vibrer sous ses caresses toutes les cordes de la

22

lyre, tous les nerfs de la chair frémissante à laquelle il fait partager la volupté suprême. L'indigène femelle semble faite pour la reproduction; il ne faut point lui demander les raffinements où excelle la femme blanche. En dépit des tentatives réitérées exercées par les militaires et les civils d'Extrême-Orient pour initier l'Indo-Chinoise aux bagatelles qui constituent toute la fantaisie de l'amour, celle-ci est restée la bête muette qui reçoit sans broncher l'assaut du taureau; tous les efforts sont restés vains pour la transformer en chatte câline et perverse.

Les mâles du pays en ont pris leur parti. Etant doués d'un appétit génésique nullement en rapport avec celui de leurs compagnes, ils se sont rapidement invertis. Aussi la pédérastie est-elle la monnaie courante de l'amour, tant en Asie qu'en Afrique. Chez ces peuples à mentalité inférieure, et dont les mœurs rappellent souvent l'animalité primitive, l'inversion sexuelle est fréquente, — ce qui tendrait à prouver que celle-ci est non pas une monstruosité, comme le veut notre morale européenne, mais l'expression d'une loi naturelle et quasiment universelle. Quoi qu'il en soit, le fait est là, dans sa brutale vérité. Les différentes religions, à part celle de Mahomet, et bien entendu celles dérivées du judaïsme, — ne font pas de la sodomie un crime ou un péché, les lois n'édictent contre elles aucune pénalité[1].

---

[1] Dans l'Inde, le *devidza* qui se livre à sa passion pour un homme, n'importe dans quel lieu, ou pour une femme dans un chariot traîné par des bœufs, ou dans l'eau, ou pendant le jour,

Avec de pareils exemples sous les yeux, les coloniaux sont insensiblement poussés sur la pente de
l'inversion. Dégoûtés de maîtresses peu appétissantes,
ils tâtent du boy efféminé qui, assurément, possède
plus de grâce et plus de perversité que la femme
annamite ou tonkinoise. En Afrique, il en va de même.
La pédérastie sévit dans nos troupes algériennes et
tunisiennes, au grand scandale des Arabes dont le
Koran réprouve ce commerce honteux. Ici, ce ne
sont pas les indigènes qui ont initié les colons, mais
ceux-ci qui donnent à ceux-là les mauvaises leçons.
L'armée coloniale est infestée de pédérastes ; ceux-ci
forment tantôt des ménages, tantôt des associations
analogues à celles des apaches parisiens. Rentrés en
France, les militaires coloniaux conservent les habi-
tudes funestes contractées sous les tropiques. Et c'est
ainsi qu'une des conséquences de nos conquêtes
lointaines est de propager parmi les jeunes gens
l'amour contre nature.

L'aberration sexuelle, qui, aux colonies, a pour
point de départ l'absence de femmes (ainsi qu'il se
trouve dans les postes sahariens) ou la médiocre
qualité du gibier d'amour, se traduit parfois par la
bestialité, qui constitue, pour ainsi dire, le deuxième
stade de la perversion, et enfin par le troisième stade,
le sadisme. Il est bien entendu, au reste, que cette

---

doit se baigner avec ses vêtements ; celui qui a commis un acte
de bestialité doit faire pénitence en mangeant pendant un jour
de la bouse et de l'urine de vache, mêlées à du lait, du beurre
clarifié. (CORRE. *Op. cit.*)

division est purement schématique et que les deux
premières étapes peuvent être franchies d'un seul
bond.

Au cours de ce volume, nous avons, à plusieurs
reprises, parlé du sadisme, de ses origines et de ses
effets. Le sadisme colonial est une variété qui a une
étiologie et une symptomatologie propres. Aussi
bien, la plupart des actes d'atrocité qu'on impute à
certains coloniaux ne sont autres que des manifestations directes de cette maladie psycho-érotique.

Les causes qui la font éclore sont très nettes. La
chaleur excessive des tropiques, avons-nous dit,
exalte l'appétit sexuel, mais en même temps le vicie.
D'autre part, cette viciation est également le fait des
intoxications spéciales : alcool, opium, haschisch, etc.
Ces drogues ont pour propriété bien connue de refroi-
dir les ardeurs amoureuses : ce sont des anaphro-
disiaques, mais exerçant uniquement leur effet sur
les organes génitaux, tout en respectant l'élément
psychique, c'est-à-dire le désir. Il en résulte un déséquilibre, une dissociation des deux facteurs essentiels
à l'acte d'amour, se traduisant par une surexcitation
cérébrale et une impuissance physique. On comprend
dès lors comment s'installe dans le cerveau en rut un
véritable délire érotique, accompagné bientôt d'un
« délire du sang ». Incapable de satisfaire aux exigences
impérieuses de son imagination maladive, le sadique
renonce à demander à l'amour normal une volupté
normale. Il se surprend bientôt à éprouver une âpre
jouissance à la vue des souffrances d'autrui. De là à

les provoquer il n'y a qu'un pas. C'est alors un véritable fou furieux, que ne retient aucune loi humaine ou divine, aucune pudeur, aucune morale. Après s'être contenté de piquer des épingles dans la peau d'un nègre ou d'une Annamite (le sexe ne fait rien à l'affaire, le sadique n'y voit aucune différence), il invente des procédés nouveaux, des raffinements inouïs; toute son intelligence, toute son activité cérébrale tendent au même but : tortures inimaginables, supplices inédits dont il se repaît avidement, puisque c'est la seule volupté qui lui soit désormais permise.

Comme toutes les formes d'aberration, celle-ci est contagieuse à un haut degré. C'est pourquoi, dans certains postes coloniaux isolés, les rares fonctionnaires, civils ou militaires, condamnés à une longue résidence, séparés pour ainsi dire du monde civilisé, se contagionnent mutuellement. Ils forment ainsi des triumvirats ou des petits gouvernements de cinq à six personnes, qui sèment dans la région sous leurs ordres une indicible terreur. Les exécutions se succèdent, les viols perpétrés avec une rage folle (car de temps à autre la puissance génitale leur revient, impérieuse et subite), les écorchements, les dynamitades, les lacérations, etc. Toute la gamme des supplices infligés aux premiers chrétiens, ils la modulent avec art : les sadiques coloniaux sont les dignes successeurs des sadiques païens qui jouissaient, au cirque, de la vue du sang répandu, des crucifiements, des écartèlements, des martyrs posés sur le gril comme saint Laurent, percés de flèches comme saint Sébastien, ou étripés comme saint Bartholomé.

Bientôt les attentats individuels ne leur suffisent plus : il leur faut le meurtre collectif, les razzias de villages ou de tribus : la fête est complète alors, car la dévastation est générale; après avoir volé, pillé tout ce qui présente dans les cases une valeur quelconque, après avoir abondamment répandu le sang des vieillards et des adultes, on emmène les femmes et les enfants en esclavage. Et le pavillon de la métropole flotte victorieusement sur les ruines désolées. On s'étonne après cela que les populations colonisées ne professent pas un ardent amour pour leurs protecteurs : c'est le contraire qui pourrait surprendre.

Tel est un des principaux facteurs, — le plus important peut-être, de la criminalité coloniale : la perversion des instincts, notamment de l'instinct sexuel, accompagnée d'une diminution, d'un rétrécissement du champ de la conscience morale, d'où, assurément, atténuation de la responsabilité. De nombreux exemples prouvent que les hommes d'une même race ne voient pas sous le même angle, suivant la région du globe qu'ils habitent.

Le préjugé des races est puissant, quoi qu'on en dise, et encore aujourd'hui, malgré les théories égalitaires dont s'honore notre siècle, le blanc ne considérera pas le nègre comme son égal : il le juge certainement plus près de l'animalité que de l'humanité. Aussi les crimes contre les gens de couleur sont-ils, à ses yeux, peccadilles dont pourrait tout au plus s'alarmer la Société protectrice des animaux. Le baron de Wimpfen, dans son *Voyage à Saint-Domingue*, montre qu'avant la Révolution la société de cette colonie était divisée en deux castes fondamentales, l'oppresseur et l'opprimé, et que cette base sociale paraissait la plus naturelle du monde. Il raconte comment un usinier faisait enfouir tout vifs les esclaves dont il était mécontent, comment une maîtresse de maison ordonna de jeter dans le four allumé le cuisinier qui avait manqué une pâtisserie.

Depuis l'émancipation de la race noire, les choses ont changé, en ce sens que l'hypocrisie s'est ajoutée à la cruauté. Mais l'hostilité des deux races n'a pas disparu ; faut-il rappeler les colères soulevées par le président Roosevelt qui avait invité un nègre à sa table ?

Lorsque les Européens, colons ou fonctionnaires, abordent la terre africaine ou asiatique, ils professent déjà, d'instinct, cette antipathie contre les indigènes d'une autre race que la leur. L'exaltation et la perversion des instincts d'animalité font le reste.

Et puis, pourquoi ne pas l'avouer ? la crainte du gendarme, qui est, chez beaucoup d'entre nous, la raison majeure de l'honnêteté, disparaît lorsque l'homme se trouve investi d'une autorité sans contrôle, peut impunément donner libre essor à tous ses vices, sans craindre la justice et ses foudres. En ces derniers temps des plaintes suscitées par des exactions un peu trop vives ont pu mettre la magistrature en alerte et émouvoir les pouvoirs publics. Des enquêtes ont été ordonnées. Elles ont abouti, comme toute enquête qui se respecte, à un fiasco. Elles auront quand même atteint leur but, si elles font perdre au fonctionnaire colonial cette fière assurance de l'impunité.

La répression est un traitement salutaire de la névrose, que cette névrose soit métropolitaine ou coloniale. Les kleptomanes seraient certainement bien moins nombreux si les juges se montraient plus sévères. Cette sévérité serait, dira-t-on, un défi à l'équité, puisqu'il est avéré que la responsabilité des délinquants est atténuée. C'est fort possible : aussi considérerons-nous la répression, non comme l'acte de vengeance de la société, mais comme un procédé thérapeutique de psychopathie, aussi efficace que l'isolement pour la neurasthénie.

Il n'y a pas d'autre solution possible. A moins de renoncer définitivement à notre œuvre de colonisation, il faut enrayer les effets progressifs et désastreux de cette maladie épidémique qui sévit sous les tropiques et qui atteste la dégénérescence de l'Européen déraciné. Cette dégénérescence se traduit là-bas par une excessive impressionnabilité, une suggestibilité extrême : tels sont les caractères de la *zone équatoriale* de l'homme[1] : opposons donc impression à impression, suggestion à suggestion ; la peur du gendarme fera ce que ne peut la conscience. Mauvaise morale, soit, mais qu'importe ? En matière de sociologie, il ne faut pas s'occuper des fondements philosophiques, mais

[1] Guyot.

s'arrêter à des considérations pratiques. Le jour où les coloniaux se verront menacés du bagne pour les monstrueux abus de pouvoir et les atrocités dont certains sont coutumiers, ils se ressaisiront et ne seront plus sans défense contre la contagion des crimes. Tant qu'ils seront garantis par l'impunité, ils n'auront aucun frein à opposer à l'explosion de leurs instincts. Tenons donc la répression vigoureuse comme le meilleur traitement préventif de la *névrose coloniale.*

# TABLE DES MATIÈRES

# TABLE DES GRAVURES

———